LATINO AMERICANOS

OTRAS OBRAS DE RAY SUAREZ:

The Old Neighborhood: What We Lost in the Great Suburban Migration
(FREE PRESS, 1999)

The Holy Vote: The Politics of Faith in America
(RAYO/HARPER COLLINS, 2006)

CON LA CONTRIBUCIÓN DE RAY SUAREZ:

The Oxford Companion to American Politics
(OXFORD UNIVERSITY PRESS, 2012)

What We See: Advancing the Observations of Jane Jacobs
(NEW VILLAGE PRESS, 2010)

Social Class: How Does it Work?
(RUSSELL SAGE FOUNDATION, 2010)

Brooklyn: A State of Mind
(WORKMAN PUBLISHING, 2001)

About Men
(POSEIDON PRESS, 1987)

LATINO AMERICANOS

EL LEGADO DE 500 AÑOS QUE DIO FORMA A UNA NACIÓN

RAY SUAREZ

A CELEBRA BOOK

Celebra
Published by the Penguin Group
Celebra
Published by the Penguin Group
Penguin Group (USA), 375 Hudson Street,
New York, New York 10014, USA

USA | Canada | UK | Ireland | Australia | New Zealand | India | South Africa | China

Penguin Books Ltd., Registered Offices: 80 Strand, London WC2R 0RL, England
For more information about the Penguin Group visit penguin.com.

First published by Celebra,
a division of Penguin Group (USA)

First Printing (Spanish Edition), September 2013

CELEBRA SPANISH-EDITION ISBN: 978-0-451-23815-3

THE LIBRARY OF CONGRESS HAS CATALOGED THE ENGLISH-LANGUAGE EDITION OF THIS TITLE AS FOLLOWS:
Suarez, Ray, 1957-
Latino Americans / Ray Suarez.
p. cm.
ISBN 978-0-451-23814-6
1. Hispanic Americans—History. I. Title.
E184.S75S83 2013
973'.0468—dc23   2013015502

Printed in the United States of America
10 9 8 7 6 5 4 3 2 1

Set in ITC New Baskerville
Designed by Pauline Neuwirth

PUBLISHER'S NOTE
While the author has made every effort to provide accurate telephone numbers and Internet
addresses at the time of publication, neither the publisher nor the author assumes any
responsibility for errors, or for changes that occur after publication. Further, publisher does not
have any control over and does not assume any responsibility for author or third-party Web sites
or their content.

Para mis hijos

Rafael, Eva e Isabel

Tres de las alegrías más grandes de mi vida

ÍNDICE

CONTANDO NUESTRA HISTORIA: UNA INTRODUCCIÓN

ESTA HISTORIA es diferente de otras historias convencionales que tal vez hayas leído. Contar de nuevo la historia de un pueblo en un lugar y en un momento determinado ya es suficientemente difícil para un escritor, pero este libro se propone contar la forma en la que numerosos pueblos, procedentes de regiones y continentes de todo el mundo, se unieron para convertirse en uno solo.

Los latino-americanos provienen de Europa, África, Asia y de las antiguas naciones de este hemisferio. Son los descendientes del Imperio del Nuevo Mundo de España. Llegaron esta mañana a los Estados Unidos a bordo de un avión; cruzaron un tramo de algún desierto polvoriento y despoblado el día de ayer; o, muchos años después de haber venido a trabajar a este país, han levantado la mano derecha frente a un juez federal y jurado renunciar a toda lealtad a cualquier otro país. Y lo más importante: al lado de aquellos que tienen una historia estadounidense reciente, están las generaciones de latinos cuyas familias llevan mucho más tiempo en este país de lo que ha existido un lugar llamado Estados Unidos, una estadía más antigua incluso que las inmigraciones desde las islas británicas que contribuirían a la creación de los Estados Unidos.

Ellos... Nosotros... Somos todas esas cosas al mismo tiempo. Somos a la vez un pueblo nuevo en el paisaje americano y una parte antigua y profundamente arraigada en la historia de este país y de este continente. Los nombres españoles de santos, héroes, capitanes y reyes salpican el paisaje de gran parte del país, desde la Florida —el «lugar de flores»— en el extremo sureste, hasta las islas de San Juan, junto a la frontera con Canadá, visibles desde el estado de Columbia Británica. Dado que los estadounidenses han emigrado constantemente al Sur y al Oeste desde la Segunda Guerra Mundial, llevando a la población lejos del Noreste y de los Grandes Lagos, más millones de estadounidenses hablan español todos los días de manera involuntaria, mientras se dirigen a un restaurante Luby's en *El Paso*, esperan en el tráfico en *San Diego*, o toman esa tercera carta con la esperanza de sacar 21 puntos en Nevada, ese «lugar cubierto de nieve».

En su apogeo, a comienzos del siglo XIX, el Imperio Español se extendía desde las islas dispersas en la desembocadura del Caribe hasta el extremo austral de Suramérica, a través de los Andes y de la Amazonía occidental hasta la costa norte del continente, pasando por el delgado brazo de Centroamérica hacia la gran masa de tierra de México y de Norteamérica, incluyendo en varias épocas la totalidad o parte del territorio de 23 estados de los Estados Unidos. La primera lengua europea que se escuchó en estos vastos territorios fue el español, las primeras oraciones cristianas siguieron el rito católico, y los primeros estudios y títulos de propiedad fueron otorgados a familias españolas.

Al igual que el Imperio Británico, el Imperio Español tuvo una relación cambiante, muchas veces cruel y explotadora, con los cientos de naciones y pueblos que habitaban el continente. Sin embargo, durante varios siglos la historia de la América británica fue diferente a la de la América espa-

México en los primeros años de independencia de España; su mapa de 1837 muestra la gran extensión del territorio nacional, incluida la totalidad de lo que es hoy en día el suroeste de los Estados Unidos desde Luisiana y Arkansas y al oeste hasta el Océano Pacífico. Arriba de lo que hoy es California yacía el gran territorio de Oregón bajo la ocupación conjunta de los Estados Unidos y el Imperio Británico durante la década de 1830s. CRÉDITO: LIBRARY OF CONGRESS

ñola. Esto no pretende minimizar o subestimar los horripilantes relatos de genocidio, expropiación y esclavitud forzosa que tuvo lugar en el enorme imperio de la corona española, sino destacar que las dos historias son distintas. Desde los tiempos en que el Imperio Británico y los gobiernos posteriores de los Estados Unidos presionaron a los nativos americanos hacia el Oeste desde la Costa Atlántica hasta que no quedó más espacio para confinarlos, los descendientes de los mayas, aztecas e incas siguen teniendo una gran presencia en sus países de origen, y están ampliamente representados en el acervo genético de las personas que han venido a Estados Unidos desde el resto del hemisferio en los dos últimos siglos.

No podemos entender a más de cincuenta millones de nuestros conciudadanos si no conocemos esta historia. Más importante aún: no seremos capaces de entender los Estados Unidos que están en el horizonte si no conocemos esta historia. La historia latina es tu historia. La historia latina es nuestra historia.

Masivas manifestaciones pro-inmigrantes llenan las calles de varias ciudades estadounidenses en 2006. CRÉDITO: STEVE SCHAPIRO/CORBIS

Solo servimos a clientes blancos. CRÉDITOS: THE DOLPH BRISCOE CENTER FOR AMERICAN HISTORY, THE UNIVERSITY OF TEXAS AT AUSTIN

Las luces brillantes barren el patio. Las sirenas aúllan en la noche. Preocupados, los guardias hacen sus rondas con linternas. Se trata de una fuga de la prisión intelectual. A muchos estadounidenses se les ha enseñado una historia limitada de los Estados Unidos. La narración principal, la historia en el corazón de la historia, es una gran procesión de tipos blancos en caballos blancos, mientras los «otros» —los afroamericanos, las mujeres, las minorías étnicas y religiosas— han sido confinados en áreas separadas. Este libro insiste en que la historia de más de cincuenta millones de latinos en los Estados Unidos es también tu historia, sin importar de qué lugar del mundo hayas venido tú o tus antepasados.

Nuestro país está cambiando. Los latinos son al mismo tiempo los «chicos» más nuevos y más antiguos de la «cuadra». Juan Ponce de León recorrió la Florida en el siglo XVI y la hizo parte del imperio español. Hoy en día, los recién llegados que hablan español están heredando y revitalizando la cultura de la Florida del siglo XXI, y muchos floridanos son ambivalentes con respecto a esos cambios. Esto también es parte de nuestra historia.

En los más de 235 años transcurridos desde la Declaración de la Independencia, una verdad esencial ha sido ignorada con frecuencia por las generaciones que ven con ansiedad la llegada de nuevos inmigrantes por aire, mar y tierra. Estados Unidos ha sido transformado constantemente por los inmigrantes, y el país también los ha transformado a ellos. La ansiedad con respecto a la inmigración se alimenta cuando le damos demasiada importancia a la primera parte, y no la suficiente a la segunda. Habla con alguien que haya venido de otro lugar del mundo a vivir a los Estados Unidos. Con cada año que están en nuestro país, dejan de ser parte del lugar del cual vinieron, y se vuelven más estadounidenses.

Ten esto en cuenta al leer este libro. La situación en las escuelas, lugares de trabajo, barrios, en la televisión, en las fuerzas armadas, en las iglesias —en todos los lugares que hacen del país lo que es— vive un cambio asombroso. En algún momento de la década del 2040, una ligera mayoría de los estadounidenses remontarán su ascendencia a las personas que llegaron a este país desde algún lugar distinto de Europa. Por primera vez en varios siglos, las personas que descienden de los imperios europeos que poblaron el continente, y las personas que descienden de las generaciones de inmigrantes de Irlanda, Alemania, Italia, la Rusia zarista y de otros lugares grandes y pequeños entre Dublín y Moscú, serán una minoría en los Estados Unidos.

Sí: esto es algo muy importante, para la gente de las mayorías antiguas y nuevas por igual.

Al final de este libro, deberás pensar acerca de los Estados Unidos, de su historia y de su gente, de una manera ligeramente diferente. En la actualidad hay muchas maneras de entretenerse con un libro (con tinta sobre papel o puntos de luz en la oscuridad de la pantalla de un dispositivo electrónico, o mientras escuchas un texto grabado en tu auto). Sin importar en qué formato leas este libro, no habré hecho mi trabajo correctamente si no dices (con frecuencia): «¡Guau, yo no sabía eso!».

Este libro es un manual para tener una mejor idea de esa próxima América. Implicará un poco de flexibilidad de tu parte, y de acostumbrarte a nuevas ideas. Será fascinante. Será muy emocionante para algunos e incómodo para otros.

Comencemos.

LATINO AMERICANOS

**El Álamo bajo el
asedio de las tropas
mexicanas.** CRÉDITO:
BETTMANN/CORBIS

LA CONVERGENCIA COMIENZA

CADA NACIÓN tiene una historia de origen. Es la historia que sus habitantes se cuentan a sí mismos y acerca de sí mismos para entender lo que son.

Los estadounidenses no son la excepción.

En muchas civilizaciones antiguas, la historia del origen enlaza a un pueblo tan íntimamente a la tierra que dicen haber salido de ella, moldeados por un Creador. Los japoneses, los indios menominee de los Grandes Lagos y los yoruba de África Occidental tienen historias sobre la creación que unen a su pueblo y a su historia directamente a la tierra. No tienen memoria de otro lugar. En sus relatos, ellos han existido junto a la tierra y no han tenido una vida lejos de ella.

Los estadounidenses son muy diferentes.

Nuestra historia acerca del origen debe traernos a casi todos nosotros de otra parte del planeta. Entonces, ¿dónde comienza la historia de los Estados Unidos de América? Algunos de ustedes podrían decir que en Plymouth Rock, aquel lugar en las húmedas costas de Nueva Inglaterra, donde la tradición dice que los peregrinos desembarcaron del *Mayflower* en 1620.

Otros podrían decir que en Jamestown, a unas seiscientas millas al sur, donde en 1607 ingleses en busca de fortuna y que no huían de la persecución religiosa, comenzaron a explorar las ensenadas de arena y a hacer del tabaco una «mina de oro».

Sin embargo, este país no fue solo una creación del Imperio británico. Había quinientas naciones en Norteamérica antes de que un barco europeo echara anclas frente a la Costa Este. Y cuando los europeos empezaron a venir en números cada vez mayores, el territorio que actualmente es Estados Unidos fue el hogar de muchas colonias.

Los holandeses llegaron hasta el río Hudson y se establecieron en los hermosos valles de lo que hoy es el norte del estado de Nueva York.

En la desembocadura del río, las granjas holandesas y las casas comerciales se propagaron por las tierras alrededor del gran puerto que más tarde se convertirían en la ciudad de Nueva York. Los suecos trataron de colonizar algunas partes de lo que hoy es Delaware y Pennsylvania. Incluso los escoceses, antes de ser parte del Reino Unido, trataron de establecer colonias en lo que hoy es el Canadá marítimo, Nueva Jersey y las Carolinas.

El imperio norteamericano de Francia se extendía por una franja amplia y rica del continente, con un tamaño muchas veces mayor que el de la madre patria, incluyendo lo que hoy es la mitad de Canadá y el Medio Oeste de los Estados Unidos, las Grandes Planicies y el Noroeste del Pacífico. En el extremo noroeste, el Imperio ruso en expansión avanzó hacia el este, cruzando el estrecho de Bering, colonizando a Alaska y extendiéndose hacia la costa de la actual Columbia Británica de Canadá, hacia lo que un día sería Seattle. Los rusos exploraron aún más el sur de lo que actualmente es el norte de California.

Álvar Núñez Cabeza de Vaca. El explorador español fue uno de los pocos sobrevivientes de una expedición española del siglo XVI que salió de lo que hoy es la República Dominicana y se dirigió al oeste a través del Caribe, el golfo de México, Texas y México. Escribió detallados relatos de sus andanzas y más tarde hizo largos viajes por Suramérica. En el momento de su muerte, era la persona que mejor conocía el Imperio español de primera mano. CRÉDITO: PALACE OF THE GOVERNORS PHOTO ARCHIVES (NMHM/DCA), 071390

El marinero genovés enviado al oeste por Fernando e Isabel de Castilla—Cristoforo Colombo en italiano, Cristóbal Colón en español y Christopher Columbus en inglés— hizo varios viajes al Caribe y dio comienzo a cuatro siglos de presencia española en el continente. Mientras buscaba «Catay» —China— comenzó la creación de un enorme imperio del Nuevo Mundo para España.

El imperio pertenecía a sus Majestades Católicas, el Rey y la Reina de España. Saca un mapa y echa un vistazo a Suramérica, donde las posesiones de España incluían prácticamente toda esa región (a excepción de Brasil), toda la Centroamérica y el México de hoy, y la totalidad o parte de Texas, Arkansas, Missouri, Kansas, Nebraska, Oklahoma, Nuevo México, Arizona, California, Oregón, Utah, Nevada, Wyoming, Colorado e Idaho, Dakota del Norte y del Sur. En su apogeo, en los últimos años del siglo XVIII, el territorio español se extendía en dirección norte hasta las tierras del sur de lo que hoy son las llanuras de las provincias de Canadá, Manitoba y Saskatchewan.

Entonces, ¿dónde comienza la historia de los Estados Unidos modernos? En Plymouth Rock, seguro, pero no solo allí...

En Virginia, por supuesto, pero no solo allí...

Lo cierto es que hay muchos «candidatos» al punto de origen, lugares como las costas de Virginia o Massachusetts, donde se puede decir: «Todo empieza aquí».

Cuarenta y dos años antes de que los hombres de la Compañía Virginia de Londres empezaran a construir el fuerte de Jamestown, y cincuenta y cinco años antes de que los refugiados protestantes pisaran tierra firme después de bajar del *Mayflower*, un marinero español llamado Pedro Menéndez de Avilés expulsó a los protestantes franceses de su asentamiento en la costa de Florida, y fundó San Agustín.

San Agustín es actualmente la ciudad de ocupación continua europea más antigua de los Estados Unidos. Entre 1565 y 1821, St. Augustine, o *San Agustín*, fue una ciudad donde se hablaba español. Mientras los imperios europeos entablaban sus guerras en el Nuevo Mundo, esta ciudad de la Florida vivió bajo diferentes banderas pero fue básicamente española por tres siglos. La próxima vez que estalle una tensa controversia local en la Florida sobre el uso del español, saca un momento para recordar cuánto tiempo más ha estado este idioma en el estado que el recién llegado inglés.

A través de la superficie de este vasto continente, los imperios exploraron, investigaron, se enfrentaron y buscaron. Pasaron más de dos siglos moviendo sus fronteras el uno contra el otro y entablando guerras por la tierra generosa. Las líneas de las fronteras cambiaron, se desplazaron y desaparecieron con el tiempo. A mediados del siglo XIX, mientras se calmaba el fragor de la guerra con México, surgió el Estados Unidos continental y moderno. Los que habían sido territorios franceses, británicos y españoles, quedaron cubiertos por la bandera de los Estados Unidos.

Pero me estoy adelantando un poco.

SI SALES DE la iglesia de San Esteban el Rey en el pueblo acoma en Nuevo México, tus ojos tardarán un momento en acostumbrarse a la intensa luz solar. Tu piel sentirá de inmediato el cambio extremo desde el interior fresco y de colores intensos de la iglesia a la explosión de calor seco que se levanta de la pequeña plaza en el borde del pueblo. Un amplio valle desaparece lejos del borde de la escarpada meseta donde el pueblo acoma está levantado en la cima.

Puedes ver varias millas en todas las direcciones. El paisaje seco y los matorrales de color café y dorado, salpicados de verde, se extiende hasta las montañas en el horizonte.

La Iglesia de San Esteban, el Rey, Acoma Pueblo, Nuevo México: Construida en la década de 1630 por indígenas bajo la dirección de un fraile español, la iglesia todavía se encuentra en una colina en el centro de Nuevo México. El Acoma Pueblo fue el escenario de una batalla entre los colonos mexicanos y los indios de Acoma, que finalmente llevó a la rebelión del pueblo en 1680, el acto más exitoso de resistencia a la imposición europea por parte de los nativos americanos. CRÉDITO: LIBRARY OF CONGRESS, PRINTS AND PHOTOGRAPHS DIVISIONS, DETROIT PUBLISHING COMPANY COLLECTION

Allí comenzó otra historia norteamericana. El pueblo acoma ha vivido en este lugar desde el siglo XIII. Llevaban trescientos años allí antes de que los españoles llegaran, dando lugar a un encuentro que crearía de nuevo su mundo. No hubo puritanos vestidos de negro y blanco, envueltos por el frío y la humedad. No hubo aventureros isabelinos con la esperanza de hacer que los indios se desprendieran de la tierra, del tabaco y del oro para pagar las inversiones de los accionistas en Londres.

En el Nuevo México de hoy, así como en Texas, Florida, California y Arizona, los soldados y los sacerdotes se abrieron paso hacia el norte y el oeste desde los primeros lugares que pisaron luego de llegar de España. Durante varias décadas, pequeños grupos de hombres —exploradores que no eran colonizadores— se abrieron paso a través de lo que más tarde sería el suroeste de los Estados Unidos, impartiendo la autoridad que los monarcas españoles ejercían desde la lejana Ciudad de México a los territorios más antiguamente poblados de Nueva España.

Protege tus ojos del sol del mediodía y trata de imaginar que recorres este paisaje con trajes de lana, lino y cuero, tus hombros, brazos y pecho protegidos por una armadura metálica. Las naciones indias fueron conquistadas por pequeños grupos de soldados españoles con botas de cuero y cascos metálicos.

La Iglesia de San Esteban es un recordatorio de la opresión causada por estos hombres tan extraños como extranjeros. En su interior, las vigas de cuarenta pies de largo enmarcan una iglesia colonial española particularmente hermosa. Sin embargo, si miras de nuevo el vasto paisaje, no verás ningún tipo de árboles. Asimismo, tampoco verás carreteras, carretas ni máquinas. Los indios recorrieron más de veinte millas para llevar las enormes vigas a la cima de la meseta. Varias toneladas de tierra, piedra y arcilla fueron transportadas de manera similar desde el fondo del valle gracias a la mano de obra indígena que trabajó miles de horas. Tardaron catorce años en construir la iglesia.

Juan de Oñate era un hombre del Nuevo Mundo. A diferencia de los primeros conquistadores, que eran europeos, nació en una familia rica e influyente de Zacatecas, en Nueva España. La familia Oñate, propietaria de una mina de plata en México, ingresó a la pequeña nobleza cuando uno de sus antepasados derrotó a un ejército árabe en España. El joven Juan continuó con la movilidad ascendente de su familia al casarse con Isabel de Tolosa Cortés, nieta del conquistador Hernán Cortés y bisnieta del emperador azteca Moctezuma. El rey español Felipe II le ordenó a Oñate colonizar el extremo norte de Nueva España.

La intención declarada de los españoles era establecer la religión católica y construir nuevas misiones al norte del Río Grande. El joven soldado, sin embargo, también soñaba con encontrar nuevos yacimientos de plata, un camino a las perlas del Pacífico y también a Quivira, una de las Siete Ciudades legendarias de Cíbola que, según la leyenda, era un lugar donde los indígenas, cubiertos con adornos de oro, brindaban con copas de este mismo metal.

Además de buscar almas para Dios y oro para España, el Imperio español se dirige hacia el norte por obvias razones de seguridad, según el profesor Stephen Pitti de la Universidad de Yale. «España está compitiendo con Inglaterra y Portugal, y posteriormente con los holandeses», dice. «Los españoles estaban interesados en asegurar partes de Norteamérica para su propio beneficio nacional e imperial. Los españoles buscaban la seguridad de lugares estratégicos como la bahía de San Francisco, o las costas de Florida y Texas».

Oñate cruzó el Río Grande en el actual El Paso, Texas, y declaró que era una posesión del rey Felipe de España. Se dirigió hacia el norte y fundó su capital en lo que llamó el pueblo de San Juan, después de haber ampliado otras 600 millas del Camino Real de Ciudad de México. (El pueblo de San Juan recobró su nombre original, Ohkay Owingeh, en 2005). Y luego se construyeron nuevas misiones, y la fe católica, que aún prospera en esas tierras cuatro siglos después, echó raíces.

Los soldados que llegaron al norte con Oñate tenían un problema. Hasta ese momento habían encontrado indios, desiertos, salares y no mucho más. El joven capitán se enfrentaba a un motín porque las riquezas prometidas no habían sido descubiertas, y los colonos de Nueva España tampoco habían llegado al nuevo asentamiento. Oñate castigó a los rebeldes, gobernó su pequeño dominio con mano de hierro, sacó a sus hombres del cuartel general y los envió en busca de plata, oro, agua y animales de caza.

Oñate era ya el gobernador colonial en toda regla de una provincia llamada Santa Fe de Nuevo México. Visitó los pueblos indígenas que estaban bajo su control. Tenía la esperanza de encontrar un atajo hacia el Pacífico y abastecer de sal a la Ciudad de México. Él y sus hombres cazaban búfalos (al no poder capturarlos), y regresaban al naciente asentamiento con muchas carnes y pieles. Actualmente sabemos muy bien cómo son los búfalos y nos cuesta recordar que personas como Oñate fueron los primeros europeos en ver a estos animales, en dibujarlos y describirlos en cartas.

En un informe enviado al Virrey de Ciudad de México, representante del Rey de España, el secretario de Oñate, Juan Gutiérrez Bocanegra, escribe sobre el bisonte: «Su forma y estructura es tan maravillosa y cómica, o espantosa, que cuanto más se lo ve, más desea uno verlo, y nadie podía ser tan melancólico que si lo viera cientos de veces al día pudiera evitar reírse a carcajadas tantas veces, o dejar de maravillarse ante la visión de un animal tan feroz».

En el otoño de 1598, poco después de tomar el control del pueblo, los soldados de Oñate, bajo el mando de su sobrino Juan de Zaldívar, llevaron a dieciséis acomas a la meseta y les exigieron entregar suministros al pueblo. Zutacapan, el líder de los acoma, había abandonado su intención de atacar a las fuerzas españolas pues creía que los europeos eran inmortales. Los acoma rechazaron las demandas españolas de suministros y entonces comenzaron los enfrentamientos, los cuales demostraron que los rumores acerca de la inmortalidad de los españoles eran infundados. El sobrino de Oñate fue muerto en los combates junto con once de sus hombres. El gobernador envió a Acoma a Vicente, hermano de Zaldívar, para castigar a este pueblo.

No fue la primera vez y tampoco sería la última: los soldados españoles tenían armas de fuego y una tecnología superior. Atacaron al pueblo en lo alto de la meseta con una pequeña fuerza y un cañón. Los hombres de Vicente Zaldívar causaron un gran número de víctimas y de daños, aunque también sufrieron terribles bajas tras los feroces combates con los acoma. Zaldívar escribió en su diario después de que los indios se rindieran: «La mayoría de ellos fueron asesinados y castigados por el fuego y el derramamiento de sangre, y todo el pueblo fue quemado y reducido a escombros».

Pero los españoles no estaban satisfechos con una simple victoria. Cientos de acomas fueron hechos esclavos y enviados a las posesiones españolas del Nuevo Mundo. Originalmente, el gobernador decidió esclavizarlos por veinte años y amputar el pie derecho de todos los hombres mayores de veinticinco años. Terminó cediendo un poco y les cortó el pie derecho a sólo dos docenas de hombres. Esclavizó a muchos hombres, así como a niñas y mujeres mayores de doce años. Oñate les había mostrado a los colonos y a los colonizados que podía ser un hombre cruel cuando tenía que serlo. Ahora era el momento de mostrarle a su propio pueblo que podía cumplir con las promesas de riquezas.

Las historias sobre las grandes riquezas en siete ciudades al norte de Nueva España habían circulado durante varias décadas, desde que un sacerdote franciscano les dijo a los funcionarios de Ciudad de México que había visto a Cíbola, la Ciudad de Oro, en lo que hoy es Nuevo México. Cuando Fray Marcos de Niza escribió sobre su viaje en 1539, dijo que vio por primera vez a Cíbola en la distancia. Era, decía, una ciudad más grande que Ciudad de México, y que sus casas eran agradables. Su relato continuaba: «A veces tuve la tentación de ir allá porque sabía que no arriesgaba nada más que mi vida, la cual le había ofrecido a Dios el día en que emprendí el viaje; pero temí hacerlo, teniendo en cuenta mi peligro y el hecho de que, si moría, no podría dar cuenta de esta tierra, la cual me parece el más grande y el mejor de los descubrimientos. Cuando les dije a los jefes indígenas que estaban conmigo lo hermoso que me parecía Cíbola, respondieron que es la más pequeña de las siete ciudades y que Totonteac es mucho más grande y mejor que todas las siete, y que tiene tantas casas y gentes que es interminable».

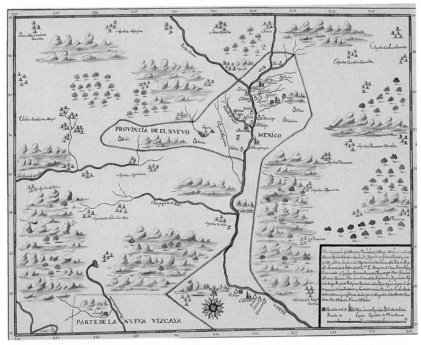

La provincia española de Santa Fe de Nuevo México. En este mapa de 1727, el corredor de tierra que conduce al norte de México a través del Río Bravo en El Paso conectaba Nueva España con una serie de misiones españolas y los pueblos indígenas. CRÉDITO: THE DOLPH BRISCOE CENTER FOR AMERICAN HISTORY, THE UNIVERSITY OF TEXAS AT AUSTIN

Los monarcas españoles ya habían recibido fabulosas cantidades de oro y plata procedentes de México. Nada llamaría más su atención que la promesa de riquezas aún mayores. Anteriormente, varios exploradores se habían dirigido a los actuales Kansas, Nebraska y Missouri en busca de las ciudades de oro. Encontraron naciones indias que cultivaban pacíficamente maíz, frijol y calabaza, pero no copas de oro.

Oñate salió en 1601 en busca de dos cosas: oro y una ruta al mar. Llevó a 130 soldados y a una docena de sacerdotes franciscanos, y utilizó a Jusepe Gutiérrez como guía, el único sobreviviente de un fracasado viaje en busca de las Siete Ciudades. Oñate se alejó mucho de su provincia de Santa Fe de Nuevo México. Siguió el serpenteante río Canadiano —o Colorado— por el norte de Texas (cerca de la actual Amarillo), llegó a Oklahoma y luego a Kansas. Él y sus hombres fueron recibidos pacíficamente en los asentamientos Quivira. Pero no encontraron oro.

Oñate fue el primer europeo en describir la pradera de pastos altos que cubría gran parte del Medio Oeste antes de la colonización y la agricultura europeas.

La situación no era la mejor en Nuevo México mientras el gobernador recorría el continente. No se encontraron las riquezas prometidas y el terreno era difícil de cultivar. Era evidente que los indígenas no querían a los colonos allí. Cuando Oñate regresó de Kansas descubrió que muchos de los colonos habían regresado a sus lugares de origen al sur del Río Grande y que solo sus partidarios más incondicionales entre los colonos permanecían en la capital provisional.

Lejos de su árida capital, Oñate vio unas tierras bien irrigadas que podían albergar grandes asentamientos. Envalentonado por lo que había visto en la futura Amarillo y en Wichita, decidió organizar otra expedición. Esta vez, Oñate se dirigió hacia el oeste, en compañía de soldados, sacerdotes y unos pocos traductores indígenas.

Los diarios llevados por sacerdotes, funcionarios y por el mismo Oñate a través de secretarios ofrecen una lectura apasionante, con todo el asombro de unos hombres que ven cosas inimaginables y con el raro privilegio de ser los primeros europeos que tienen los primeros contactos con los pueblos diseminados por el suroeste.

Fray Gerónimo Zárate Salmerón, uno de los sacerdotes que se dirigían al oeste con Oñate, describe a las personas de un pueblo de esta manera: «Los hombres son bien proporcionados y nobles; las mujeres son cariñosas, hermosas y de ojos agraciados. Estos indios dijeron que el mar estaba muy lejos de allí, a veinte días de viaje... Hay que señalar que ninguna de estas naciones ha sido sorprendida en una mentira».

Una y otra vez, los testigos de estos primeros encuentros ilustran la hipótesis de que los indios debieron entender que habían llegado unos jefes nuevos. Y entonces la columna española toma como rehén a un jefe local, y los guerreros del jefe atacan y rescatan ileso a su líder.

Muchas de las lenguas habladas por los pueblos indígenas a través de esta vasta región provenían de diferentes familias lingüísticas y eran mutuamente ininteligibles; después de cuatro siglos es imposible saber quiénes entendían qué y cuánto. Los diarios relatan que todas las expediciones españolas llevaban traductores indígenas, pero en una época en la que las personas no eran muy propensas a viajar cientos de millas lejos de su patria, la certeza de que «nuestros» indios pudieran hablar con «esos» otros indios debe haber sido infundada en muchos casos.

La narración de Fray Francisco de Escobar acerca del viaje hacia el oeste hasta el Golfo de California habla de gestos y señales enérgicos, y de las declaraciones de los nativos que encontraron cerca del río Colorado: «Me convencieron casi más allá de toda duda de que en esas tierras había metales amarillos y blancos, aunque no haya pruebas de que el metal amarillo sea oro o que el blanco sea plata, por eso mi duda es aún muy grande». Fray Escobar pudo haber tenido sus dudas pero la especulación febril habría de durar cien años.

Cuando los españoles preguntaron entusiasmados por un gran lago y unos depósitos de oro, ¿acaso los indios les siguieron la corriente, contándoles sus propias leyendas o tratando de describir un cuerpo de agua grande y lejano que ni siquiera ellos habían visto nunca, y del que solo habían oído hablar, como en el caso del Estrecho de Puget?

Los indios les hablaron a los españoles acerca de una *Laguna de Oro*, rodeada de ricas comunidades. Antonio de Espejo exploró los desiertos del suroeste en la década de 1580 y los habitantes del pueblo zuni le hablaron de «un gran lago donde los indígenas aseguraban que había muchos pueblos. Estas personas nos dijeron que había oro en la región de los lagos, que los habitantes usaban ropas, brazaletes y pendientes de oro, que vivían a una distancia de sesenta días de viaje a pie desde el lugar en el que estábamos».

Espejo recorrió una distancia mayor que cualquier español antes que él en busca de la laguna de oro, pero lo único que encontró fueron unos depósitos de cobre salpicados con un poco de plata en la actual Arizona.

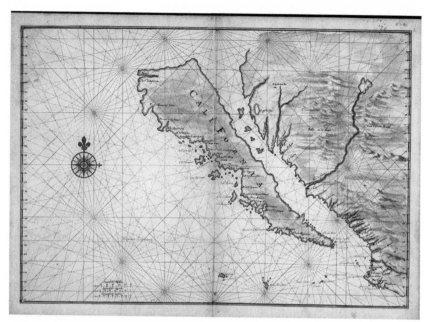

California como isla. La larga y angosta brecha que separa a Baja California del continente mexicano hizo que muchos exploradores y cartógrafos pensaran que el territorio era una isla. El nombre proviene de una novela de aventuras del siglo XVI, *Las aventuras de Esplandian*. El autor, Garci Rodríguez Ordóñez de Montalvo hablaba de una isla a «la derecha de las Indias», habitada por una raza de mujeres negras. Bautizó a su «accidentada isla» con el nombre de California, el nombre ha tenido pegó por 600 años.
CRÉDITO: LIBRARY OF CONGRESS

Las exageradas historias de Espejo acerca de un tesoro potencial esperando a ser encontrado en el suroeste árido ocultaban muchos años de fracasos, lo que había sido considerado como prueba de que no había ciudades de oro. Las crónicas de Espejo reavivaron los rumores y condujeron en parte a la decisión de Juan de Oñate de dirigirse a Nuevo México.

Después de tantas búsquedas y dificultades, tal vez los españoles deberían haber visto que se trataba de una estrategia repetitiva: siempre que oían estos cuentos indios sobre las lagunas increíbles y las gentes cubiertas de oro, se trataba de lugares muy lejanos. Oñate y sus hombres también escucharon las historias del Lago de Copalla y de grandes cantidades de oro. En el relato de Zárate, aquellos indios que vivían muy lejos «llevaban brazaletes de oro en las muñecas, brazos y orejas, y se encontraban a catorce días de viaje».

La expedición de Oñate continuó en dirección oeste y llegó al Golfo de California, el brazo de mar que separa al continente mexicano de Baja California. Sin embargo, Oñate no siguió el golfo hasta el extremo, donde desemboca el río Colorado. Se suponía que el agua continuaba hacia el norte, contribuyendo a la idea que perduraría durante varias décadas, de que California era una isla grande y alejada de las costas occidentales del continente norteamericano.

Oñate regresó a Nuevo México y trató de compensar con perseverancia lo que le faltaba en oro. Le pidió más soldados, colonos y suministros al virrey en un intento por lograr la prosperidad de *Santa Fe de Nuevo México*.

Pero lejos de obtener más ayuda, recibió una citación para regresar a la corte. Los rumores sobre el tratamiento que Oñate les había dado a los indios en general, y particularmente sobre su manejo del conflicto con el pueblo acoma, llegaron a Ciudad de México. El rey Felipe II de España había emitido un decreto real treinta años atrás reglamentando el tratamiento que los españoles les daban a los indios. El uso de la violencia contra los indígenas fue declarado ilegal, dándoles un poco de protección contra los asaltos y robos que marcaron tantos encuentros con los europeos. Se emitieron varias reglas para los sacerdotes, monjes, colonos y militares.

Pasaron cinco años antes de que Oñate fuera llamado por fin a Nuevo México para enfrentar cargos de crueldad contra los indios. Pasaron cinco años antes de que se le imputaran finalmente los cargos en relación con el levantamiento de Acoma, pero las acusaciones le restaron importancia a la matanza del pueblo indígena. Oñate fue acusado también de ejecutar a los amotinados y desertores, y de cargos de adulterio. Fue multado, desterrado definitivamente de Nuevo México, y por cuatro años de Ciudad de México.

El historiador Marc Simmons concluye que, dadas las acusaciones, la sentencia fue indulgente: «En la vida de Juan de Oñate, encontramos un compendio de los motivos, intenciones, aspiraciones, fortalezas y debilidades de los pioneros hispanos que se asentaron en la zona fronteriza». Oñate, que solía ser llamado «El último conquistador», murió en España en 1626.

Fundó lo que más tarde sería un estado americano. Fue testigo de la fundación de Santa Fe, la capital más antigua de Estados Unidos. Fue explorador de media docena de estados que abarcan una vasta porción de los Estados Unidos, desde Oklahoma hasta California. ¿Cuál nombre es más posible escuchar en una clase de historia de Estados Unidos? ¿El del capitán John Smith, el almirante de Nueva Inglaterra salvado de la decapitación por Pocahontas? ¿El de Henry Hudson, de la Compañía

Holandesa de las Indias Orientales? ¿O el de Don Juan de Oñate, fundador de los primeros asentamientos europeos al norte del Río Grande?

TAL COMO LO descubrieron muchas tribus a lo largo de la Costa Este, los Grandes Lagos y Suramérica durante los siglos XVI y XVII, derrotar a unos pocos hombres blancos o darles lo que querían y enviarlos de regreso a casa, era algo que no solucionaba nada. Los hombres blancos siempre querían más.

En las décadas que siguieron a la muerte de Juan de Oñate, los virreyes españoles en Ciudad de México continuaron sus esfuerzos para consolidar su control sobre los territorios áridos y vastos que se extendían hasta lo más profundo del continente, que era propiedad de España. Los caminos llegaron a Nuevo México y finalmente a Colorado, conectando rutas de comercio y de comunicaciones entre las ciudades pequeñas y las pocas familias europeas que se dirigían al norte para tomar posesión de las tierras cedidas por la Corona española. Hoy en día, cientos de miles de descendientes de estas primeras familias viven en el suroeste de los Estados Unidos, incluyendo a la actriz Eva Longoria y a Ken Salazar, Secretario del Interior y senador de los Estados Unidos.

Además de llevar el catolicismo a los pueblos indígenas, los sacerdotes llevaron a los indios a las nuevas misiones, unas comunidades en las que se mezclaban las ambiciones económicas y religiosas de España. Los nativos fueron sacados de sus tierras y sistemas tradicionales de tenencia de la tierra para vivir y trabajar en cultivos, fábricas e iglesias. Este sistema allanó también el camino para que un grupo relativamente pequeño de soldados, funcionarios y sacerdotes gobernaran y gravaran con impuestos a poblaciones indígenas mucho más numerosas que ellos.

En California, la exposición a los microbios europeos produjo una gran mortandad y sufrimiento en las antiguas comunidades indígenas de aquel territorio. Desde hace mucho tiempo se ha sabido por qué los microbios benignos en la boca y en los intestinos de los europeos fueron mortales para los indios. Pero el caos social causado por la muerte y las enfermedades, que llevó a muchos indios a renunciar a sus costumbres y a vivir con los sacerdotes, ha tenido una divulgación mucho menor.

El sistema de misiones españolas ya no existe en los Estados Unidos pero, notablemente, muchas de las ciudades más grandes del país, y varias ciudades importantes de las antiguas tierras españolas en el suroeste de

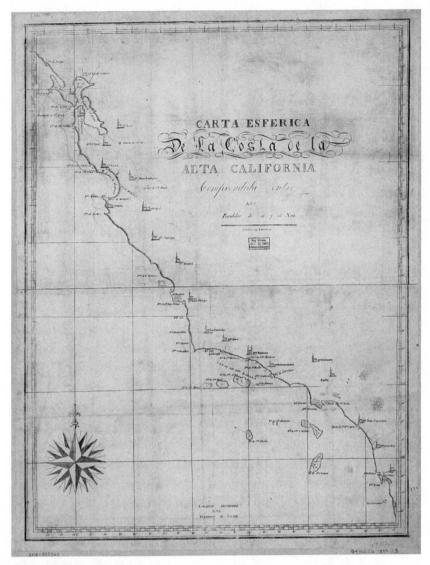

Los pueblos de California. Esta red de asentamientos religiosos y militares consolidaron el débil control español de sus posesiones al norte. Más adelante estas misiones se convirtieron en muchas de las ciudades más grandes de California y los Estados Unidos. En este mapa se pueden ver las misiones que hoy son las ciudades de San Diego, Los Ángeles, Santa Bárbara, San Luis Obispo, Carmel, Santa Cruz, Santa Clara, San José, San Francisco, San Rafael y otras. CRÉDITO: LIBRARY OF CONGRESS]

los Estados Unidos, surgieron como misiones. Entre ellas están Los Angeles, San Francisco y San Diego en California, y San Antonio en Texas.

Los asentamientos indígenas que estaban muy alejados de la expansión española mantuvieron relaciones relativamente pacíficas con la Corona. En los lugares donde el sistema de misiones y de intereses agrícolas y mineros de España afectaba las fronteras existentes y las formas de vida, el encuentro dio lugar a una tensión creciente. Los defensores de las religiones indígenas se opusieron al creciente número de sacerdotes que se establecían en la región y rechazaron el trabajo forzoso utilizado para construir las iglesias.

En Nuevo México, Popay, un líder religioso del pueblo de San Juan, vio cómo aumentaba el resentimiento contra los colonos españoles. Al mismo tiempo que los enfrentamientos entre los nativos de la Costa Este y los colonos británicos aumentaban en frecuencia y ferocidad, las tensiones entre los colonizadores españoles y los nativos del Oeste también se incrementaron. Los indígenas rechazaron el sistema de trabajos forzados que les habían impuesto los españoles y la presión para que abandonaran su religión.

En 1675, Popay fue uno de los cuarenta y siete indios condenados por brujería en un juicio celebrado en Santa Fe. Los indígenas habían seguido los ritos y rituales de su religión y se negaron a convertirse al catolicismo. Cuatro de ellos fueron ahorcados, y los demás recibieron azotes y fueron enviados a prisión. Los asentamientos indígenas de toda la colonia enviaron una delegación a la capital para protestar ante el gobernador Juan Francisco de Treviño por el tratamiento que habían sufrido Popay y los otros condenados. Temiendo una guerra, el gobernador liberó a los prisioneros, advirtiéndoles que abandonaran las prácticas que los habían llevado a juicio.

Después de una reunión de líderes indígenas en Taos, Popay emergió como un líder de la resistencia contra España. En 1680 organizó una insurrección en varias comunidades pueblo de Nuevo México. A diferencia de los enfrentamientos entre los británicos y las naciones nativas de Nueva Inglaterra y los estados del Atlántico medio, ésta tuvo éxito.

Pregúntate un momento cómo podrían organizar una revolución diversos grupos que hablaban lenguas diferentes y que estaban diseminados por un territorio de más de 400 millas. Popay envió corredores que llevaban cuerdas de piel de venado con varios nudos a todos los pueblos. Cada día, un nudo era desatado. La insurrección comenzaría cuando se deshiciera el último nudo. Era un plan ingenioso, pero los españoles capturaron a dos corredores que iban hacia el pueblo tesuque y descubrieron la conspiración; la guerra comenzó el 10 de agosto de 1680, dos días antes de lo previsto. Los españoles fueron tomados por sorpresa y tuvieron que replegarse en Santa Fe.

El levantamiento sacudió la autoridad espiritual y política de España. Cuando la insurrección comenzó, la estrategia era que cada pueblo demoliera la iglesia de la misión y matara al sacerdote. A continuación, los rebeldes avanzarían a las zonas aledañas y matarían a los colonos españoles. Cuando estos objetivos fueran alcanzados, las fuerzas indias se dirigirían a Santa Fe. Las primeras fases del plan se llevaron a cabo con rapidez y el 15 de agosto miles de combatientes indígenas se reunieron fuera de la capital con el fin de atacar.

Los españoles lanzaron un contraataque para expulsarlos de la ciudad pero fueron neutralizados. Abandonaron Santa Fe, logrando destruir gran parte de la misma. Se dirigieron a El Paso del Norte —actualmente El Paso— y la ciudad más al sur de Nuevo México. Fue la única revolución exitosa de los nativos contra los colonialistas europeos en todo el Nuevo Mundo. Los revolucionarios indígenas expulsaron a los españoles de Nuevo México por espacio de doce años.

Mientras tanto, Popay intentó borrar todos los rastros dejados por los españoles en su tierra. La mayoría de los pueblos destruyeron las iglesias pero los ochenta años de dominación española en Nuevo México habían dejado una marca indeleble. Algunas familias indígenas se habían convertido al cristianismo varias décadas atrás. Muchas de ellas hablaban español. Otras tenían lazos de parentesco con los colonos españoles, quienes habían llevado nuevas técnicas agrícolas, herramientas y estilos de construcción europeas a estas tierras.

La sequía asoló a las tierras indígenas. Las disputas entre los asentamientos y las rivalidades por el liderazgo de la confederación marcaron los años de autogobierno. Una columna de soldados españoles llegó en 1692 y les prometió a los indios el indulto y la protección de las naciones indígenas cercanas si juraban lealtad al rey español y regresaban a la fe católica. Los líderes indios se reunieron en Santa Fe y aceptaron estas condiciones.

España estaba de vuelta. Otros intentos de levantamiento sucedieron después pero Diego de Vargas, el nuevo gobernador, las reprimió con mano de hierro. El proceso iniciado casi un siglo antes por Juan de Oñate continuaría su curso. La proximidad y el paso del tiempo permitieron fusionar las culturas e hicieron posible la aparición de los modernos habitantes de Nuevo México. Desde la época colonial española y a lo largo del periodo mexicano, esta tierra árida y escasamente poblada se convirtió en epicentro de la industria de lana en Norteamérica, y también en la zona de entrada a los Estados Unidos.

Al igual que los colonos en todo el mundo, los españoles establecieron varios objetivos para su imperio de ultramar. Las tierras coloniales debían sostenerse económicamente, proteger los intereses políticos del soberano (actuando en este caso como un amortiguador frente a las ambiciones expansionistas de otros imperios) y promover la causa de la fe católica, defendida a sangre y espada por varias generaciones de monarcas españoles.

Varias décadas después, en el extremo oeste de Nueva España, muchos otros pioneros avanzarían hacia el norte, dando comienzo a nuestra próxima historia.

UNA CADENA EXTENSA y estrecha de misiones se extendía hasta la costa de California a finales del siglo XVIII. Desde San Diego en el sur hasta San Francisco Solano en el norte, más de veinte comunidades bajo la administración del rey fueron construidas por indios y gobernadas por sacerdotes. Muchas de ellas plantaron la semilla de la ciudad moderna que sigue prosperando en la actualidad. Otras son sitios arqueológicos o históricos, escondidas en las partes menos atractivas o desarrolladas del extenso estado.

Habían pasado algunos siglos desde que Ciudad de México fuera construida sobre los cimientos de la capital azteca de Tenochtitlán. California fue llamada «el último rincón del imperio español», según Arturo Madrid, un historiador de la Universidad Trinidad. De nuevo, las preocupaciones acerca de la invasión de otros imperios europeos llevaron a España a dejar una huella más permanente en las tierras que había reclamado desde varias generaciones atrás.

El hermano franciscano del siglo XVIII, Junípero Serra, es conocido como el fundador de las misiones californianas y como tal, es uno de los fundadores de la California moderna. «Una parte de la misión de fray Serra era cristianizar y evangelizar toda la península», señala la historiadora Rose Marie Beebe, de la Universidad de Santa Clara en California. «Las misiones en los *presidios* (bases militares fortificadas) fueron creadas para detener la incursión de los rusos y los británicos. Así que había una razón militar y una razón religiosa para el establecimiento de presidios en las misiones. De este modo tendrían una escolta, un escuadrón para proteger a los padres».

Ahora, desde la distancia que supone el tiempo, puede parecer extraño que, aparte de los líderes anticolonialistas como Popay y otros, los pueblos indígenas, que vivían en comunidades antiguas y establecidas, estuvieran dispuestos a someterse al sistema de misiones o que pudieran haber sido obligados a hacerlo por grupos más pequeños de sacerdotes y soldados en términos numéricos. Muchas comunidades indígenas sucumbieron a los efectos de las enfermedades traídas por los españoles pues no tenían defensas inmunológicas. Stephen Pitti describe que las tribus «se esforzaron para cazar, recolectar bellotas, pescar y preservar las comunidades que habían sobrevivido durante varios siglos. Las misiones ofrecían algo que no era solo espiritual sino también material. Les ofrecían a las comunidades indígenas la oportunidad de tener pan en la mesa. Los indios llegaron a las misiones con sus propias ideas acerca de lo que querían de estos lugares».

Los mismos sacerdotes que ofrecían una nueva forma de vida y un nuevo credo trajeron involuntariamente la muerte y el sufrimiento derivados de las enfermedades que llevaban en sus cuerpos. Los supervivientes indígenas encontraron organización, bienestar y seguridad en la labor proselitista y no remunerada de los sacerdotes.

A medida que comenzaba el siglo XIX, estas comunidades jóvenes y en continua construcción debieron parecer como si estuvieran en el fin del mundo. «Eran lugares muy pequeños y a quienes venían de Europa o de Ciudad de México, seguramente les parecían rústicos y atrasados», escribe el profesor Pitti. «Son lugares donde los hispano-mexicanos se sienten aislados y vulnerables». Para Pitti, también hay otra consideración importante: «Los hombres hispano-mexicanos de Alta California que buscaban pareja terminaban involucrados con las mujeres indígenas de estas regiones, en parte porque había muy pocas mujeres hispano-mexicanas en esa época. Así que lo que ocurre en la zona fronteriza es un mestizaje mucho más fuerte de lo que vemos en otras partes de Nueva España».

Aunque había varias misiones a lo largo de la costa de California, pocos mexicanos aprovecharon la oportunidad para emigrar a las colonias del norte. Algunos recién llegados no se establecieron allí de manera voluntaria. En 1800, veintiún jóvenes, muchas de ellas hijas ilegítimas que se trasladaron a un nuevo hogar establecido para tal fin, fueron llevadas a California desde Ciudad de México. Durante el viaje, primero por tierra y luego por barco, una de ellas murió. Dos de las niñas se casaron con colonos españoles menos de un año después. Las otras, que eran niñas o adolescentes, fueron distribuidas entre las familias españolas en California. Cuando ya era anciana, Apolinaria Lorenzana, la más joven de estas niñas, dicta sus memorias y recuerda: «Cuando llegamos, el gobernador repartió a las niñas entre varias familias como si fueran cachorras». La vida en el confín del imperio era lo bastante dura como para que el número de mujeres aumentara debido a su utilidad. Muchos de los diarios pertenecientes a mujeres españolas que vivieron en California durante el siglo XIX revelan una sociedad más abierta por causa de la escasez crónica de mano de obra.

Lorenzana llevó una existencia en contravía de las restricciones que la vida colonial les imponía normalmente a las mujeres en otras partes de Nueva España. Ella comenzó como uno de los «Niños Expósitos», los niños abandonados, y durante su larga vida vio que *Alta California* dejaba de ser una red de misiones católicas para convertirse en un estado próspero durante la expansión de los Estados Unidos.

Lorenzana le dijo al hombre que grabó sus recuerdos hacia el final de su vida: «Aprendí a leer cuando era muy joven, antes de venir de México. Aprendí a escribir después de llegar a California y, alentada por los libros que leía, escribía letras en cualquier pedazo de papel que pudiera encontrar, como en cajas vacías de cigarrillos, o en cualquier hoja de papel en blanco. De esa manera aprendí lo suficiente como para hacerme entender por escrito cuando necesitaba algo».

Esta joven, que llegó a las misiones de California, recibió educación en labores domésticas, en el cuidado de niños, en cocina y costura, y fue una trabajadora diligente en las misiones a lo largo de la costa. «Se trata de una niña de quien se espera que contribuya y sea útil a la sociedad de *Alta California*», escribe la profesora Beebe. «¿Cómo se supone que una niña de siete años entienda lo que le deparará el futuro? Debió sentirse aterrorizada, pero era una niña muy fuerte, como se evidencia en todas las cosas que hizo después de mudarse de Monterrey a Santa Bárbara, y luego a San Diego».

El profesor Pitti nos recuerda que esto habría sido desconcertante incluso para un niño expósito. «A finales del siglo XVIII, Ciudad de México era un importante centro de la vida urbana en las Américas y, para cualquier persona que hubiera abandonado un lugar como éste, un lugar que tenía una vida comercial activa y varios estratos de clase, un tipo de ciudad en la que uno podía perderse del mismo modo en que podría haberse perdido en Londres o en cualquiera de las grandes metrópolis de la época... Pasar de ese lugar al rincón más alejado del Imperio español debe haber sido un impacto tremendo para una niña».

Es poco probable que esta joven llegara a California esperando una vida con más facilidades y comodidades. La vida en el hogar para niñas abandonadas era austera. Los días comenzaban muy temprano con plegarias, el desayuno y luego la instrucción, seguidos por más oraciones, clases y plegarias. La vida en aquel hogar resultó ser una buena preparación para la vida en las misiones, que tenían una rutina similar de campanas, comidas y oraciones.

Lorenzana vivió en la sociedad propia de las misiones solo un peldaño arriba de la parte inferior. Durante su infancia fue aún más vulnerable que una mujer. Y como huérfana que era, estuvo aún más expuesta a la fragilidad y a la crueldad potencial a la que están expuestos los niños, pues no tenía vínculos familiares que le dieran un estatus o garantizaran su protección. Ella no estaba apegada a la tierra, a la familia o a las pertenencias, pues era huérfana y forastera; había nacido en otro lugar y fue llevada a *Alta California*. Los únicos miembros más débiles de la sociedad en las misiones de California eran los pueblos nativos de la costa de Norteamérica, los más numerosos y antiguos en esa región.

La vida de la joven Apolinaria Lorenzana surgió a partir de una serie de accidentes. Cuando las niñas llegaron al norte, ella fue enviada a una de las familias más importantes de California, la de Raymundo Carrillo, soldado y líder de un presidio.

Su nuevo protector no estaba tan seguro de que enviar niños expósitos fuera una política adecuada. Carrillo le escribió a la corte del virrey en Ciudad de México pidiendo que no enviaran más niñas: «Yo no creo que existan ventajas que se puedan obtener mediante el envío de más niñas como éstas. Los habitantes no quieren recibirlas pues ya tienen sus propias familias. Estas niñas son tan infelices que parece absurdo llevarlas lejos de la capital y exponerlas a condiciones de vida difíciles. Son demasiado pequeñas».

Lorenzana se mudó con los Carrillo de Santa Bárbara a San Diego y posteriormente les enseñó a leer a los niños. Durante una larga enfermedad fue acogida por el padre Sánchez, un sacerdote de la misión de San Diego. Lorenzana pasó de la enseñanza a la enfermería y les enseñó a coser a las indias.

«Ella se convierte en el aglutinante que mantiene unida a la misión de San Diego. Los padres confían mucho en ella. Aman a esta joven», escribe la profesora Beebe.

Lorenzana llegó a ser tan útil y tan querida en la misión de San Diego, que fue llamada *La Beata*. El trabajo de la profesora Beebe con los diarios de Lorenzana y los de sus amigas y compañeras de trabajo en San Diego revela que «los padres confiaban tanto en Apolinaria que le permitían ir a los barcos cuando atracaban en el puerto de San Diego. Ella iba con la lista de productos que los padres consideraban necesarios para la misión. Pero tenía permiso para comprar todo lo que creyera necesario».

Gracias a la adquisición de habilidades, a su trabajo incansable y fundamentalmente al hecho de no casarse, Lorenzana obtuvo una independencia y una utilidad escasa en las mujeres de las sociedades coloniales españolas de la época, quienes eran definidas con frecuencia por su papel como madres, esposas o hermanas religiosas.

Lorenzana le dice a su cronista que escapó del yugo matrimonial: «Cuando yo era una chica, un joven me rogó muchas veces que me casara con él. Pero yo no me sentía inclinada al matrimonio (sabiendo muy bien lo que implicaba este sacramento) y rechacé su oferta. Luego me dijo que se iría a México porque yo no me iba a casar con él».

Trata de imaginar a una mujer menuda y de edad avanzada contándole esta historia a un estadounidense varias décadas después y añadiendo, casi con un encogimiento de hombros: «Y entonces él se fue». En ninguna parte de la historia acerca de su vida hay la menor señal de arrepentimiento por no haber tenido hijos o esposo. Con el tiempo, Lorenzana llegaría a tener cien ahijados.

La larga vida de Apolinaria Lorenzana abarcó las décadas de transición de California de colonia española a nación independiente mexicana a la llegada del tío Sam. A medida que California se precipitaba hacia la América moderna, cada vez eran menos los habitantes del estado que habían vivido los comienzos del duro sistema de misiones. Los académicos empezaron a recopilar historias orales. El historiador y autor Thomas Savage expresa su admiración por Apolinaria.«En mi visita a San Diego este año (1878), muchos californianos nativos de ambos sexos hablaron de Lorenzana en los más altos términos de alabanza. Era conocida por muchos como *Apolinaria la Cuna*, y como *la Beata* por la mayoría. Parece ser un alma buena, vieja, alegre y resignada a su triste suerte, ya que en su vejez, y completamente ciega, es una carga para el país y para sus amigos, habiendo perdido todos sus bienes de algún modo u otro. Ella se mostró reacia a hablar sobre este tema y me aseguró que no quería siquiera pensar en ello». Lorenzana sirvió a los frailes misioneros durante varias décadas después de su llegada, hasta el final del período colonial español y en los primeros años de la independencia de México, alcanzada en 1821. Su laboriosidad y compasión le ganó muchos amigos y admiradores, pero muy poco en cuanto a posesiones materiales. Cuando alcanzó la edad mediana le pidió una tierra a la Iglesia en una época en que las misiones de *Alta California* estaban siendo secularizadas (es decir, privadas del control de la iglesia por parte del joven Gobierno mexicano).

Las tierras de las misiones les fueron prometidas inicialmente a los indios —a los neófitos—, a un pueblo que se había convertido al catolicismo y que había perdido su cultura original. Pero fueron engañados y, en su lugar, el traspaso de la tierra creó una nueva aristocracia entre los descendientes de los colonos que pertenecían a las familias españolas que llegaron al norte con los sacerdotes y soldados para asentar raíces en este remanso imperial. En lugar de convertirse en agricultores y ganaderos que cultivaban su propia tierra, los indios se vieron reducidos a una fuerza de trabajo sin tierras.

Los sacerdotes de la misión vieron la secularización como una simple apropiación de tierras en la que el gobierno de Ciudad de México recompensaría a la nueva aristocracia, que muchas veces se oponía al clero. Algunas misiones abandonaron sus edificaciones en previsión de un ataque mientras otras empezaron a sacrificar los grandes rebaños acumulados luego de trabajar varias décadas, y a vender cueros y grasa animal a compradores de Estados Unidos.

Los sacerdotes de la misión de San Diego le dieron a Lorenzana tres grandes extensiones de tierras de pastoreo en el Valle Jamacha, en lo que hoy es el condado de San Diego. Los misioneros también le entregaron los documentos que confirmaban la transferencia y ella se dirigió al gobierno en 1833 para certificar su propiedad. En 1840 se le concedieron dos leguas cuadradas de tierra (aproximadamente nueve mil acres o 24 millas cuadradas). Lorenzana comenzó a mejorar la tierra, a invertir en infraestructura y a cultivar cerca del río Sweetwater. Era ya una mujer de recursos y contrató a un administrador para que supervisara el rancho mientras ella seguía viviendo en la misión.

Cuando Estados Unidos invadió a México en 1846 y las tropas estadounidenses ocuparon San Diego, Lorenzana se trasladó a San Juan Capistrano en el norte, en lo que hoy es el Condado de Orange. Su rancho permaneció abandonado por un tiempo.

Cuando California pasó a formar parte del botín de guerra y los vastos territorios del norte de México quedaron bajo la soberanía estadounidense, Rancho Jamacha fue confiscado por los Estados Unidos. El Tratado de Guadalupe Hidalgo puso fin a la guerra entre las dos naciones pero dejó a miles de ciudadanos mexicanos en un nuevo país. Su futuro era incierto, a pesar de la garantías firmes e inequívocas estipuladas por el tratado a los ciudadanos mexicanos que ahora vivían en territorio estadounidense:

> Los mexicanos establecidos actualmente en territorios que antes pertenecían a México y que de ahora en adelante están dentro de las fronteras de los Estados Unidos, tal como lo define el presente tratado, tendrán la libertad de seguir viviendo donde viven actualmente, o de mudarse a la República Mexicana, reteniendo cualquier propiedad que poseen en dichos territorios o disponiendo de ella y llevando las ganancias a donde deseen sin que sean sujetos, en este caso, a contribución, impuesto o cargo alguno.
>
> Aquellos que prefieran permanecer en dichos territorios pueden retener el título y los derechos de los ciudadanos mexicanos, o adquirir los de ciudadanos estadounidenses. Pero tendrán que elegir dentro del plazo de un año a partir de la fecha del intercambio de ratificaciones de este tratado, y aquellos que permanezcan en dichos territorios después de expirado ese año, sin haber declarado su intención de guardar su carácter como mexicanos, serán considerados ciudadanos de los Estados Unidos.
>
> En dichos territorios, *los bienes de cualquier naturaleza, que pertenecen ahora a mexicanos no establecidos en ellos, serán respetados de manera inviolable. Los actuales dueños, los herederos de estos y todos los mexicanos que en un futuro puedan adquirir dichas propiedades por medio de contratos, disfrutarán respecto de ellas garantías tan amplias como si perteneciesen a ciudadanos de los Estados Unidos.* (Las cursivas son del autor).

A pesar de las garantías del Tratado, la Ley de Tierras de 1851 estableció una Comisión de los Estados Unidos para determinar cuáles reivindicaciones de tierras mexicano-californianas eran legítimas. Muchas familias terratenientes solicitaron hipotecas para pagar los costos en la corte y terminaron perdiendo sus tierras, pues no estaban familiarizadas con los procesos legales de los Estados Unidos o no pudieron expresar sus reclamos durante los procedimientos realizados en lengua inglesa. Un grupo de militares estadounidenses que comenzó a trabajar como promotor y especulador de tierras después de la guerra con México tomó el control del Rancho Jamacha.

A través de una serie de transacciones que eran desacertadas por decir lo menos, *La Beata* comenzó a solicitar hipotecas para su rancho y a vender parcelas. A mediados de la década de 1860, Lorenzana ya no tenía ningún derecho sobre sus tierras y en los años subsiguientes insistió en que se las habían robado, buscando una indemnización legal hasta 1880. El Rancho Jamacha se convirtió en un negocio agrícola rentable y productivo con sus nuevos propietarios yanquis. Hasta el día de su muerte, Lorenzana sostuvo que fue estafada y que le quitaron sus tierras, por más que los registros indicaran lo contrario.

Su cronista le pregunta mucho sobre los ranchos y la anciana relata diciéndole: «Es una larga historia y no quiero hablar de eso. Me quitaron los otros dos ranchos de alguna manera. Y así terminaron las cosas, después de haber trabajado tantos años, después de haber conseguido una finca, de la que nunca me deshice por medio de la venta o de ningún otro medio, y aquí me encuentro en la mayor pobreza, viviendo solo por la gracia de Dios y de la caridad de los que me dan un bocado para comer».

Una niña abandonada se convierte en una heroína en la California colonial, en una terrateniente republicana en México, y luego en una carga pública y en una mujer pobre en los Estados Unidos de América. Lorenzana fue un símbolo de las pérdidas sufridas en esta transición mientras los estadounidenses llegaban desde el este a los territorios recién anexados. Cargando con el peso de las evidencias impuestas sobre ella y sobre otros hacendados después de la guerra con México, Lorenzana terminó el proceso de concesión del título como una persona sin tierra, mucho antes de que sus derechos fueran reconocidos finalmente.

Apolinaria Lorenzana murió en 1884. Había nacido en 1790, así que vivió una vida muy larga para su época, que se extendía desde los primeros días de las misiones españolas hasta el cierre de la frontera estadounidense y a la cuarta década de California como un estado de la Unión. Su vida se convertiría también en una historia con una moraleja, en un recordatorio de la dificultad para hacer la transición de una vida en México a otra en los Estados Unidos, aunque nunca emigrara a un país nuevo: ocurrió, en cambio, que una tierra nueva llegó a ella.

EL SIGLO XIX fue testigo de la creación del territorio continental de los Estados Unidos, impulsado por el «mar al mar brillante» del Destino Manifiesto. Gran parte de la población latina de los Estados Unidos es un legado de los encuentros y desencuentros entre la joven nación que empujaba hacia al oeste del Atlántico, y el Imperio Español y la República de México.

Los cien años que transcurrieron desde 1800 a 1900 fueron una época de desafíos constantes a los pueblos de Norteamérica, que exigieron su reinvención como individuos a medida que se transformaban, muchas veces por acontecimientos ajenos a su control. Un indio en Texas, bautizado con un nombre español en la Iglesia Católica, podría haber comenzado el siglo como un súbdito español, con hijos mexicanos, nietos que llegarían a la edad adulta en la República de Texas y el Estado de Texas, y bisnietos que vivieron algunos años en los Estados Confederados de América.

Muchos de los ciudadanos estadounidenses que se dirigieron a la costa del Pacífico se hicieron «nativos» luego de casarse con personas mexicanas, de convertirse al catolicismo y de aprender a hacer negocios en español con sus vecinos. Sin embargo, y como hemos visto con Apolinaria Lorenzana, apenas unas décadas después de su llegada, las mismas familias *californias* que les dieron la bienvenida a sus vecinos inmigrantes de Estados Unidos pronto terminaron como extranjeros en su propia tierra.

La alfombra de bienvenida en honor a los inmigrantes de lengua inglesa del este del país fue impulsada quizá por la ambivalencia que sentían los ciudadanos del extremo norte de México con respecto a los vínculos preexistentes con un país y un conglomerado político que podría parecer muy lejano. «Ellos sentían que California era el hijo bastardo de México y que fueron relegados al olvido», señala Rose Marie Beebe. «Sus antepasados eran españoles. Sus hijos nacieron en California, por lo que son *californios*. Son una mezcla de gentes. Se consideran mexicanos pero no lo son. Viven en una zona muy alejada de Ciudad de México y de la administración central».

Y agrega: «Entonces, tras la llegada de los estadounidenses, y después de la guerra con México, perdimos una parte de nosotros. Estábamos bajo el dominio español, después bajo el mexicano y ahora bajo la ocupación norteamericana. Creo que lo que sale a flote en los testimonios es el miedo, el presentimiento de lo que vendrá después».

Incluso hoy en día, los descendientes de los españoles, y posteriormente las familias mexicanas que habitaban lo que hoy es el suroeste de los Estados Unidos, dirán casi con tristeza: «Nosotros no cruzamos la frontera. ¡La frontera nos cruzó a nosotros!».

Crecer en los Estados Unidos del siglo XXI es vivir en un país ordenado y territorialmente estable, cuyas fronteras nacionales son fijas e inmutables. Los estados estadounidenses no contemplan ninguna especulación realista sobre la posibilidad de convertirse en naciones independientes. Lo mismo sucede con los estados mexicanos y las provincias canadienses, y no piensan tampoco en retirar su lealtad a Ciudad de México ni a Ottawa para endosarla a Washington D.C.

El siglo XIX sufrió cambios repetidos y constantes, que muchas veces tomaron desprevenidas a poblaciones enteras, las cuales se preguntaron a dónde y a qué pueblo pertenecían en realidad. Texas fue un punto crítico en este sentido, donde los Estados Unidos y México se enfrentaron al oeste del río Mississippi. Al igual que California, Texas era importante para México no tanto por sus pequeños asentamientos repartidos por toda la provincia sino como un baluarte contra otros imperios: Francia, Gran Bretaña y, posteriormente, los Estados Unidos de América.

Los dos países eran jóvenes. México logró su independencia de España en 1821 mientras Estados Unidos hizo lo propio medio siglo antes. Sin embargo, México quedó debilitado y desorientado debido a las batallas entre diversas facciones, que mantuvieron al país al borde de la guerra civil, mientras que el rígido orden constitucional en los Estados Unidos provocó un aumento de la riqueza, del tamaño territorial y de la seguridad.

Fue una desgracia histórica para México que los intereses de los dos estados entraran en conflicto en una época de golpes de Estado y de caudillos militares en México, mientras que los estadounidenses se preparaban para apoderarse de lo que querían.

JUAN NEPOMUCENO NACIÓ en San Antonio de Béxar, el mayor asentamiento español en la provincia de *Tejas*. La familia Seguín llegó al valle del río San Antonio en la década de 1740, lo que la convierte en una de las familias españolas más antiguas en esta parte del imperio. El valle fue el punto de partida para la colonización española en la región.

Erasmo Seguín, su padre, fue un influyente funcionario público durante la infancia de Juan. En 1821 Erasmo informó a Moses Austin, un colono estadounidense, que la petición de Austin, dirigida al gobierno central mexicano para establecer una colonia estadounidense en *Tejas*, había sido aceptada. Moses murió antes de que acabara el año pero Erasmo conoció y entabló una amistad con Stephen F. Austin, hijo de Moses y el «Padre americano de Texas», que se prolongaría por el resto de su vida. Austin comenzó su vida en *Tejas* y trató de cooperar con la legislación mexicana. Los Austin aconsejaron a sus compatriotas estadounidenses que no realizaran prácticas protestantes que pudieran despertar la ira de la Iglesia Católica Romana establecida por el gobierno, y les advirtieron a los colonos que no desafiaran a las autoridades mexicanas.

Erasmo Seguín sirvió en el Congreso mexicano, fue delegado a la convención constitucional, así como uno de los tres representantes electos de Texas para presentar las quejas de la provincia al gobierno central en Ciudad de México. Posteriormente se unió a la oposición política, liderada por el general Antonio López de Santa Anna, un caudillo militar.

Así, Juan —uno de los tres hijos de Erasmo— fue testigo del tumulto revolucionario de Texas y llevó una vida que transcurrió en ambos países. La experiencia estadounidense de la familia Seguín simbolizaría los triunfos y las tragedias de los tejanos del siglo XIX, los mexicanos de habla hispana de Texas.

Poco después de cumplir veinte años, Juan ya había incursionado en los asuntos públicos, siendo elegido concejal de San Antonio cuando tenía veintidós años. Mientras tanto, la batalla entre las dos facciones principales de la política mexicana llegó a un punto crítico pocos años después: una de las facciones —los federalistas— quería una confederación con un alto grado de autonomía en las provincias, mientras que la otra —los centralistas— pretendía un gobierno central fuerte que ejerciera un control firme en los lugares más recónditos del país.

En mayo de 1834, cuando Santa Anna disolvió el Congreso que lo había elegido como presidente y suspendió la Constitución, varias regiones del país se rebelaron abiertamente. De los estados que aprovecharon la crisis constitucional como una oportunidad para separarse, solo la República de Texas, la parte de *Tejas* del estado mexicano de Coahuila y Texas, logró proclamar su independencia. Pero éste no fue el fin de la historia: Santa Anna quería recuperar Texas.

Al igual que su padre, Juan Seguín criticó públicamente la decisión de Santa Anna de suspender la Constitución y de declararse presidente en virtud de un gobierno nuevo y centralizado. Al igual que Erasmo, Juan creía que la futura prosperidad de su tierra dependía en buena parte de la presencia de colonos estadounidenses. Juan Seguín había alcanzado el rango de coronel en la milicia territorial durante el gobierno anterior y se había convertido en el alcalde de San Antonio. Pero ahora Juan se opuso abiertamente al gobierno de Santa Anna y ayudó a establecer una asamblea constituyente para Texas. En sus formas más tempranas, las guerras por la independencia de Texas se entienden realmente como una batalla contra los centralistas, que querían gobernar el vasto país desde Ciudad de México y defender el poder de la Iglesia Católica.

El primer objetivo de Seguín probablemente no era establecer una nación independiente o dejar de ser mexicano. Luego de organizar una milicia *tejana* en 1835, Seguín le ofreció su ayuda al gobernador mexicano de *Tejas*, un federalista que compartía su oposición a Santa Anna. A comienzos de 1836, Seguín aceptó una comisión como capitán en el Ejército de Texas, decretada por Stephen F. Austin, y realizó misiones de vigilancia y reabastecimiento para el ejército revolucionario con su compañía de treinta y siete hombres. ¿Era todavía mexicano? ¿Qué pretendía al entrar en combate contra sus enemigos políticos en el Ejército mexicano? Este político y militar dedicaría toda su vida al éxito de la república. En sus memorias, Seguín declara: «Adopté la causa de Texas tras

Juan Seguín, uno de los mexicanos más destacados en ponerse del lado de los colonos estadounidenses en la batalla por la independencia de Texas. Alcalde de San Antonio en el periodo mexicana, dirigió soldados de habla hispana en la importante batalla de San Jacinto. Seguín se convirtió en senador de la nueva República de Texas, pero más adelante se mudó al sur para vivir en México. CRÉDITO: SEGUÍN, JUAN NEPOMUCENO; IDENTIFICADOR DE ASSECO: CHA 1989.096; CORTESÍA DEL STATE PRESERVATION BOARD; ARTISTA ORIGINAL: WRIGHT, THOMAS JEFFERSON / 1798–1846; FOTÓGRAFO: PERRY HOUSTON, 7/28/95, POST RESTAURACIÓN

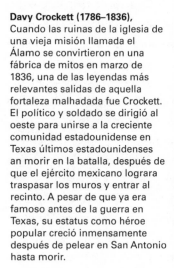

Davy Crockett (1786–1836),
Cuando las ruinas de la iglesia de una vieja misión llamada el Álamo se convirtieron en una fábrica de mitos en marzo de 1836, una de las leyendas más relevantes salidas de aquella fortaleza malhadada fue Crockett. El político y soldado se dirigió al oeste para unirse a la creciente comunidad estadounidense en Texas últimos estadounidenses an morir en la batalla, después de que el ejército mexicano lograra traspasar los muros y entrar al recinto. A pesar de que ya era famoso antes de la guerra en Texas, su estatus como héroe popular creció inmensamente después de pelear en San Antonio hasta morir.

el estallido del primer cañón que anunció su libertad».

Seguín se atrincheró en El Álamo con sus infortunados defensores después de divisar al escuadrón de avanzada de las tropas de Santa Anna, las cuales se dirigían a San Antonio para recuperar la ciudad. Seguín batalló en la antigua misión al lado de William Travis, Jim Bowie y de famosos combatientes nacidos en los Estados Unidos. Antes del ataque final realizado por el ejército de Santa Anna, el oficial de habla hispana fue enviado como mensajero para informar a las fuerzas texanas sobre el asedio al Álamo. Cuando Seguín regresó a San Antonio, Santa Anna y sus fuerzas ya habían arrasado con la guarnición del Álamo.

Seguín se retiró a Gonzales, donde había comenzado la revolución de Texas, y se alió con comandantes nacidos en los Estados Unidos con el fin de prepararse para otra batalla contra Santa Anna. Esta tuvo lugar unas semanas después, en la batalla de San Jacinto, en la que Juan Seguín fue el único mexicano de Texas en dirigir tropas que defendían a los colonos americanos. Su participación fue intrascendente en términos militares pero profundamente simbólica. Sam Houston y Edward Burleson, los dos altos comandantes estadounidenses, reconocieron la valentía de Seguín y sus hombres. San Jacinto fue la batalla clave en la guerra contra México y ha sido llamada el «Yorktown de Texas». El escuadrón militar de Seguín ratificó la idea de que los *tejanos* estaban dispuestos a arriesgar sus vidas por el nuevo país.

Cuando el humo se disipó, Seguín fue el oficial de un ejército victorioso. Había sido uno de los primeros en adoptar la causa texana, un líder comunitario en su antiguo país, y trató de servir a su nueva nación. Si la rebelión de Texas hubiera sido repelida de manera exitosa por el Ejército mexicano, los rebeldes nacidos en Estados Unidos podrían haber regresado fácilmente a casa. Se podría argumentar que Seguín asumió un riesgo más grande al declararles la guerra a su país de origen y a su gobierno.

Seguín comenzó por supervisar la retirada de las tropas mexicanas, escoltándolas de nuevo al Río Grande. A continuación se dirigió a San Antonio, donde dirigió el sepelio de los defensores de El Álamo, y posteriormente se convirtió en el comandante militar de la ciudad. Al principio se esperaba que los *tejanos* nativos hicieran una causa común en la construcción de un nuevo país con los recién llegados de los Estados Unidos. Juan tenía, como escribe en sus memorias, «el deseo de ver a Texas libre y feliz». Seguín se sintió sorprendido por el resentimiento y el racismo que sufrió un patriota y compañero de armas de Texas. Aunque eran mayoría en el nuevo país, la mayoría de los *tejanos* eran campesinos y considerados forasteros, un problema que tendrían que superar.

Es importante recordar lo que vieron en Texas muchos de los recién llegados: un lugar al cual podrían trasladar la economía algodonera del sur de los Estados Unidos, su lugar de origen. Pero no solo pretendían reproducir esta planta, perteneciente al género *Glossipyum*, sino también la esclavitud que hacía del algodón un cultivo tan rentable.

Los recién llegados no consideraron a los mexicanos que ya vivían en esas tierras como nuevos socios para amasar fortunas; para ellos, los mexicanos eran simplemente personas que no eran blancas. John C. Calhoun, senador por Carolina del Sur y defensor de la esclavitud, rechazó la idea de la anexión de territorio mexicano en 1848: «Nunca hemos soñado con incorporar a nuestra Unión a otra que no sea la raza caucásica, la raza blanca y libre. Incorporar a México sería el primer ejemplo de la incorporación de una raza india... ¡Protesto contra una Unión como ésa! El nuestro, señor, es el gobierno de una raza blanca».

Calhoun dice además que poner a los mexicanos en pie de igualdad

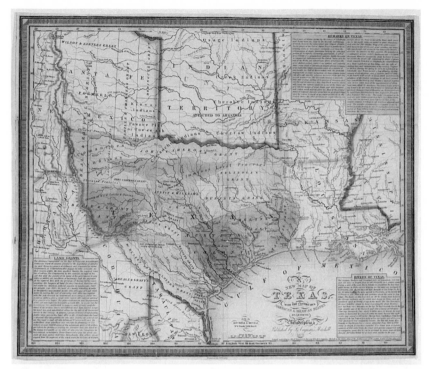

Mapa de Texas en 1836. Después de la exitosa guerra contra México, la nueva República de Texas era mucho más pequeña que lo que posteriormente se volvió el estado de Texas. Más adelante se le añadieron más tierras confiscadas a México durante la Guerra México-Estadounidense, junto con los territorios que se convertirían en los estados del suroeste de Estados Unidos. CRÉDITO: THE DOLPH BRISCOE CENTER FOR AMERICAN HISTORY, THE UNIVERSITY OF TEXAS AT AUSTIN

con los ciudadanos de Estados Unidos sería un «error» que ya había «destruido acuerdos sociales» en otros países.

Por mucho que los colonos de todo el Suroeste pudieran haber invocado su herencia española, Calhoun —al igual que muchos estadounidenses— no tenía ninguna duda de que no eran blancos. Y en este sentido, los mexicanos merecían poca consideración, incluso en su propio país. «Que yo sepa, en toda la historia del hombre no hay ningún ejemplo de ninguna raza de color civilizada que haya sido considerada igual al sistema de un gobierno libre y popular, aunque de lejos, la mayor parte de la familia humana se componga de estas razas... ¿Vamos a asociar con nosotros como iguales, compañeros y conciudadanos, a los indios y mestizos de México? Señor, yo consideraría tal cosa como fatal para nuestras instituciones».

Las familias *tejanas* establecidas desde mucho tiempo atrás en tierras arrebatadas a México se enfrentaron a una incertidumbre que no se resolvería simplemente al cambiar su lealtad a la bandera de una nación por la de otra. En última instancia, la forma como ellos se veían a sí mismos no era importante para sus nuevos vecinos. Los recién llegados los consideraban como seres que no eran muy diferentes de los indios, quienes desde hacía dos siglos habían sido agresivamente expulsados de sus tierras por norteamericanos de habla inglesa. Pasarían otros ciento cincuenta años antes de llamar con otro nombre lo que les sucedió a estos *tejanos*: limpieza étnica. La ambición de tierras que había antes de la Guerra Civil Estadounidense, y el gran caos social ocasionado por ésta, antepuso las necesidades de los estadounidenses de habla inglesa a los derechos de las familias *tejanas* nativas.

Los observadores mexicanos del siglo XIX no tenían precisamente un gran concepto de la chusma, los filibusteros y los aventureros desarraigados que llegaban a las tierras mexicanas desde los Estados Unidos. José María Sánchez fue un topógrafo enviado a las colonias estadounidenses en 1828 por el Gobierno mexicano con el fin de informar sus observaciones. Los embajadores de la civilización anglosajona no recibieron una crítica muy favorable por parte de Sánchez, quien dice de un asentamiento: «Su población es de unas doscientas personas, de las cuales solo diez son mexicanas, mientras el resto son americanas del norte, además de algún europeo».

Añade: «Dos tiendas pequeñas y miserables abastecen a los habitantes de la colonia: una solo vende whisky, ron, azúcar y café; y la otra ofrece arroz, harina, manteca de cerdo y ropas baratas. Los americanos del Norte, por lo menos la mayor parte de los que he visto, solo comen carne salada, pan de harina de maíz elaborado por ellos mismos, café y queso preparados en casa. A esto, la mayor parte de los que viven en la aldea le añaden licor fuerte ya que son, en mi opinión, gente perezosa y de carácter maligno. Algunos cultivan maíz en sus pequeñas granjas pero esta tarea se la encomiendan generalmente a sus esclavos negros, a quienes tratan con una dureza considerable». La esclavitud era ilegal en México y los colonos estadounidenses lo sabían.

En 1837, Juan Seguín fue elegido para el nuevo Senado de la República de Texas. Era el único senador que hablaba español pero se las arregló para llevar a cabo su labor utilizando un traductor, y llegó a presidir la comisión de asuntos militares. Al mismo tiempo que Seguín se convertía en un líder de la joven república, los estadounidenses sin tierra llegaban a Texas y una ciudad tras otra se dispuso a expulsar a sus residentes mexicanos nacidos en *Tejas*. El senador se dedicó a negociar con tierras, tratando de hacer su fortuna en el ambiente del Oeste Salvaje (y salvaje sí que era).

Otro ejemplo de la naturaleza fluida de la nacionalidad y de la maleabilidad de las fronteras nacionales se dio con el apoyo de Seguín a Antonio Canales Rosillo, un general federalista que estaba tratando de fundar la República del Río Grande, la cual se habría constituido en un estado tapón entre México y Texas. Posteriormente, Canales se reincorporó al gobierno mexicano, recibiendo una comisión como general, y combatió contra los texanos en las regiones fronterizas de la costa del golfo que ahora constituyen el sur de Texas. Mariano Arista, otro general mexicano, contactó a Seguín y trató de convencerlo para que se uniera a México y ayudara a que su patria natal recuperara Texas.

Aunque Seguín rechazó las propuestas de México y colaboró activamente para sofocar una nueva invasión mexicana, que resultó en la ocupación fugaz de San Antonio por parte del ejército mexicano, comenzaron a circular rumores según los cuales Seguín no era leal a la República de Texas. Un general mexicano dio a entender que el alcalde de San Antonio era todavía un ciudadano mexicano leal. Los texanos nacidos en los Estados Unidos comenzaron a acusarlo de traición. En sus memorias, Seguín recuerda cómo fue expulsado de su ciudad natal mientras los vigilantes lo perseguían: «En aquellos días, yo no podía ir a San Antonio sin poner mi vida en peligro. En este estado vi que era necesario tomar alguna medida que me brindara seguridad y salvar a mi familia de la desgracia constante.

»Tuve que marcharme de Texas, abandonar todo aquello por lo que había luchado y gastar toda mi fortuna, para convertirme en un vagabundo. La ingratitud de aquellos que se atribuyeron el derecho de condenarme, su credulidad al declararme traidor basándose en meros rumores, cuando tuve que suplicar a mi favor el patriotismo leal con el que siempre he servido a Texas, me hirieron profundamente».

Seguín dimitió como alcalde de San Antonio y huyó a México con su familia: «Yo había decidido liberar a mis familiares y amigos de su desgracia constante por causa mía, y vivir en paz en México. Fue por estos motivos que renuncié a mi cargo, con todos mis privilegios y honores como texano».

PERO LOS PROBLEMAS de Juan Seguín apenas estaban comenzando. Ir al Sur significaba enfrentarse al ejército y al país a los que tanto se había esforzado recientemente en derrotar. «Busqué refugio entre aquellos a quienes combatí; me separé de mi país, de mis padres, familiares, parientes y amigos, y lo que es más, de las instituciones en nombre de las cuales había empuñado mi espada».

Cuando los mexicanos le ofrecieron elegir entre la cárcel por traición o el servicio militar, Seguín dijo que no tenía más remedio que aceptar una comisión en el Ejército mexicano. Poco tiempo después se dirigió de nuevo a Texas con un escuadrón al mando del general Adrián Woll para luchar contra los Estados Unidos en la Guerra México-Estadounidense.

Después de la guerra, Seguín pidió permiso para regresar a Texas. «Después de las expediciones del General Woll, no volví a Texas hasta el tratado de Guadalupe Hidalgo. Durante mi ausencia, nada pareció poner fin a mi imagen de traidor. Mis enemigos habían logrado su objetivo: me habían liquidado políticamente en Texas y, mientras menos hablaran de mí, menos riesgos corrían de quedar expuestos a los medios infames que habían utilizado para causar mi ruina».

Poco después, el acoso que sufrió en la misma tierra que había luchado para liberar, lo obligó a cruzar de nuevo el Río Grande y regresar a México. «Una víctima de la maldad de algunos hombres, cuya impostura fue favorecida por su origen y por el dominio reciente sobre el país; un extranjero en mi tierra natal, ¿podría esperarse que yo soportara estóicamente sus ultrajes e insultos?».

Juan Seguín vivió sus últimos días en Nuevo Laredo, a orillas del Río Grande, al otro lado de Texas y de los Estados Unidos. Murió en 1890, a los ochenta y tres años. En 1976, sus restos fueron llevados finalmente a Texas para ser enterrados en la ciudad que lleva su nombre.

A lo largo de lo que sería el suroeste de los Estados Unidos, el hecho de mover la frontera, de establecer la nueva relación entre Estados Unidos y México, y los nuevos ciudadanos mexicanos de Estados Unidos, no ayudó a poner fin al conflicto por la tierra, los recursos y el estatus. En *El Clamor Público*, un diario californiano, un artículo publicado el 26 de julio 1856 se queja de la violencia continua contra los mexicanos de California: «Asesinar y abusar de los mexicanos con impunidad se está convirtiendo en una costumbre muy frecuente». El periódico señala posteriormente que los americanos de habla inglesa que habían llegado a California en los años posteriores al descubrimiento del oro sometían a los mexicanos «a un tratamiento que no tiene antecedentes en la historia de ninguna nación conquistada por salvajes o por pueblos civilizados».John Rollin Ridge, el popular novelista de sangre cherokee, recopiló las historias que circulaban en torno a un mexicano que se rebeló después de que los estadounidenses lo golpearan y violaran a su esposa. En su libro *Vida y aventuras de Joaquín Murrieta, el célebre bandido de California,* publicado en 1854, Rollin mezcla la realidad con la ficción para crear un apuesto Robin Hood mexicano, cuya guerra de guerrillas contra los estadounidenses estaba justificada por el tratamiento que recibía su gente: «El país estaba lleno de hombres desesperados y sin ley que se hacían llamar estadounidenses, quienes miraban con odio a todos los mexicanos y los consideraban como una raza conquistada, sin derechos ni privilegios, y solo apta para la servidumbre o la esclavitud. Ellos no podían o no querían superar el prejuicio del color ni la antipatía de las razas, que son siempre más fuertes o amargas entre los ignorantes, porque les daban una excusa para la opresión degradante». Tal como hacen los mexicanos hasta el día de hoy, se compusieron numerosas canciones que celebran las hazañas de Joaquín Murrieta. Ésta es la letra de un *corrido* sobre él:

> *Yo no soy americano*
> *Pero comprendo el inglés.*
> *Yo lo aprendí con mi hermano*
> *al derecho y al revés.*
> *A cualquier americano*
> *hago temblar a mis pies.*
> *Por cantinas me metí*
> *castigando americanos.*
> *Tú serás el capitán*
> *que mataste a mi hermano.*
> *Lo agarraste indefenso,*
> *orgulloso americano.*

Otro Robin Hood moreno surgió en Texas, en las tierras disputadas y sin ley entre el río Nueces y el Río Grande en el sur del estado. Juan Nepomuceno Cortina Goseacochea, llamado con frecuencia *Cheno Cortina* o simplemente *Juan Cortina,* encabezó una milicia *tejana* en los años 1850 y 1860 contra las autoridades anglosajonas en el sur de Texas y la costa del golfo. Las redadas y batallas fueron conocidas como las Guerras de Cortina o los Problemas de Cortina, y enfrentó a sus hombres (dependiendo del año y de las circunstancias) contra el Ejército de los Estados Unidos, los Rangers de Texas, los invasores franceses de México, las milicias Anglo, el Ejército Confederado y las fuerzas nacionales mexicanas.

El fuerte interés de Juan Cortina en defender su causa era respaldado por lo que parecía ser un rechazo abierto al trato que recibían las personas del norte de México y del sur de Texas. Los manifiestos y panfletos que emitió Cortina durante su campaña militar tenían el romance y el ardor propios de la retórica del siglo XIX, y una gran inteligencia: «No hay necesidad de temer. Las gentes pacíficas y los ciudadanos honestos son inviolables para nosotros en sus personas e intereses. Nuestro objetivo, como lo han visto, ha sido castigar la maldad de nuestros enemigos, que ha quedado impune hasta ahora.

»Estos se han confabulado entre ellos y han conformado, por así decirlo, una pérfida logia inquisitorial para perseguir y robarnos sin causa alguna, y por el único supuesto delito por nuestra parte que el de ser de origen mexicano...».

Cortina fue apodado el «Ladrón rojo del Río Grande». Aunque fue combatido y perseguido por las autoridades de ambas naciones, o fue reclutado para unirse a ellas con el fin de luchar contra el otro país, Cortina se consideraba como un combatiente que sacrificaba su vida por su pueblo. «Las personas inocentes no deben sufrir. Pero, si es necesario, llevaremos una vida errante, esperando una oportunidad para purgar a la sociedad de hombres tan bajos que la degradarán con su oprobio. Nuestras familias han regresado como extranjeros a su país natal para suplicar asilo». Cortina condenó la codicia y la envidia de sus enemigos anglosajones, al tiempo que expresó la esperanza serena de que la Naturaleza siempre proveerá. «Además, nuestros enemigos personales no deberán poseer nuestras tierras hasta que las hayan engordado con su propia sangre».

Con sus sorprendentes palabras, Cortina les recuerda a sus constituyentes *tejanos* lo que ya sabían demasiado bien: que las tormentas políticas que se propagaron a través de México, Texas, y los Estados Unidos, los hicieron vulnerables a los anglo-estadounidenses, quienes obtuvieron lo que no podían comprar a través de la conquista. Era una época en la que «bandadas de vampiros, que bajo la apariencia de hombres vinieron y se esparcieron en los asentamientos, sin otro capital que el corazón corrupto y las intenciones más perversas.

»Muchos de ustedes han sido despojados de su propiedad, encarcelados, perseguidos, asesinados y cazados como bestias, porque su trabajo era fructífero y su laboriosidad excitó la codicia vil que los trajo acá». Es muy difícil saber después de un siglo y medio si Cortina ignoró deliberadamente —o fue ciego— a la expropiación de tierras nativas, el «pecado original» que les dio tierra a los mexicanos en primer lugar.

Contra toda lógica, dos clases de estereotipos operaron de manera simultánea en las mentes de los estadounidenses que se dirigían a las tierras tomadas en la Guerra mexicana. Por un lado, sostiene Stephen Pitti, los grandes terratenientes, incluso aquellos como Mariano Vallejo, que les extienden la más cordial bienvenida a los inmigrantes de Estados Unidos, son presentados «como barones titulares estatales, una especie de señores feudales de la Edad Media que han aterrizado en este siglo XIX, pero que son producto de otra época y debían ser por tanto removidos de la historia y no formar parte del mundo moderno». Al mismo tiempo, escribe Pitti, «los latinos son vistos como cuchilleros, como *greasers*, como figuras sucias, peligrosas y amenazantes para los miembros de la sociedad de la Fiebre del Oro, quienes tampoco eran ciudadanos ejemplares, aunque por razones diferentes.

»La forma en que los *californios* y los latinos contrarrestarían los estereotipos cotidianos que les habían asignado sería muy importante para ver cómo los entenderían otros a ellos en el siglo XIX».

Mariano Vallejo, líder militar de California, político y hacendado. Su larga vida abarcó tres épocas de California. Nació un súbdito del Imperio español, se dio a conocer como ciudadano de México, y acabó su vida como estadounidense. Al igual que muchas de las familias terratenientes de California, Vallejo extendió una mano amiga a la primera oleada de colonos estadounidenses que se dirigían hacia el oeste a los territorios mexicanos del norte. Fue encarcelado por los migrantes y sus propiedades fueron saqueadas. Más adelante Vallejo sería tratado como un extranjero en su propia tierra. CRÉDITO: THE BANCROFT LIBRARY, UNIVERSITY OF CALIFORNIA, BERKELEY

Después del Tratado de Guadalupe Hidalgo de 1848, cientos de miles de familias mexicanas se convirtieron en una parte permanente del futuro de Estados Unidos. El hecho de que Estados Unidos fuera capaz de derrotar a México con tanta facilidad en la década de 1840 sirvió para confirmar la inferioridad mexicana a los ojos de muchos estadounidenses. Pitti sostiene que ésta fue una herida que no se curaría con el tiempo. «Los anglos de lugares como Texas, Nuevo México y California continuaron afirmando las condiciones básicas de la guerra entre México y Estados Unidos: que un pueblo inferior había sido conquistado por un pueblo superior, que la democracia había triunfado sobre el feudalismo y el atraso, que este progreso se debía a los estadounidenses y que los latinos de lugares como California estaban destinados a la extinción. Los latinos de California estaban destinados simplemente a desaparecer ante la superioridad de la cultura estadounidense».

DE REGRESO EN Nuevo México, incluso después de sus terribles sufrimientos a manos de los españoles, los acoma no destruyeron la iglesia de la misión de San Esteban del Rey según lo ordenado por Popay. Hoy en día la iglesia permanece como un recordatorio de la cultura del Nuevo Mundo que surgió del encuentro entre España y los pueblos nativos. Es una de las edificaciones más grandes y mejor preservadas del siglo XVII en Nuevo México. Su escalera original, tallada a mano, los retablos del altar y los pasamanos para comulgar tienen casi quinientos años.

Don Juan de Oñate fue recordado por Nuevo México en 1991, una gran estatua ecuestre fue construida en las afueras de Española. En 1998, en el 400 aniversario de su partida para establecer la nueva colonia al norte de Ciudad de México, un grupo de acomas se dirigió con sigilo y le «amputó» el pie derecho, la bota, el estribo y la espuela a la estatua. Los acomas enviaron un comunicado a las agencias de noticias: «Nos tomamos la libertad de quitarle el pie derecho a Oñate en nombre de nuestros hermanos y hermanas del pueblo acoma. No vemos ninguna gloria en celebrar el cuarto centenario de Oñate y no queremos que nos involucren en él».

La estatua fue reparada.

El pie de don Juan nunca fue devuelto.

2

DESTINOS COMPARTIDOS, HECHOS MANIFIESTOS

Estadonudenses y mexicano-estadounidenses. En ciertas partes de ciudades como Los Ángeles y San Antonio, la cultura mexicana estaba viva y coleando. Al mismo tiempo, esta cultura pudo convertirse en una experiencia de consumo para el resto de los estadounidenses, que viajaban a lugares creados para el turismo enfocado en comer comida mexicana, escuchar música y comprar artesanías. CRÉDITO: LOS ANGELES PUBLIC LIBRARY

LA ESTATUA de la Libertad tiene un nombre.

No es «Augusta», aunque el artista Frederic August Bartholdi esculpió el rostro de la gigantesca estatua basándose en el rostro de su propia madre. La escultura, erigida sobre un pedestal enorme en el puerto de Nueva York, se llama «Libertad iluminando al mundo». La tableta acuñada en el brazo izquierdo de Libertad lleva la inscripción «4 de julio de 1776», que transmite una importante idea ampliamente reconocida en el mundo del siglo XIX: que la Declaración de la Independencia desató algo destinado a ser visto hasta en el último rincón del mundo. La Libertad, que lleva la fecha de la independencia de los Estados Unidos de Gran Bretaña en sus dedos graciosamente doblados, mientras los rayos de luz emanan de su corona y sostiene en lo alto una antorcha, estaba destinada a iluminar los rincones más lejanos de un mundo que, en gran medida, aún no era libre.

Aunque algunos esperaban que las ideas e ideales estadounidenses llegaran a los confines de la tierra, otros tenían ambiciones más concretas. En 1912, el presidente William Howard Taft dijo: «No está muy lejano el día en que las Barras y Estrellas, situadas en tres puntos equidistantes, marcarán nuestro territorio: una en el Polo Norte, otra en el Canal de Panamá y la tercera en el Polo Sur. Todo el hemisferio será nuestro, tal como, en virtud de nuestra superioridad racial, ya es moralmente nuestro».

Después de que un grupo de agricultores, abogados, comerciantes e inversionistas firmara la Declaración de Filadelfia, su eco resonó por más de un siglo en todo el mundo. Simón Bolívar y José de San Martín en Suramérica, Giuseppe Garibaldi en Italia y Charles Parnell en Irlanda, se inspiraron en George Washington, en Thomas Jefferson y en los fundadores de la patria americana. Mientras que las acciones de los líderes de los Estados Unidos fueron, como predijo Taft, impulsadas con frecuencia por las suposiciones de la supremacía blanca, los ideales de 1776 se exportaron fácilmente, sobre todo porque no fueron sometidos al análisis exhaustivo por parte de lejanos luchadores por la libertad, quienes querían saber con qué facilidad se transformaba el ideal en una realidad.

Los líderes de los movimientos independentistas vieron que una población relativamente pequeña podría resistir a un poder imperial más grande y fuerte, y tener posibilidades de éxito. La relativa facilidad con que los europeos podían viajar a los Estados Unidos durante el explosivo crecimiento económico del siglo XIX, condujo en todo el país a la creación de organizaciones integradas por comunidades de personas nacidas en el extranjero, que podían recaudar dinero y financiar revoluciones en sus países de origen. El puertorriqueño Ramón Emeterio Betances de Puerto Rico, quien trataba de crear un frente unido en las colonias caribeñas de España, pasó al exilio en Nueva York en la década de 1860. El Consejo General de la Primera Internacional, una de las primeras y más influyentes organizaciones comunistas, se trasladó de Londres a Nueva York en 1872. Garibaldi, aprovechando un momento de calma en las revoluciones de Suramérica y Europa, encontró un puerto seguro en Nueva York.

Aunque Estados Unidos luchó durante todo el siglo XIX para «forjar una unión más perfecta», los ideales estadounidenses acerca de la libertad «iluminaron el mundo». Fue un siglo de una constante polinización cruzada, de un intercambio entre Norteamérica y el resto del hemisferio. Uno de los idealistas inspirados en la Revolución Americana fue un joven cubano de veintisiete años llamado José Julián Martí Pérez.

Tal vez no sepas quién fue ese tal José Martí. Tal vez su rostro emblemático, el de un joven esteta y soñador con un bigote extravagante, faci-

José Julián Martí Pérez, a menudo llamado «el George Washington de Cuba». José Martí luchó por la independencia de Cuba desde su adolescencia. Durante largos años en el exilio, escribió prodigiosamente. CRÉDITO: LIBRARY OF CONGRESS

litaría su reconocimiento. Y tal vez hayas pasado por la famosa imagen de Martí, vestido con un traje oscuro y sosteniendo las riendas de un caballo encabritado, en una estatua heroica al pie del Central Park de Nueva York. Es más probable que hayas oído un poema de Martí, en las estrofas de *Guantanamera*, sin duda la canción cubana más conocida en todo el mundo.

En enero de 1880, Martí fue una de las más de treinta millones de personas que llegaron a los Estados Unidos procedentes de todo el mundo. Había sido detenido por sedición, encarcelado y maltratado en Cuba por sus escritos, y por tener contacto con otros hombres que querían expulsar a los españoles y fundar una república soberana. Fue deportado y deambuló por España, Centroamérica y México. Finalmente llegó a Nueva York.

A este poeta, filósofo y ensayista le gustó lo que vio en el Norte. Por un lado, el joven se sintió aliviado al no tener que huir: «En otros lugares hacen huir a los hombres, pero aquí reciben con una sonrisa al hombre que huye. De esta bondad ha surgido la fortaleza de una nación».

Sus primeros años en los Estados Unidos estuvieron marcados por una admiración constante por la joven y poderosa nación, tal como lo señala en una revista de arte y cultura llamada *La Hora*: «Estoy, por fin, en un país donde todo el mundo parece ser su propio amo. Se puede respirar libremente, la libertad es aquí la base, el escudo y la esencia de la vida. Uno puede estar orgulloso de su especie aquí».

El historiador C. Neale Ronning hace lo que a veces esperamos que hagan los historiadores: señalar lo obvio. José Martí no fue propiamente un líder revolucionario salido de un estudio cinematográfico. «¿Cómo podemos explicar la aparición de Martí como un líder autorizado de la Revolución cubana? Era joven, siempre estaba enfermo, era nervioso, pequeño de estatura, intelectual y romántico sin remedio. Éstas no son las cualidades que se suelen asociar con el líder carismático de una guerra por la independencia. Tampoco son las cualidades que podrían atraer a líderes que participaron en guerras anteriores por la independencia». En respuesta a su propia pregunta, Ronning cita el carisma de Martí, según lo observado por sus contemporáneos, así como su incansable energía intelectual.

Durante el tiempo que vivió en Norteamérica, Martí escribió a un ritmo vertiginoso sobre todos los aspectos de la vida americana. Sintió el poder, la energía y el ritmo de la Nueva York del siglo XIX. En sus *Escenas norteamericanas* escribe sobre el patio de recreo de los trabajadores de Coney Island en Brooklyn: «En los fastos humanos nada iguala a la prosperidad maravillosa de los Estados Unidos del Norte. Si hay o no en ellos falta de raíces profundas; si son más duraderos en los pueblos los lazos que ata el sacrificio y el dolor común que los que ata el común interés; si esa nación colosal lleva o no en sus entrañas elementos feroces y terribles; si la ausencia del espíritu femenil, origen del sentido artístico y complemento de la identidad nacional, endurece y corrompe el corazón de ese pueblo pasmoso, eso lo dirán los tiempos.

»Hoy por hoy, lo cierto es que nunca muchedumbre más feliz, más joconda, más bien equipada, más compacta, más jovial y frenética ha vivido en tan útil labor en pueblo alguno de la tierra, ni ha generado y gozado más fortuna, ni ha cubierto los ríos y los mares con mayor número de empavados y alegres vapores, ni se ha extendido con más bullicioso orden e ingenua alegría por blandas costas, gigantescos muelles y paseos brillantes y fantásticos».

Las reflexiones de Martí sobre los Estados Unidos del siglo XIX reflejaban las que tuvieron algunos de los primeros europeos que visitaron el continente norteamericano, y también de los intelectuales del Viejo Mundo que nunca estuvieron en América pero que devoraron todo lo que pudieron leer sobre el continente prodigiosamente dotado al otro lado del mar.

Durante los años que vivió en Nueva York, Martí unió a su intelecto su energía y su gran curiosidad, y trabajó copiosamente. Escribió poesía y ensayos. Tradujo novelas al español, editó el periódico *Patria*, que abogaba por la independencia cubana, y ayudó a fundar el Partido Revolucionario Cubano. Viajó ampliamente por los Estados Unidos y todo el Caribe, reuniendo a las comunidades de emigrantes cubanos en torno a la causa anti-imperialista.

El joven cubano cubrió el juicio a Charles Guiteau, el asesino del presidente James A. Garfield, para *La Opinión Liberal*, un periódico de Ciudad de México. Después de un extenso pasaje en que describe al asesino de Garfield en términos monstruosos y lo califica de infrahumano, Martí hace esta declaración paradójica: que se le garantice la vida a Guiteau. Martí aboga por la vida del acusado no por el bien del asesino sino por el de la sociedad: «La razón exige que la muerte le sea perdonada, a causa de la inutilidad de su horrendo acto y porque matar al monstruo es una forma inadecuada de acabar con el poder que tiene la naturaleza para engendrar monstruos; para que, al final, conmovido por la soledad prolongada y el miedo derramado por las lágrimas, el hombre carcomido pueda revivir en lo profundo de su cuerpo, y en estos días de ira, la justicia pueda parecer venganza. No hay que matar a una bestia salvaje en un momento en que uno siente que es también una bestia salvaje».

CUANDO JOSÉ MARTÍ llegó a los Estados Unidos, los nacionalistas cubanos habían avanzado muy poco en su lucha por liberar Cuba de España y la isla se encontraba todavía en medio de una prolongada transición de la esclavitud a la emancipación. Las *Cortes*, el parlamento de España, acababan de aprobar una ley de emancipación pero establecían un camino de ocho años a la libertad para la mayoría de los trabajadores esclavos de la isla, que incluía los años de patronato, patrocinio o instrucción que prepararían a los cubanos negros para obtener la ciudadanía.

Desde su juventud, Martí fue un feroz oponente del racismo y la esclavitud. En la Guerra de los Diez Años, una lucha infructuosa por la independencia que comenzó en 1868, los esclavos fueron alistados para el combate. Hoy en día, la escena del tañido de la campana de una plantación, en una finca llamada La Demajagua, es un monumento nacional en Cuba destinado a preservar la memoria de la convocatoria a los esclavos y hombres libres de los cultivos de azúcar dirigida por Carlos Manuel de Céspedes. Este hacendado les pidió a todos sus peones y capataces, esclavos y libres, que se unieran a él en una guerra para liberar a Cuba. Pero los *mambises*, los soldados rebeldes, no prevalecieron. En 1878, un tratado de paz con España puso fin a la lucha mientras la esclavitud siguió ampliamente extendida en la isla y el gobierno colonial se preservó intacto.

Aunque era apenas un adolescente, los escritos de Martí atraerían la notoriedad y la atención de las autoridades españolas; fue detenido y tildado de traidor. Del mismo modo en que la Guerra de los Diez Años sentaría las bases para una eventual independencia de Cuba, la deportación de Martí creó las condiciones para que se convirtiera en una figura no solo cubana sino también internacional. Los antiguos grupos de exiliados cubanos acogieron a un líder que pudiera reunirlos con su pasión, su visión y su pluma.

Al leer a Martí hoy en día, más de un siglo después, es fascinante ver la fuerte atracción, admiración y también la repugnancia que se encontraría en las observaciones de tantos intelectuales latinoamericanos en las décadas siguientes. Querían para sus propias sociedades el dinamismo económico y la libertad personal que vieron en los Estados Unidos mientras que, al mismo tiempo, algunos de los inconvenientes de esa libertad —el racismo y la fuerte desigualdad— los obligó a reconsiderar sus propios sentimientos.

Martí reflexionó en muchos de sus escritos acerca de las diferencias entre los norteamericanos de habla inglesa y las gentes a las que él llamó «Hispanoamericanos». En su ambicioso ensayo sobre Coney Island, después de discurrir sobre la gran riqueza y productividad demostrada incluso en lo que era un simple día de excursión para los neoyorquinos, Martí señala lo siguiente: « ... se entra y sale por aquellos corredores, vastos como pampas; se asciende a los picos de aquellas colosales casas, altas como montes que sentados en silla cómoda, al borde de la mar, llenan los paseantes sus pulmones de aquel aire potente y benigno; mas es fama que una melancólica tristeza se apodera de los hombres de nuestros pueblos hispanoamericanos que allá viven, que se buscan en vano y no se hallan; que por mucho que las primeras impresiones hayan alargado sus sentidos, enamorado sus ojos, deslumbrado y ofuscado su razón, la angustia de la soledad les puede al fin, la nostalgia de un mundo espiritual superior los invade y aflige; se sienten como corderos sin madre y sin pastor, extraviados de su manada; y, salgan o no a los ojos, rompe el espíritu espantado en raudal amarguísimo de lágrimas, porque aquella gran tierra está vacía de espíritu».

Martí consideró la visión estadounidense de los países de habla hispana como ignorante, condescendiente y autocomplaciente. Hacia el final de sus años en Nueva York, mientras el desdén de los Estados Unidos por la presencia de españoles en el hemisferio y la especulación cubana sobre un protectorado estadounidense aumentaban, Martí le escribió al editor de *The New Evening Post*: «Hay algunos cubanos que, por motivos honorables, debido a una admiración ardiente del progreso y la libertad, a partir de una presciencia de sus propias fuerzas bajo mejores condiciones políticas, de una ignorancia infeliz de la historia y la tendencia a la anexión, desearían ver la isla anexada a los Estados Unidos.

»Ellos admiran esta nación, la más grande jamás construida por la libertad, pero no les gustan las malas condiciones que, como gusanos en el corazón, han iniciado en esta poderosa república su obra de destrucción. No pueden creer honestamente que el individualismo excesivo y la reverencia por la riqueza estén preparando a los Estados Unidos para ser la típica nación de la libertad... A ningún cubano que se respete a sí mismo le gustaría ver a su país anexado a una nación en la que los líderes de opinión comparten con él unos prejuicios que solo son excusables en el patrioterismo vulgar o en la ignorancia rampante».

Las preocupaciones acerca de los Estados Unidos y la especulación sobre las ambiciones territoriales de este país con Cuba se basaban en la realidad. Los líderes estadounidenses hablaban con frecuencia sobre Cuba durante el siglo XIX. Thomas Jefferson, defensor de la libertad estadounidense, sonaba como un imperialista consumado cuando escribió en 1809: «Confieso sinceramente que he mirado a Cuba como la adición más interesante que se puede hacer a nuestro sistema de estados, cuya posesión (con la península de Florida) nos daría el control sobre el Golfo de México, así como sobre los países y el istmo circundantes, y llenaría la medida de nuestro bienestar político».

En 1823, el presidente James Monroe declaró que todos los esfuerzos de las potencias europeas para expandir sus colonias del hemisferio occidental serían considerados como un acto de agresión y resistencia a los Estados Unidos, en una declaración que se llamó la Doctrina Monroe. Ese mismo año, Jefferson le escribió al presidente Monroe que la adición de Cuba al territorio estadounidense «es exactamente lo que falta para redondear nuestro poder como nación hasta el punto de su mayor interés». En otras cartas enviadas a Monroe ese año, el tercer presidente señaló que tomar posesión de Cuba no solo era deseable para los intereses estadounidenses sino también esencial para evitar que Gran Bretaña y Francia lo hicieran antes que ellos.

John Quincy Adams, quien se desempeñó como secretario de estado del presidente Monroe, especuló que «la anexión de Cuba a nuestra República Federal será indispensable para la continuidad y la integridad de la propia Unión». Adams suena como un expansionista y un anti-colonialista en el mismo pasaje, cuando escribe: «Cuba, separada por la fuerza de su propia conexión natural con España, e incapaz de auto-ayuda, solo puede gravitar hacia la Unión Norteamericana, que por la misma ley de la naturaleza no puede expulsarla de su seno».

A mediados de siglo, los embajadores estadounidenses reunidos en la costa belga (incluyendo al futuro presidente, James Buchanan, que en aquel entonces era embajador de los Estados Unidos en Gran Bretaña) redactaron un famoso documento llamado el Manifiesto de Ostende, el cual recomendaba, entre otras cosas:

1. Estados Unidos debe, si es posible, comprar a Cuba con la menor demora posible.

2. Existe una gran probabilidad de que el Gobierno y las Cortes de España se muestren dispuestas a venderla porque esto promovería esencialmente los intereses más nobles y mejores de los españoles.

Entonces, primero: debe quedar claro para todas las mentes reflexivas que debido a la particularidad de su situación geográfica y de las consideraciones con respecto a ella, Cuba es tan necesaria a la República norteamericana como cualquiera de sus actuales miembros....

«Debe quedar claro para todas las mente reflexivas». Es difícil ser más abiertamente codicioso que esto. Apoderarse de Cuba de una manera u otra se había convertido en la década de 1850 en una ambición particular de los hacendados y políticos sureños que querían a la isla como un estado esclavista adicional. Los políticos y los abolicionistas del norte se opusieron con vehemencia a la medida, pero los sureños soñaban con mantener el equilibrio de poder en el Senado de los Estados Unidos con la adición de dos senadores esclavistas y hasta nueve miembros en la Cámara de Representantes. Ya sea por lo que el presidente Polk llamó la «compra amistosa», o por lo que William Marc y, el ministro en España describió como el «desapego» de España, un número creciente de estadounidenses estaba inventando pretextos para apoderarse de Cuba.

Por lo menos dos veces a mediados del siglo XIX, los presidentes estadounidenses trataron de comprar la isla abiertamente: en 1848, James K. Polk, quien ya estaba absorbiendo gran parte del antiguo imperio norteamericano de España al derrotar a México en la guerra, ofreció 100 millones de dólares, y Franklin Pierce aumentó la oferta a 130. Las dos ofertas fueron rechazadas por España.

En la olla a presión que fue la política de los Estados Unidos en la década de 1850, la raza jugó un papel importante en la especulación febril sobre Cuba. Tal vez sea posible recordar las dudas expresadas en el primer capítulo por el influyente senador de Carolina del Sur, John C. Calhoun, a quien le preocupaba la anexión de los territorios mexicanos por parte de los Estados Unidos, pues tenían tantos residentes nuevos que podrían interferir en la ecuación racial de la sociedad norteamericana.

El Manifesto de Ostende de 1854 fue escrito por tres diplomáticos, el ministro estadounidense para Francia, España y Gran Bretaña, al Secretario de Estado, William L. Marcy. El manifiesto sostenía que los Estados Unidos tenían plena justificación para apoderarse de Cuba si España no la vendía, a fin de evitar que en la vecina isla de Haití estallara una revolución de esclavos contra sus amos blancos. «Debemos, sin embargo, ser desleales a nuestro deber, ser indignos de nuestros antepasados galantes y cometer traición contra la base de nuestra posteridad, si permitiéramos que Cuba fuera africanizada y se convirtiera en un segundo Santo Domingo [Haití], con todos sus horrores contra la raza blanca, permitir que las llamas se extiendan a nuestras propias costas y poner en serio peligro o consumir el tejido justo de nuestra Unión». Una rebelión de esclavos en Cuba era un acercamiento «catastrófico», según el Manifiesto, que justificaba «arrebatarle» Cuba a España.

Martí, de origen cubano, era hijo de inmigrantes europeos en la isla y, por lo tanto, no tenía allí una historia familiar de larga data. Sin embargo, enarboló la historia mestiza y la realidad contemporánea de su país, así como las vastas tierras latinas del hemisferio. Detestó el racismo cuando vivió en Cuba, y también durante su exilio en los Estados Unidos Martí describió el maltrato a los indígenas y a los descendientes de los esclavos negros en todo el hemisferio, y fue claro en darle crédito a los pueblos no europeos por su legado cultural significativo e innegable que los había convertido en caribeños, centroamericanos y suramericanos.

En su histórico ensayo *Nuestra América*, Martí está decidido a no dejar que sus hermanos y hermanas de ascendencia europea de todo el hemisferio se aparten del pasado de sus familias. «¡Estos hijos de carpinteros, que se avergüenzan de que su padre sea carpintero! ¡Estos nacidos en América, que se avergüenzan, porque llevan delantal indio, de la madre que los crió, y reniegan, ¡bribones!, de la madre enferma, y la dejan sola en el lecho de las enfermedades!».

En el aspecto político y militar, la lucha de Cuba contra España fue de carácter multirracial. Martí era blanco, al igual que Calixto García, el general y jefe militar rebelde. Juan Gualberto Gómez, un periodista, político y líder revolucionario que era hijo de padres esclavos en una plantación de azúcar, compró su libertad. El general Juan Antonio Maceo, otro destacado líder rebelde, llamado el Titán de Bronce, era mestizo, hijo de un comerciante venezolano y de una afrocubana.

A fin de asegurarse de que los cubanos entendieran el mensaje, Martí no evitó nunca discutir sobre la cuestión racial a ambos lados del Estrecho de la Florida. En un ensayo titulado *Mi raza*, publicado en *Patria* en 1893, Martí insistió en que el destino de la Revolución no aumentaría o disminuiría debido a la raza: «El hombre es más que blanco, más que mulato, más que negro. En los campos de batallando murier por Cuba, han subido juntas por los aires, las almas de los blancos y de los negros.

»En la vida diaria de defensa, de lealtad, de hermandad, de astucia, al lado de cada blanco hubo siempre un negro. Los negros, como los blancos, se dividen por su carácter, tímidos o valerosos, abnegados o egoístas, en los partidos diversos en que se agrupan los hombres».

En *Nuestra América*, Martí alterna entre la testaruda observación política y la evocación romántica de la América soñada en los salones europeos durante la Era de los Descubrimientos, cuando los grandes imperios enviaron pequeñas flotas expedicionarias al otro lado del Atlántico en los siglos XV y XVI: «Con los pies en el rosario, la cabeza blanca y el cuerpo pinto de indio y criollo [criollos, hijos nacidos de colonos blancos], vinimos, denodados, al mundo de las naciones. Con el estandarte de la Virgen salimos a la conquista de la libertad. Un cura, unos cuantos tenientes y una mujer alzan en México la república en hombros de los indios. Y un canónigo español, a la sombra de su capa, instruye en la libertad francesa a unos cuantos bachilleres magníficos, que eligieron a un general español para comandar a Centroamérica contra España. Con los hábitos monárquicos, y el Sol por pecho, se echaron a levantar pueblos los venezolanos por el Norte y los argentinos por el Sur, que valientemente entraron en la comunidad de naciones».

Martí fue cofundador y organizador del Partido Revolucionario Cubano. El manifiesto del partido, escrito por el propio Martí, y publicado en su periódico *Patria*, identifica a los puertorriqueños como hermanos en la lucha y traspasa de nuevo las líneas de clase y de color al declarar que el partido, y sus objetivos, no pertenecen solo a las elites de ascendencia europea. Se remontó de nuevo a la Guerra de los Diez Años, a sus triunfos y tragedias, y exhortó a sus compatriotas dentro y fuera de Cuba para correr con mejor suerte.

Desde la seguridad de Nueva York, Martí expresó su compasión y solidaridad con su pueblo de Cuba: «Por 'adversarios', los cubanos libres no se refieren a los cubanos que viven en agonía bajo un régimen del que no se pueden sacudir, o al extranjero establecido que ama y desea la libertad, o al criollo tímido que se reivindicará por la laxitud de hoy con el patriotismo del mañana». Tal vez sería más exacto decir que Martí expresó su compasión por *una parte* del pueblo cubano.

La Florida, hogar de comunidades cubanas bien establecidas desde el siglo XIX hasta hoy, fue un centro importante para la organización de Martí y del Partido Revolucionario. Martí visitaba con frecuencia Ybor City, un sector de Tampa, donde les hablaba a los tabaqueros en sus bancas y escribía en los periódicos locales. Mientras se acercaba el comienzo de una nueva insurrección en 1894, Martí fue a *Cayo Hueso* o Key West, la ciudad estadounidense más cercana a Cuba, y hogar de una antigua comunidad de emigrados. El propósito del Partido de la Revolución, le dijo a una audiencia cubana y estadounidense, «no es traer al país una agrupación victoriosa que considere a la Isla como su botín o dominio, sino preparar desde el extranjero, por todos los medios posibles, la guerra que es necesaria para el bien de todos los cubanos».

En un pasaje tristemente profético de su discurso, le habló a la audiencia acerca de su creencia de que se podía «jugar con la propia muerte pero no con la muerte de los demás». La aspiración suya y del partido, dijo, era reducir al mínimo la sangre y el sacrificio, y no abocar nunca a Cuba «a una revolución prematura para la que el país no está preparado».

Martí concluyó su discurso con un llamado a la acción: «¿Puedo seguir teniendo confianza en mi pueblo, cuyo patriotismo me reanima y cuya voz me anima a continuar en el camino?». Un reportero informó de una salva de aplausos por parte de la multitud, la cual «vibraba» mientras Martí describía la victimización de Cuba a manos de España.

Durante una fuerte recesión económica en la década de 1890, Martí les dijo a los cubanos de Cayo Hueso: «No es la pérdida de confianza por la independencia lo que lamentan los cubanos de Key West. Hoy en día la necesitan más que nunca, hoy sienten en ellos mismos la agonía y la soledad de su pueblo. Hoy, con más espontaneidad y ternura que nunca, con más generosidad y unidad, darán sus almas tibias y fieles a quienes juran vivir y morir por ellos, o morir de humillación y dolor si no hubiera otra manera de morir».

Una parte de los salarios que recibían miles de cubanos en los Estados Unidos se estaba destinando a comprar armas para la reanudación de la guerra contra España. En enero de 1895, las autoridades estadounidenses interceptaron barcos cargados con armas que navegaban de Florida hacia Cuba, frustrando el asalto planeado. Martí respondió rápidamente, redactando una ordenanza en enero de 1895 para que el pueblo de Cuba se levantara contra España. La revolución comenzó en febrero de 1895, y el primero de abril, Martí y varios líderes políticos y militares de la rebelión se dirigieron a la isla.

Seis semanas después, el 19 de mayo, Martí fue asesinado por las tropas españolas en su primer combate, durante la batalla de Dos Ríos. Tenía apenas cuarenta y dos años. En una carta a su amigo Manuel Mercado, que dejó inconclusa al momento de su muerte, Martí revela lo lejos que había llegado en sus pensamientos acerca de los Estados Unidos desde que el deslumbrado y joven exiliado buscara un refugio:

> *Mi hermano queridísimo,*
>   *Ya estoy todos los días en peligro de dar mi vida por mi país,*
> *y por mi deber —puesto que lo entiendo y tengo ánimos con qué*
> *realizarlo— de impedir a tiempo con la independencia de Cuba*
> *que se extiendan por las Antillas los Estados Unidos y caigan,*
> *con esa fuerza más sobre nuestras tierras de América. Cuanto*
> *hice hasta hoy, y haré, es para eso.*

Martí estuvo muy cerca de ver el día en que España abandonó su tierra natal. Es tentador imaginar la ambivalencia que habría sentido Martí si ese día no hubiera llegado por la fuerza de las armas cubanas sino por la invasión estadounidense.

EL LLAMADO ANTI-ESPAÑOL en la prensa estadounidense y en la cultura popular de este país creció en intensidad en la década de 1890. Martí podría haber encontrado una inclinación a la burla y la condescendencia en la actitud de los estadounidenses para con los hispanoamericanos, pero mientras la década avanzaba a su fin, la preocupación de Martí por el pueblo cubano lo llevó a retratarlo como víctima noble. Los cubanos fueron retratados como patriotas valientes, oprimidos y explotados.

En Washington, Nueva York y otros lugares, los anticolonialistas estadounidenses, los neoimperialistas y defensores de derechos humanos hicieron una causa común. Los anticolonialistas querían expulsar a los europeos del hemisferio desde la definición de la Doctrina Monroe en 1823. Los neoimperialistas miraban a las otras grandes potencias del mundo y se preguntaban por qué un poder creciente como Estados Unidos no podía tener sus propios territorios extranjeros y esferas de influencia para enseñar y guiar a los colonizados en una misión civilizadora. El maltrato a las fuerzas independentistas cubanas por parte de las autoridades españolas preocupó genuinamente a las personas que leían las espeluznantes historias de injusticia y crueldad a manos de los decadentes funcionarios coloniales.

En términos generales, estos sectores estadounidenses no estaban de acuerdo en casi nada. Pero una cosa era clara para todos: España tenía que marcharse. Esta convergencia de intereses descansaba en una base de conjeturas constantes sobre Cuba en los años anteriores, conjetura que, como vimos anteriormente, generó una acalorada respuesta de Martí.

Durante el tumulto de los años de la Guerra Civil y de los conflictos de la Reconstrucción que siguieron, Cuba fue un objeto de deseo estadounidense menos visible. La Guerra de los Diez Años entre España y Cuba, las reformas débiles o incumplidas que se habían prometido en el tratado que puso fin al conflicto, y la presencia de un ejército extranjero tan cerca de las costas de Estados Unidos, terminaron por indignar a diversos sectores de la opinión pública estadounidense. Esto por dos razones: los problemas en Cuba ratificaron la justificación de la Doctrina Monroe y la necesidad de expulsar a Europa de las Américas, o la corrupción y la incompetencia del gobierno español implicaban que los Estados Unidos debían tomar medidas para expulsar a España de la isla.

España, el amo colonial de Cuba durante cuatrocientos años, tenía la intención de aferrarse a su isla. Más de 150 mil soldados españoles viajaron a Cuba en 1895 y, en los dos años siguientes, decenas de miles morirían de enfermedades o a manos de los rebeldes cubanos. Valeriano Weyler, el recién nombrado Capitán General de Cuba, equipó bien a sus soldados, quienes se enfrentaron contra un variopinto ejército cubano. Como no podían defenderse usando tácticas convencionales, los cubanos recurrieron a la guerra de guerrillas pero Weyler los reprimió con más fuerza.

Sin embargo, las cosas también habían cambiado en España desde la Guerra de los Diez Años. Combatir la rebelión cubana supuso un precio muy alto para el Tesoro español. Hubo protestas e incluso disturbios para no enlistarse en el Ejército, y los desafíos del gobierno español aumentaron a medida que las bajas se incrementaban en el Caribe. Esta vez, las fuerzas irregulares cubanas estaban mejor lideradas. Y mejor armadas también.

Muchas inversiones cuantiosas norteamericanas en la producción de exportaciones agrícolas cubanas se vieron afectadas cuando los españoles trasladaron a los agricultores de las zonas rurales a las urbanas. Weyler creía que el apoyo a la guerrilla terminaría si no había civiles en las zonas rurales. Las privaciones de la vida de los civiles en los llamados «campos de reconcentración».

Los estadounidenses también tenían razones concretas para expulsar a los españoles de Cuba. Estados Unidos era el mayor comprador individual de exportaciones cubanas en el período español tardío y los intereses norteamericanos se vieron seriamente afectados en la década de 1890, con una caída en el valor del 75 por ciento, que pasó de sesenta a quince millones de dólares.

Los Estados Unidos estaban buscando un lugar para construir un canal en Centroamérica con el fin de que los largos viajes entre los puertos del Atlántico y del Océano Pacífico se hicieran más cortos. Una gran presencia militar europea en el Caribe Oriental tenía el potencial de amenazar las rutas marítimas que condujeran al sitio de un futuro canal. Más y más estadounidenses influyentes empezaron a concluir que un gobierno más amistoso en La Habana podría ser útil.

Varios funcionarios estadounidenses instaron a España a concederle la independencia a Cuba y a firmar un acuerdo negociado, o por lo menos un pacto de autonomía y de autodeterminación para el pueblo cubano. La opinión pública de los Estados Unidos, incitada por William Randolph Hearst y Joseph Pulitzer —magnates de la prensa y rivales— se alió con los cubanos. Todo esto ocurrió al mismo tiempo en el que un nuevo presidente estadounidense, William McKinley, llegaba a la Casa Blanca en marzo de 1897. España emitió una declaración de autonomía en 1897, la cual concedía un autogobierno limitado a Puerto Rico, Cuba y Filipinas. La *Carta Autonómica de 1897* no tuvo el alcance suficiente para satisfacer las aspiraciones de ninguno de los países insulares en esta avanzada etapa de ruptura con Madrid. Y no menos importante: tampoco les agradó a los propietarios del *New York World* y del *New York Journal*.

A pesar de toda la exaltación de los valerosos combatientes por la libertad de Cuba y del desprecio por los decadentes opresores españoles durante el período anterior a la guerra, la mayoría de los estadounidenses aún sabía poco de Cuba, o de los cubanos. La representación idealista de valientes soldados rebeldes y del pueblo oprimido de la isla no duraría mucho tiempo si comenzaba la ocupación norteamericana.

J.C. Breckenridge, subsecretario de Guerra de los Estados Unidos, no tenía muy buena opinión del pueblo que su ejército luchaba por liberar. Breckenridge escribió en un memorando: «Esta población (la cubana) está conformada por blancos, negros, asiáticos y personas que son una mezcla de estas razas. Los habitantes son generalmente indolentes y apáticos debido a que solo poseen una vaga noción de lo que es correcto e incorrecto. La gente tiende a buscar el placer, no con el trabajo, sino a través de la violencia. Es obvio que la anexión inmediata de estos elementos perturbadores a nuestra propia federación en un número tan alto sería una locura, así que antes de hacer esto tenemos que limpiar el país; debemos destruir todo lo que esté al alcance de nuestros cañones. Hay que extremar el bloqueo para que el hambre y su compañera cons-

La tripulación del barco de guerra estadounidense, el *USS Maine*. De los 355 hombres que estaban a bordo cuando el barco explotó en el puerto de La Habana en febrero de 1898, 261 por la explosión o murieron ahogados. CRÉDITO: DETROIT PHOTOGRAPHIC CO.

Los restos del acorazado *USS Maine* en el puerto de La Habana puestos en un estereoscopio, un aparato que hacía que las fotografías parecieran tridimensionales. CRÉDITO: NATIONAL ARCHIVES

tante, la enfermedad, quebranten a la población pacífica y diezmen al ejército. El ejército aliado deberá realizar patrullajes y ofensivas continuas para que el Ejército cubano quede irremediablemente atrapado entre dos frentes».

William Randolph Hearst empuja a Estados Unidos hacia la guerra contra España. La cadena de periódicos *Examiner* y *Journal* de Hearst relataban cuentos espeluznantes acerca de la decadencia española y su crueldad hacia la gente valiente y amante de la libertad de Cuba. Aquí, en una de las portadas del *San Francisco Examiner,* los lectores pudieron ver a un Tío Sam furibundo preparado para la guerra, y todos los días podían leer sobre las propias investigaciones del periódico acerca de la explosión del *Maine.*
CRÉDITO: LIBRARY OF CONGRESS

A principios de 1898, España le aseguró a los Estados Unidos que les haría algunas concesiones a los rebeldes pero que no renunciaría a Cuba. Fitzhugh Lee, el cónsul de Estados Unidos en La Habana, le informó a la Casa Blanca sobre los disturbios en la capital cubana, y McKinley envió el *USS Maine* a Cuba, según se dijo en aquel entonces, para proteger las vidas y propiedades estadounidenses durante los disturbios cubanos. Desde el principio, la recepción de los cubanos al *Maine* fue bastante cálida. Los ciudadanos «saludaron» el barco y los tripulantes estadounidenses se mezclaron en tierra con los marineros españoles del *Viscaya*, enviado a La Habana al mismo tiempo que el *Maine*.

Después de sólo tres semanas en el puerto de La Habana, el 15 de febrero, una explosión destruyó el *Maine* y mató a casi todos sus tripulantes, pues la mayoría de ellos dormía debajo de la cubierta. Los mismos periódicos que instaban a los Estados Unidos a liberar a Cuba del dominio español, adquirieron ahora un tono fuerte y completamente agresivo. El *New York Journal* envió a Cuba al famoso artista Frederic Remington con el fin de hacer ilustraciones para el periódico, y Hearst, propietario del *Journal*, ofreció una recompensa de 50 mil dólares (una verdadera fortuna en 1898) por información que condujera al enjuiciamiento del responsable de la destrucción del *Maine*. Mientras su periódico denunciaba casi a diario que España había destruido la nave, el *New York World* —propiedad de Pulitzer— desestimaba esa idea en privado, sosteniendo que nadie «que no estuviera en un manicomio» creería realmente que los españoles eran responsables de la explosión.

La tragedia del *Maine* no fue la causa de la guerra de los Estados Unidos contra España, pero contribuyó tal vez a que la creciente presión para declarar la guerra le fuera imposible de resistir a la presidencia de McKinley. El ritmo de los acontecimientos se aceleró rápidamente pocas semanas después de que varios informes contradictorios sobre el desastre del *Maine* señalaran que la nave había explotado por causa de una mina lanzada, y de otros que rechazaban esta hipótesis y afirmaban que el armamento almacenado debajo de la cubierta del acorazado había explotado (un hallazgo que fue ratificado por varios estudios realizados en años posteriores). Más de un mes luego de la explosión del *Maine*, el ministro de los Estados Unidos en España exigió el fin de la guerra en Cuba y la independencia de la isla. Al día siguiente, España se negó a aceptar la exigencia estadounidense. McKinley solicitó al Congreso una declaración de guerra más de una semana después.

El Congreso estadounidense declaró la independencia de Cuba el 19 de abril de 1898. Tres días después, la Marina de los Estados Unidos comenzó a bloquear a Cuba. El 23 de abril, el presidente pidió 125 mil voluntarios. Al día siguiente, el Congreso le declaró la guerra a España pero la Cámara incluyó una disposición, la Enmienda Teller, que prohibía a los Estados Unidos la anexión de Cuba.

El secretario de Estado John Hay podría haber dicho que se trataba

El *New York World* de Joseph Puliter también hico presión a favor de la guerra contra España. Otro magnate de la prensa, Pulitzer (rival de Hearst), pintó ante sus lectores a un presidente estadounidense tranquilo y a una España con solo dos opiones: darse por vencida o luchar. CRÉDITO: LIBRARY OF CONGRESS

de una «guerrita espléndida», pero la Guerra Hispano-Estadounidense de 1898 debería haberles enviado una señal a los líderes estadounidenses de que, a pesar de su crecimiento y potencial, el país era escasamente una potencia militar de talla mundial. El pequeño ejército de los Estados Unidos se propagó por su vasto territorio continental. Jóvenes voluntarios acudieron masivamente a las estaciones de reclutamiento para liberar a Cuba y encontraron un departamento de guerra que no podía brindar les los uniformes adecuados para combatir en los trópicos ni dotarlos con las armas más recientes.

Muchos soldados fueron enviados al campo de batalla con rifles

«Juicio suspendido». Los Estados Unidos, representados por el Tío Sam, no están seguros de si España pertenece al grupo de naciones civilizadas. Para efectos de *The World*, España es un hombrecillo oscuro y harapiento que lleva elegantes medias hasta la rodilla, un sombrero tradicional, una guitarra al hombro y una espada goteando sangre. CRÉDITO: LIBRARY OF CONGRESS

Springfield que tenían más de veinte años, eran de un solo tiro y utilizaban pólvora de humo, un sistema bastante anticuado. Los rifles noruegos Krag-Jorgensen, de tecnología más reciente, fueron utilizados por una minoría de soldados e infantes de marina estadounidenses, pero incluso este rifle era inferior a los Mauser que tenían los soldados españoles. Actualmente recordamos la Batalla de las Colinas de San Juan como una victoria gloriosa que contribuyó a la reputación nacional de Theodore Roosevelt, pero olvidamos que unos 750 soldados españoles lograron contener a una fuerza estadounidense veinte veces mayor, gracias en parte a la superioridad de su armamento.

En pocas palabras, los Estados Unidos obtuvieron victorias rápidas sobre las fuerzas navales y terrestres a las que superaban en número, y a las que finalmente derrotaron. El nuevo protagonista del panorama mundial le propinó una paliza a un poder en decadencia, cuyos días de gloria imperial se remontaban a varios siglos atrás. María Cristina García, historiadora de la Universidad de Cornell, describe la guerra como irrelevante, y ciertamente como algo menos que espléndida: « ... la Marina realmente ganó la guerra, tras destruir las poderosas flotas españolas en el puerto de Santiago y en Manila, en el océano Pacífico. Los cubanos llevaban varias décadas luchando por la independencia. Los estadounidenses hundieron el último clavo en el ataúd de España. Pero los estadounidenses también cometieron un error». El Ejército de los Estados Unidos entró en Santiago de Cuba después de que la guarnición espa-

El general Calixto García. Un líder clave de las fuerzas cubanas durante las décadas de lucha contra España. Sintió que estaba siendo rechazado por los estadounidenses una vez que hubieron logrado su victoria. García murió en Washington, D.C. durante una misión diplomática y fue enterrado temporalmente en el Cementerio Nacional de Arlington. Un buque de guerra estadounidense, el *USS Nashville*, regresó su cuerpo a Cuba para un entierro digno de un héroe. CRÉDITO: LIBRARY OF CONGRESS

ñola se rindiera el 17 de julio de 1898 y mantuvo a las fuerzas cubanas aisladas y por fuera de la ciudad. Las fuerzas estadounidenses lograron derrotar a España e insultar a Cuba al mismo tiempo.

Con una ira controlada y sutilmente camuflada en la cortesía, el general Calixto García protestó ante el general William Shafter, comandante de las fuerzas estadounidenses: «He sido hasta ahora uno de sus más fieles subordinados, honrándome en el cumplimiento de sus órdenes en la medida en que mis poderes me han permitido hacerlo.

»La ciudad de Santiago se rindió al Ejército estadounidense y la noticia de tan importante acontecimiento me fue comunicada por personas completamente ajenas a su personal. No he sido honrado con una sola palabra suya informándome sobre las negociaciones de paz o los términos de la capitulación española. La importante ceremonia de la rendición del Ejército español y la toma de posesión de la ciudad por parte suya tuvo lugar posteriormente, y solo tuve conocimiento de ambos eventos por los informes públicos.

»Tampoco fui honrado, señor, con una palabra amable de su parte para invitarme a mí ni a ningún funcionario de mi equipo, con el fin de representar al Ejército cubano en esa ocasión memorable».

Después de las críticas al despótico tratamiento por parte de las fuerzas estadounidenses, García se refiere al meollo del asunto: «Por último, sé que usted ha dejado en el poder en Santiago a las mismas autoridades españolas a las que he combatido tres años por ser enemigas de la independencia de Cuba. Me permito señalar que estas autoridades nunca han sido elegidas en Santiago por los residentes de la ciudad sino que fueron nombradas por un decreto real de la Reina de España.

»Un rumor demasiado absurdo como para ser creído, General, describe la razón de sus acciones y de las órdenes que le prohíben a mi ejército entrar en Santiago por temor a masacres y venganzas contra los españoles. Permítame, señor, protestar contra el más leve indicio de semejante idea. No somos salvajes que ignoran las reglas de la guerra civilizada. Somos un ejército pobre y harapiento, tanto como lo fue el ejército de sus antepasados en su noble guerra por la independencia. Pero al igual que los héroes de Saratoga y Yorktown, respetamos demasiado nuestra causa profunda como para desgraciarla con la barbarie y la cobardía».

El general concluyó la carta renunciando a su mando e informándole a su homólogo estadounidense que su ejército se trasladaría a otro lugar.

Te ganaste tu independencia. Una caricatura en *The World* que muestra a un Tío Sam mirando a través del estrecho de la Florida a un valiente revolucionario cubano agitando el lema «Cuba Libre». CRÉDITO: LIBRARY OF CONGRESS

García sabía que las actitudes de Shafter no eran rumores en absoluto. El general estadounidense expresó claramente la actitud de su país hacia sus compañeros cubanos: «Esas gentes no son más aptas para el autogobierno de lo que la pólvora lo es para el infierno».

SOLO UNOS POCOS años después de que el historiador Frederick Jackson Turner se lamentara en 1893 por el fin de un continente abierto y al cierre de la frontera estadounidense, Estados Unidos se estaba apoderando de territorios más allá de sus costas por medio de la guerra. El conflicto con España fue rápido y relativamente económico en términos de dinero y de víctimas, y dejó bajo la bandera estadounidense a millones de ciudadanos mestizos —o que no eran blancos— en las islas del Caribe antillano, Guam y las Filipinas, al otro lado del planeta. Tal vez hay una palabra que describe mejor a los habitantes de estos nuevos territorios ocupados por Estados Unidos que la de «ciudadanos». Pero más adelante hablaremos de esto.

Con la libertad de los cubanos como la razón esgrimida para declararle la guerra a España, una pregunta se escuchó ampliamente en La Habana y Washington: ¿Y ahora qué? La respuesta no fue clara desde el momento de la derrota propinada por Estados Unidos al Ejército español en Cuba; tampoco lo fue mientras la legislatura española aprobaba los términos para poner fin a la guerra ni cuando María Cristina, la Reina Regente de España, firmó el armisticio en nombre de su hijo, el rey Alfonso XIII, quien era un niño.

El Congreso había prohibido la anexión de Cuba por parte de Estados Unidos, pero no había especificado una política de no intervención en otros territorios. Tanto Filipinas como Puerto Rico habían sido escenarios de movimientos anticoloniales activos y ocasionalmente armados en la segunda mitad del siglo XIX. Emilio Aguinaldo encabezó la resistencia contra la dominación española en Filipinas. Fue proclamado presidente de la Primera República de Filipinas en 1899 solo para ver a los estadounidenses tomar el control de la isla.

Aguinaldo sostuvo en años posteriores que los funcionarios, diplomáticos y militares lo habían exhortado a regresar a Filipinas desde el exilio para participar en la guerra contra España y en la transición al control civil. El alivio tras la retirada española fue sustituido por el desaliento al ver que los estadounidenses entraban a su país. El ejército guerrillero filipino que una vez combatió a España, empuñó sus armas contra las fuerzas estadounidenses en una sangrienta guerra civil que dejó enormes bajas para los filipinos.

Mientras Estados Unidos adoptaba un control más férreo de Filipinas y Puerto Rico en vista de la resistencia armada y de una gran decepción, las piezas del rompecabezas comenzaron a caer en su lugar en Cuba. ¿Cómo se puede controlar un lugar mientras se proporciona una autonomía prometida a un pueblo colonizado desde hace mucho tiempo? Una parte de la respuesta llegó con la Enmienda Platt, redactada en

Washington con un lenguaje jurídico, y que fue anexada a la nueva constitución cubana. La enmienda creaba un tipo de libertad inusual para Cuba: una independencia bajo los términos enunciados por los Estados Unidos. Un fragmento de la enmienda señala: «El gobierno de Cuba consiente que los Estados Unidos puedan ejercer el derecho de intervenir para preservar la independencia cubana, el mantenimiento de un Gobierno adecuado para la protección de la vida, la propiedad y la libertad individual, y para cumplir las obligaciones con respecto a Cuba impuestas por el Tratado de París a los Estados Unidos, que deben ser asumidas y cumplidas ahora por el gobierno de Cuba».

La Enmienda Platt les dijo a los cubanos que si tenían alguna duda, el Tío Sam estaría mirando por encima de su hombro, y que si el gobierno de turno en Washington veía cosas que no le gustaban, los Estados Unidos podrían imponer su voluntad. El joven gobierno de Cuba no tendría la libertad para cometer sus propios errores.

En lo que llegó a conocerse como el Corolario Roosevelt a la Doctrina Monroe, el nuevo presidente, Theodore Roosevelt, quien fue coronel de un regimiento de voluntarios en Cuba y se vio catapultado a la Vicepresidencia gracias a la guerra, no dejó dudas acerca de un futuro papel para los Estados Unidos: «No es cierto que Estados Unidos tenga ninguna necesidad de tierras o contemple proyectos en relación con las demás naciones del hemisferio occidental, excepto aquellos destinados a su bienestar.

»Los errores crónicos o la impotencia que dieren lugar a un relajamiento general de los lazos de la sociedad civilizada, podrían requerir en América, como en otras partes, la intervención en última instancia de alguna nación civilizada, y la adhesión de los Estados Unidos a la Doctrina Monroe pueden forzarlo en el Hemisferio Occidental, aunque a regañadientes, en casos flagrantes de mala conducta o impotencia, con el ejercicio de un poder de policía internacional».

PUERTO RICO HABÍA sido escenario de un movimiento de resistencia contra el dominio colonial desde la década de 1860. La primera revuelta sucedió en septiembre de 1869, con el Grito de Lares, un intento de insurrección armada que fue sofocado por las fuerzas españolas en un lapso de pocas semanas.

Al igual que en Cuba, los líderes de la resistencia contra la dominación colonial también se opusieron a la esclavitud. De nuevo, como en el caso de Cuba, las autoridades españolas, agobiadas por los problemas fiscales de ese país, y por las diversas revoluciones en América, habían recurrido en gran medida al dinero colonial para fortalecer el tesoro en Madrid, aumentando los impuestos y recaudando dinero en efectivo. Esto condujo a un creciente malestar, especialmente entre los miembros de las elites intelectuales de ascendencia europea que tenían vínculos con Norteamérica y Europa. Muchos líderes del movimiento independentista de Puerto Rico, hombres como Ramón Emeterio Betances y Eugenio María de Hostos, se libraron de la ejecución tras el fallido levantamiento militar y, al igual que Martí, pasarían los próximos años en el exilio. Otros, como Matías Brugman y Francisco Ramírez Medina el presidente de la abortiva República de Puerto Rico, no sobrevivieron a los breves combates.

Si observamos el liderazgo rebelde, veremos un microcosmos de una elite antillana cosmopolita del siglo XIX. Los maestros, médicos y los pequeños empresarios eran hijos de padres nacidos en el Caribe. La mayoría nació en Puerto Rico, y algunos en otras posesiones españolas. Ellos se sintieron motivados por las revoluciones políticas y sociales que sacudían al resto del mundo de habla hispana (e incluso por los acontecimientos en España, que acababa de convertirse por primera vez en una república), y querían lo mismo para su hogar adoptivo o natural.

Las circunstancias de su nacimiento y filiación también representaban lo que sucedía en todo el Caribe. En 1815, el rey Fernando VII de España publicó el Real Decreto de Gracias, por medio del cual abría sus posesiones a la creciente inmigración proveniente de Europa. Casi doscientos años después nos cuesta comprender el impacto que tuvo la revolución haitiana en el Caribe, en la joven nación estadounidense, y en las potencias coloniales de Europa. El rey español, al igual que otros gobernantes de colonias que tenían plantaciones con grandes poblaciones de esclavos, se preguntó si en las cabañas de los esclavos y en los cultivos podría acechar otro Toussaint L'Ouverture, u otro Jean-Jacques Dessalines, los hombres que establecieron la primera república negra en el Nuevo Mundo.

Los propietarios de esclavos desde Missouri hasta Río de Janeiro durmieron un poco menos seguros después de que la terrible violencia perpetrada por los dos bandos en Haití resultara en la expulsión de Francia de la isla. La proclamación de Fernando VII esperaba crear colonias más rentables, pero al mismo tiempo, «blanquear» las poblaciones de lugares como Cuba y Puerto Rico. El Decreto de Gracias señalaba que los católicos europeos que estuvieran dispuestos a jurar lealtad a la corona española podían viajar libremente a Puerto Rico y a Cuba, recibir tierras y tener esclavos.

Ambas colonias insulares experimentaron una mayor inmigración en las décadas posteriores al decreto de Fernando. Sin embargo, a medida que la inestabilidad se apoderaba de Europa, muchas personas llegaron de Francia, Irlanda, Alemania, Córcega e Italia varias décadas después. Los esclavos, los mestizos y los negros libres constituían una proporción menor de la población en general. Casi medio millón de colonos se establecieron en Puerto Rico, «blanqueando» la población y alimentando al mismo tiempo la lealtad y la resistencia al dominio español.

España ya había perdido todas sus colonias del Nuevo Mundo en la década de 1850, a excepción de Cuba y Puerto Rico, y esto podría haber fortalecido su determinación de aferrarse a las dos islas. Las negociaciones sostenidas por las delegaciones de Puerto Rico con la corona española fueron infructuosas, tanto en los esfuerzos para poner fin a la esclavitud como en las demandas de adquirir una cierta autonomía para la isla. Puerto Rico no había producido las riquezas de Cuba ni estimulado la imaginación de los poderes imperiales con la misma intensidad. Puerto Rico tenía una extensión de 35 millas de norte a sur y unas 100 de este a oeste; su población era pequeña, su infraestructura estaba descapitalizada y su economía le ofrecía poco más que la subsistencia a la mayoría de sus habitantes.

Ramón Betances organizó su movimiento de independencia en Nueva York y República Dominicana, desempeñándose como delegado de la Junta Revolucionaria Cubana y como secretario de la Liga Dominicana. Después de una larga estancia en Nueva York, Betances solicitó la ciudadanía estadounidense ante el Tribunal Superior de Nueva York, a la espera de la revuelta militar en Puerto Rico. Este médico quería protegerse de posibles represalias por parte del gobierno de España y creía que la ciudadanía estadounidense le ofrecería dicha inmunidad.

En esos años, los líderes del movimiento independentista de Puerto Rico viajaron constantemente a la República Dominicana, Venezuela, Haití, Estados Unidos y Europa. Las redes intelectuales forjadas en estos viajes se prolongaron durante varias décadas. Ramón Betances, quien era un orador, ensayista y motivador, no se detuvo, y postergó sus planes tras la derrota de la insurrección de Lares; regresó en 1869 a Nueva York para asumir su cargo en la Junta Central Republicana de Cuba y Puerto Rico. El doble objetivo de la organización era fomentar la acción militar contra España en ambas islas. Muchos líderes anti-coloniales esperaban que Puerto Rico, Cuba y República Dominicana se unieran algún día en una confederación antillana.

Como hemos visto, la guerra en Cuba prosiguió y cobró fuerza. En Puerto Rico, sin embargo, los esfuerzos realizados ante España para lograr la autonomía seguían por la vía diplomática, mientras muchos ciudadanos notables hacían campaña a favor de las concesiones y organizaban a los puertorriqueños de la diáspora reciente para mantener la presión.

En la propaganda aparecida en los medios estadounidenses, en los debates en el Congreso y en la Casa Blanca, Puerto Rico era una prioridad menor que Cuba. Rara vez se hizo mención de esto. Durante el período anterior a la guerra no hubo conversaciones acerca de la relación entre Estados Unidos y un Puerto Rico post-colonial. Las caricaturas editoriales le daban un lugar destacado a Cuba, representándola como un hombre ligeramente oscuro, vestido con un traje campesino blanco y andrajoso. Si Puerto Rico aparecía en estas caricaturas, se veía aún más joven y pequeña, plasmada en el mismo hombre oscuro, con harapos similares, y coronado con una *pava*, el sombrero de paja que utilizaban los trabajadores agrícolas.

Fue solo después de que los premios mayores de la corona imperial española —Cuba y Filipinas— fueran tomados y asegurados en 1898, que los militares dirigieron su atención y sus armas a Puerto Rico. Todo comenzó con un bombardeo naval a San Juan, en la costa norte de la isla, y luego el 25 de julio, cuando ocho mil hombres comandados por el general Nelson Miles realizaron una invasión terrestre en Guanica, en la costa sur de la isla.

Pocas semanas después, el 9 de agosto, la última fuerza española importante que permanecía en la isla fue derrotada en Coamo, en la región centro-sur de Puerto Rico. Para entonces, casi todos los españoles habían abandonado la isla. Ese mismo día, España aceptó formalmente los términos ofrecidos por el presidente McKinley para poner fin a la guerra.

La evacuación de Puerto Rico comenzó poco más de un mes después de que la Reina Regente firmara el Protocolo, poniendo fin a cuatrocientos años de administración española. Una vez más, Cuba y Filipinas recibieron de lejos la mayor atención en Washington y en los territorios isleños recién ocupados, y poca evidencia del nuevo poder colonial sobre lo que sucedería a renglón seguido en Puerto Rico, además del hecho de que, a diferencia de Cuba, que simplemente fue ocupada y se creía que estaba próxima a alcanzar alguna forma de autogobierno, Puerto Rico debía ser ocupado y poseído por los Estados Unidos. El significado que tendría esto para los habitantes de Puerto Rico, que en ese momento eran casi un millón, no estaba claro aún.

Puerto Rico comenzó su aventura estadounidense bajo la ocupación militar, con su nombre cambiado oficialmente a «Porto Rico» (que cambió a «Puerto Rico» en 1932) en los documentos de Estados Unidos. Su moneda, el peso puertorriqueño, terminó convertido en un híbrido inusual: el dólar puertorriqueño.

¿Qué eran los puertorriqueños el día en que la Reina Regente firmó los últimos documentos para poner fin a las hostilidades y renunciar a todas las reclamaciones de una extensa y antigua lista de posesiones? ¿Eran ciudadanos del Imperio español? ¿Eran ciudadanos de Estados Unidos? ¿Eran ciudadanos de Puerto Rico, una isla que acababa de ser tomada por un país que no los había aceptado todavía como ciudadanos?

La Ley Foraker, el nombre popular de La Ley Orgánica de 1900, fue el primer paso (mas no el definitivo) que se tomó para declarar qué eran los puertorriqueños. Es significativo que la Ley reservara mucho más espacio a definir el futuro de los cultivos de piña y caña de azúcar, así como el tipo de cambio entre el peso puertorriqueño y el dólar estadounidense, que a explicar el destino de los habitantes de la isla.

Tras exponer los impuestos y tarifas que deberían pagar ahora los productos básicos agrícolas y los manufacturados que llegaban desde Porto Rico a los puertos continentales de los Estados Unidos, el artículo 7 señalaba: «Que todos los habitantes que continúen residiendo allí y que eran súbditos españoles el día once de abril de mil ochocientos noventa y nueve, y que a la sazón residían en Porto Rico, así como sus hijos nacidos con posterioridad a esta fecha, se considerarán y serán tenidos por ciudadanos de Porto Rico, y como tales, tienen derecho a la protección de los Estados Unidos, excepto aquellos que hayan optado por mantener su fidelidad a la Corona de España en, o antes, del día once de abril... y ellos, junto con los ciudadanos de los Estados Unidos que residan en Porto Rico, constituirán un cuerpo político bajo el nombre de El Pueblo de

Porto Rico, con los poderes gubernamentales que se les confieren a continuación, y con poder para demandar y ser demandados como tales».

Esos «poderes gubernamentales que se les confieren a continuación» aplazaron los derechos políticos de los puertorriqueños, que era lo realmente importante. Ésa fue la respuesta de Estados Unidos a un pueblo que había conseguido por fin un poco de autogobierno bajo un imperio español en decadencia, y que ahora tenía nuevos amos políticos. «A continuación» significaría muchos años, y no pasaron muchos días para que las contradicciones internas del nuevo proyecto imperial de Estados Unidos salieran a flote.

Algunos legisladores en Washington argumentaron en los últimos días de la guerra —y al término de ésta— que los nuevos territorios caribeños de Estados Unidos debían ser tratados al igual que Arizona, Nuevo México y Alaska, y ser parte integral de los Estados Unidos; que sus habitantes debían ser plenamente y sin lugar a dudas ciudadanos del país; y que sus productos debían ser tratados como los de cualquier otro lugar de la nación.

Para otros estadounidenses, los puertorriqueños eran un pueblo que necesitaba educación y el tipo de entrenamiento en materia de libertad que podría proporcionar Estados Unidos, algo que los amos coloniales españoles no habían impartido en cuatro siglos. El *New York* Times imprimió una carta que S.S. Harvey escribió desde Ponce, en respuesta a un informe sobre el debate en el Senado acerca del futuro de Puerto Rico: «Eduquemos a estas personas y enseñémosles lo que significa el gobierno del pueblo. Ellos no lo saben y nunca lo sabrán, a menos que el pueblo de los Estados Unidos se los enseñe». Harvey insistió en que si la elite anterior a la invasión de Puerto Rico quedaba a cargo, la isla será «Española en todo menos en el nombre en un centenar de años a partir de ahora». Después de descalificar a la elite educada de la isla como inadecuada y poco interesada en la democracia de los Estados Unidos, Harvey «alaba» a la gente común como «alegre, de mente simple, inocente, indolente y dócil, y aunque apuesta dinero y le gusta el vino, las mujeres, la música y el baile, es sobria y honesta».

VEAMOS EL CASO de Isabel González y de Samuel Downes.

Downes era un comerciante de Nueva York. Le cobraron 659,35 dólares por concepto de impuestos tras importar naranjas de San Juan. Downes demandó al recaudador de tarifas en Nueva York, señalando que una cantidad similar de naranjas llevadas a este puerto desde Florida no pagaría ningún impuesto, tal como estaba garantizado por la Constitución estadounidense desde la independencia de los Estados Unidos. En una decisión por estrecho margen, la Corte Suprema determinó que, en muchos casos, la población de las nuevas posesiones insulares de Estados Unidos no estaba cubierta por las garantías constitucionales, a menos que una ley del Congreso hiciera de esos territorios una «parte integrante» de los Estados Unidos.

La disconformidad de John Marshall Harlan, un juez de la Corte Suprema, supuso un fuerte rechazo a la idea de que había lugares y pueblos que se encontraban dentro de la jurisdicción de los Estados Unidos, pero por fuera de la protección de la Constitución: «Esta nación está bajo el control de una constitución escrita, de la ley suprema de la tierra y de la única fuente de los poderes que nuestro gobierno, o cualquier sucursal o agente del mismo, pueden ejercer en cualquier momento o en cualquier lugar». Puesto que toda la autoridad del Congreso provenía de la Constitución, escribió Harlan, no se podía ejercer ninguna autoridad por fuera de esa misma Constitución. «Los gobiernos monárquicos y despóticos, sin respeto por las constituciones escritas, podrán hacer con nuevos territorios lo que este gobierno no puede hacer de manera consistente con nuestra ley fundamental. Decir lo contrario es aceptar que el Congreso puede, por una acción tomada fuera de la Constitución, introducir en nuestras instituciones republicanas un sistema colonial como el que existe en los gobiernos monárquicos». Harlan desestimó la idea de que Estados Unidos pudiera tomar posesión de Puerto Rico, o Porto Rico, tal como aparecía en los documentos federales, imponer una moneda, exigirle al gobierno de Puerto Rico que informara de todos sus gastos al poder ejecutivo de los Estados Unidos, someter a Puerto Rico a las leyes fiscales estadounidenses y mantener a la isla por fuera del alcance de la Constitución.

Isabel González era una joven que viajó a los Estados Unidos para comenzar una vida con su novio, quien trabajaba en Staten Island, Nueva York. Zarpó de San Juan a bordo del *SS Philadelphia* cuando tenía apenas veinte años. Mientras el barco estaba en alta mar, el Comisionado de Inmigración del Departamento del Tesoro de Estados Unidos emitió una nueva regulación según la cual los viajeros como González serían considerados extranjeros. Bajo esta regulación —y para citar un ejemplo—

González ya no sería tratada igual que una residente legal de Carolina del Norte que hubiera decidido trasladarse a Nueva York. Ahora sería tratada como una extranjera recién llegada de otro país y las autoridades de inmigración tendrían discreción para decidir si la presencia de esta inmigrante sería deseable para los Estados Unidos.

En lugar de desembarcar, González y otros pasajeros puertorriqueños fueron trasladados a Ellis Island para ser procesados. Las leyes de inmigración estadounidenses prohibían de manera expresa la entrada al país de «todos los idiotas, dementes, mendigos o personas que puedan convertirse en una carga pública». En el caso de González, que estaba embarazada de su novio, se le prestó mucha importancia a la posibilidad de que esta joven pudiera buscar apoyo en las instancias gubernamentales y de que se convirtiera en «una carga pública».

González tenía contactos y familiares que la esperaban en tierra al lado de su prometido, y todos estaban dispuestos a certificar que les darían su apoyo a ella y al niño si se le permitía entrar al país. La primera escala en su largo periplo legal en Estados Unidos fue en una junta especial de investigación convocada con el fin de recibir testimonios sobre su aptitud para entrar en calidad de ciudadana extranjera. William Williams, comisionado de inmigración en Ellis Island, había convertido en una política el hecho de prestar especial atención a las mujeres solteras y embarazadas que llevaran menos de diez dólares.

Isabel González. La peticionaria en el juicio fundamental para los puertorriqueños ante la Corte Suprema, *Gonzalez v. Williams*. El caso afirmó el derecho de los puertorriqueños a moverse libremente entre su isla natal y el continente estadounidense. CORTESÍA OF BELINDA TORRES-MAY

Los prejuicios sociales de la época que menospreciaban a las madres solteras no se limitaban a los puertorriqueños. Una vez más, el debate sobre la entrada de González podría estar basado en su atractivo como residente estadounidense siempre y cuando ella fuera definida como ciudadana extranjera, como alguien que el país podría aceptar o rechazar. Incluso en medio de uno de los mayores flujos de inmigración en la historia del mundo, la preocupación de que los recién llegados debilitaran al país fue parte permanente del debate. Tal como testificó Williams en la investigación de González: «Será muy fácil llenar rápidamente este país con inmigrantes sobre los que la responsabilidad de la crianza adecuada de sus hijos es tomada a la ligera, pero no se puede afirmar que esto redundará en que nos acostumbremos a ello». Los miembros de la familia González que vivían en Nueva York y Nueva Jersey declararon poder asegurarle al gobierno que la joven no se convertiría en una carga pública. Su causa se vio afectada por la ausencia de su novio, Juan Francisco Torres, quien no pudo ausentarse del trabajo. A González le fue negado de nuevo el ingreso a los Estados Unidos. Ella podría haber regresado simplemente a Puerto Rico según lo dispuesto por ley, como una persona más de escasos recursos y con pocas influencias, arrollada por el poder y la indiferencia del Estado.

Domingo Collazo, un tío de González, había sido miembro activo del Partido Revolucionario Cubano y conocía a muchos de los principales líderes del movimiento por la libertad antillana. Collazo presentó una petición de *habeas corpus*, una demanda legal que consiste en que un prisionero sea llevado a la Corte para que el Estado justifique su detención. Varios abogados destacados se interesaron en el caso de González gracias a otros contactos de Collazo. Otro ente judicial, el Tribunal del Circuito de los Estados Unidos para el Distrito Sur de Nueva York, respaldó a las autoridades de inmigración y confirmó la exclusión de González.

Todo esto fue posible porque luego de arrebatarle Puerto Rico a España, y de la Ley Foraker, que creaba a los «ciudadanos de Puerto Rico», Isabel González ya no era ciudadana estadounidense y no tenía un acceso legalmente exigible al país que ahora gobernaba al suyo.

Una vez más, el destino intervino de una manera que refleja la posición de Nueva York como un cruce de caminos con muchos espectadores interesados que valoraban las causas importantes. Federico Degetau era otro hombre moldeado por el progreso del siglo XIX. Era hijo de una familia germano-puertorriqueña; se había educado en España; era editor y anti-colonialista; y fue uno de los comisionados que representó a Puerto Rico en las conversaciones de autonomía con España en la década de 1890.

En vísperas de la Guerra Hispano-Estadounidense, Degetau fue alcalde de San Juan y miembro de las Cortes; es decir, de la legislatura española. Después de la guerra, fue nombrado miembro del primer gabinete creado por la nueva administración de los Estados Unidos. También fue nombrado o elegido para cargos de creciente importancia y responsabilidad al mando de los estadounidenses, y se desempeñó durante varios términos como Comisionado Residente, el delegado de Puerto Rico ante la Cámara de Representantes de los Estados Unidos. Cuando ocupó este cargo, Degetau ya había protestado por las decisiones tomadas durante el cambio de siglo con respecto a la situación jurídica de los puertorriqueños.

Después de agotar las apelaciones a través del sistema de inmigración, González y su equipo legal cambiaron de táctica, dejando de argumentar en contra de la «carga pública» contenida en la cláusula de la ley de inmigración. González regresaría a la corte para argumentar que no se podía excluir, detener o impedir a los puertorriqueños que querían entrar a Estados Unidos por una razón muy válida: dado que Estados Unidos llevó a Puerto Rico a la guerra, adquirió el control de su comercio y nombró ejecutivos en Washington para gobernar la isla, los puertorriqueños estaban viviendo en una parte de Estados Unidos y eran ciudadanos estadounidenses. Degetau se asoció con Paul Fuller y Charles LeBarbier —los abogados de González—, y Frederic Coudert Jr., quien había litigado en el caso *Downes versus Bidwell*, y se dirigió a la Corte Suprema.

Degetau creía que González representaba un caso que socavaría los esfuerzos de Estados Unidos para controlar el territorio puertorriqueño mientras excluía a sus habitantes. El comisionado residente y la joven inmigrante querían que el caso se convirtiera en ley en nombre de todos los habitantes de la isla. Los abogados del gobierno de los Estados Unidos siguieron argumentando en contra de la entrada de González, basándose en apelaciones morales, describiendo a la mujer y a su novio como padres incompetentes, cuyas opciones de vida no debían recibir la aprobación del gobierno federal.

Irónicamente, fue la propia González quien hizo que su caso fuera histórico porque su nombre y apellido fueron escritos erroneamente como *Isabella Gonzales vs William Williams*, irrelevante luego de casarse con Torres y ser elegible así para entrar a los Estados Unidos gracias a su matrimonio. González siguió adelante con su caso, convencida de que todos los puertorriqueños eran ciudadanos estadounidenses.

Los jueces estuvieron parcialmente de acuerdo: se determinó que González no era extranjera, por lo que no se le podía negar la entrada a los Estados Unidos. Al mismo tiempo, se negaron a declarar que González era ciudadana estadounidense. La decisión señalaba que como los Estados Unidos le habían arrebatado el control de Puerto Rico a España, «la nacionalidad de la isla había pasado a ser estadounidense en lugar de española y que, según el tratado, los peninsulares (las personas nacidas en España) que no habían decidido mantener su fidelidad a España, se 'consideraba que han renunciado a ella y que han adoptado la nacionalidad del territorio en el que residen». Por lo tanto, si los españoles optaban por no declararse como ciudadanos de España después de la guerra, ahora eran parte de los Estados Unidos.

El tribunal señaló que el comisionado residente, cuyo salario era pagado por Estados Unidos, era elegido por los votantes de Puerto Rico, por más limitada que fuera la votación, dado que no le fue otorgado a nadie «que no sea un ciudadano *bona fide* de Porto Rico, que no

Puerto Rico. Las primeras décadas de presencia estadounidense en Puerto Rico hicieron poco por el desarrollo económico. La Gran Depresión dio un fuerte golpe a los Estados Unidos y fue devastadora para el territorio isleño. CRÉDITO: LIBRARY OF CONGRESS

haya cumplido treinta años de edad, y que no sepa leer y escribir la lengua inglesa».

Una puerta se abrió para Isabel González y, a medida que transcurría el nuevo siglo, otros isleños decidieron mejorar sus vidas. Entre 1908 y 1916, siete mil puertorriqueños emigraron a los Estados Unidos. Otros once mil lo hicieron en 1917. Y aunque ahora eran libres de viajar, aún estaban atrapados en un limbo legal y fueron etiquetados con un estatus ambiguo, definido como «nacionales no ciudadanos».

Después de varias décadas de liderazgo en la lucha por separarse de España y de obtener la autonomía de Puerto Rico, el escritor y político Luis Muñoz Rivera trató de sacudir la conciencia de los estadounidenses con un desafío que dejó en claro el predicamento de este pueblo en el sentido en que «Estados Unidos no ha sido justo con nosotros. Somos un pueblo sin patria, sin bandera y casi sin nombre. ¿Qué somos? ¿Somos ciudadanos o súbditos? ¿Somos sus hermanos y nuestra propiedad es su territorio, o somos siervos de la guerra y nuestras islas una colonia de la corona?».

La Ley Jones-Shafroth de 1917 fue un intento por aclarar la ambigüedad, pero continuó con la tendencia de no conceder nada sin obtener algo a cambio. Esta ley les dio a los puertorriqueños la ciudadanía plena e inequívoca, y abrió el camino para la conscripción de los hombres isleños durante la Primera Guerra Mundial. Veinte mil puertorriqueños sirvieron en las fuerzas armadas durante esta guerra.

Era imposible que los primeros en llegar a Nueva York pudieran saber lo que les esperaba. Un número relativamente pequeño de puertorriqueños estaba enviando a la isla el tipo de información a la que recurren con frecuencia los inmigrantes para tomar decisiones. Muchos años después, un migrante llamado Bernardo Vega recordó ver a su patria desaparecer en la distancia desde la cubierta de un barco que lo llevaba a Brooklyn: «Yo no quería perder un solo instante de aquellos últimos minutos en mi país. Permanecí en cubierta hasta que la isla se perdió de vista en las primeras sombras de la noche». Vega, un joven agricultor de tabaco, salió de su natal Cayey, en Puerto Rico, a bordo del buque *Coamo*. Durante el viaje, Vega compartió su sueño de inmigrante con sus compañeros de viaje: «El tema principal de nuestras conversaciones era lo que esperábamos encontrar en la ciudad de Nueva York. Les enviaríamos nuestros primeros ahorros a los parientes cercanos. Ya vendría el momento de regresar a la isla con montañas de dinero». Nuevos empleos.

Remesas. El sueño de la familia inmigrante que conduciría finalmente a un triunfante viaje de regreso. «Todos teníamos nuestras mentes en esa granja que íbamos a comprar. Todos nosotros estábamos construyendo pequeños castillos en el aire».

Vega, proveniente de un pequeño pueblo enclavado en las montañas del oeste de Puerto Rico, era un *jíbaro*, el campesino y personaje típico de la isla. El jíbaro de los cuentos populares y de la memoria nacional es impasible, sabio, independiente y digno. Al mismo tiempo, los jíbaros son retratados en los chistes como simples, sin educación y a veces ingenuos. Ya fuera que tuvieran un sentido común desde el nacimiento o gracias a la experiencia, o que fueran campechanos crédulos, lo cierto es que nada habría podido preparar a los *jíbaros* y a las *jíbaras* para su nueva vida en Nueva York.

Para un gran número de puertorriqueños, su primer castillo en la parte continental de los Estados Unidos fue un viejo edificio de apartamentos en el este de Harlem. El barrio había acogido a los inmigrantes desde hacía varias décadas: los italianos del sur y los alemanes vivían en el sur de Harlem, y los afroamericanos en el oeste y el centro. Poco después aparecieron las tiendas de comestibles que ofrecían productos puertorriqueños, y *botánicas* que vendían pociones, amuletos, hierbas y estatuillas que hacen parte del folclor religioso puertorriqueño. El calor del verano era ligeramente aplacado en las calles por los *piragüeros*, hombres que raspaban bloques de hielo con una cuchilla metálica, lo moldeaban en forma de cono y lo rociaban con jarabes de diferentes sabores. Este helado refrescante suponía un poco de «tierra natal» y se paladeaba mientras la música familiar descendía desde las ventanas de los pisos superiores.

East Harlem fue el núcleo de una comunidad que con el paso del

Un trabajador puertorriqueño.
CRÉDITO: LIBRARY OF CONGRESS

tiempo superaría con creces a San Juan en tamaño. Aunque los inmigrantes de habla hispana habían llegado en pequeñas cantidades durante el siglo XIX, los barrios de mayor crecimiento en Manhattan, Brooklyn y el Bronx representaban algo nuevo. Éstas fueron las primeras comunidades grandes de habla hispana en los Estados Unidos fuera de la Florida y el Suroeste.

A diferencia de otros desembarcos en Nueva York, los puertorriqueños llegaron como ciudadanos, pero todavía eran forasteros. «Al igual que todos los que viven en otra cultura, los habitantes del Harlem hispano se sentían un poco perdidos», afirma Juan González, periodista e historiador cuyos padres lo trajeron a Nueva York cuando estaba muy pequeño: «Eran ciudadanos, pero la ciudadanía no cambió la forma en que los angloamericanos los veían, ya que la mayoría de los estadounidenseno diferenciaba a un grupo de hispanos de otro. Nueva York era fría y extraña, pero ofrecía oportunidades. Así que ellos estaban en una especie de tierra de nadie, sin realmente ser parte de ninguna nación. Y sin embargo, estaban en su casa».

Rafael Hernández fue uno de esos puertorriqueños inquietos que emigraron a Nueva York. Un día su nombre sería conocido en toda Latinoamérica y su música brotaría de las radios y fonógrafos desde Santiago de Chile hasta las calles del Harlem hispano. Hernández se trasladó a Nueva York después de servir como músico en el legendario regimiento Harlem Hell Fighters en la Primera Guerra Mundial. La historia más difundida es que él compuso *Lamento borincano*, una de las canciones más famosas de Puerto Rico en el siglo XX, durante un invierno cubierto de nieve en Harlem, mientras trabajaba en la tienda de música de su hermana.

Una labor feliz, con un buen comienzo, seguida por la decepción y un anticipo de desastre. No sería ninguna exageración decir que cada puertorriqueño conoce esta canción, que refleja la necesidad y el dolor de la isla en los años veinte y treinta, y la pobreza que llevó a muchas personas a tratar de encontrar un futuro mejor en los Estados Unidos. Que el hombre reconocido ampliamente como el más grande compositor puertorriqueño del siglo XX escribiera esta canción profundamente puertorriqueña en Nueva York, es algo que resuena profundamente con un pueblo que le canta a su isla como la gente le suele cantar a un ser amado. Los puertorriqueños serían los únicos latinoamericanos en componer su música más importante y más conocida en otra tierra, lejos de su patria.

Los Estados Unidos, y Nueva York en particular, continuarían atrayendo y confundiendo a los puertorriqueños durante el resto del siglo XX. Después de comenzar el siglo con la posibilidad de autogobierno despojada y, paradójicamente, después de continuar con una lucha para unirse a Estados Unidos como ciudadanos, los puertorriqueños encontraron en Nueva York el escenario de sus mayores triunfos y de las angustias más profundas.

· · ·

MIENTRAS TANTO, EN la frontera, la Primera Guerra Mundial produjo cambios y tumultos en México y en los mexicano-estadounidenses. Una gigantesca emigración latina a los Estados Unidos estaba en marcha y el número de inmigrantes mexicanos, calculado en un millón entre 1900 y 1930, era muy superior al número de personas que vinieron de Cuba y Puerto Rico.

A finales de la primera década del siglo XX, Porfirio Díaz había gobernado por más de treinta años a México mediante el fortalecimiento gradual de poderes dictatoriales. En su gobierno, los ferrocarriles que transportaban riquezas extraídas de las ricas minas del país atravesaban

Porfirio Díaz. Más de tres décadas de dictadura en México generaron las condiciones que llevaron a la Revolución Mexicana de 1910. CRÉDITO: LIBRARY OF CONGRESS]

todo México. El poder de Díaz era tal que prestó su nombre a su época: el *porfiriato*; sin embargo, la resistencia contra él había aumentado y estaba a punto de estallar.

Díaz accedió a que se celebraran elecciones en 1910, pero también encarceló a Francisco Madero, su rival. Cuando los resultados se dieron a conocer, se le informó al pueblo mexicano que Díaz había obtenido la gran mayoría de los votos, mientras que Madero había logrado muy pocos. El candidato «derrotado» hizo un llamado a la insurrección, y así comenzó la revolución. Díaz huyó del país pero la revuelta desató antiguos conflictos que no se podían echar de nuevo en el baúl del olvido.

La Revolución Mexicana de 1910 forjó al México moderno y desencadenó unas fuerzas que estarían presentes en la vida mexicana durante el resto del siglo, al mismo tiempo que engendró héroes perdurables como José Doroteo Arango Arámbula (más conocido como Pancho Villa) y Emiliano Zapata. Sin embargo la guerra, que duró casi diez años, afectó a millones de personas y ocasionó la huida de cientos de miles de familias a Estados Unidos.

Uno de ellos fue Salvador Villaseñor, quien se dirigió al norte en 1918, cuando era un niño. La guerra se había prolongado durante ocho años largos. Los Altos de Jalisco se encuentran en el estado del mismo nombre, en el centro de México, y a un lado del Océano Pacífico. El autor Víctor Villaseñor, quien ha escrito extensamente sobre el viaje de su familia desde el México rural a los Estados Unidos, señaló que su padre, que tenía tan solo siete años, fue uno de los pocos supervivientes entre catorce hijos.

Aunque la guerra había tardado mucho tiempo en llegar a su pueblo, lo hizo con una violencia horripilante. «Un día, el niño Juan Salvador salió a buscar un poco de leña. Vio que unos hombres salvajes les disparaban a seis personas que iban a caballo y asesinaron a los jinetes con machetes solo para quitarles la ropa y los zapatos. Juan Salvador tenía tanta hambre que trató de tomar un bocado de la piel de un caballo muerto. Pero sus dientes no eran lo suficientemente grandes y no pudo comer. Sin embargo sobrevivió, y también mi abuela, porque ella creía en los milagros. Ella siempre creyó en el mundo espiritual de los milagros».

Uno de los proyectos de desarrollo económico impulsados por Díaz fue la terminación de un ferrocarril que iba del norte al sur, y que unía a México y al interior del país con los Estados Unidos. Esta línea del ferrocarril se convirtió en una ruta de escape a medida que la revolución se prolongaba. En 1918, la abuela de Víctor Villaseñor agarró a su padre y a su tío Francisco, y se dirigió a las vías del tren. Tuvieron que esperar varios días. «Finalmente, llegó un tren», dijo Villaseñor, «Juan Salvador subió con su madre y con su hermano al tren, que llevaba miles de personas». El vagón del ganado estaba lleno de estiércol y tuvieron que sacarlo con una pala. Se dirigían a El Paso, que seguía siendo el mismo destino al norte de México desde que Juan de Oñate cruzó por allí más de trescientos años atrás.

«Su hermano le dijo a Juan Salvador que en El Paso había un gran estanque lleno de enormes lagartos del tamaño de dragones, con grandes hileras de dientes afilados. Todas las noches, estos lagartos monstruosos eran soltados en el Río Grande para devorar a los mexicanos que intentaban cruzar la frontera. Así que su hermano le enseñó a decir esta frase: «*Hello, mister. Where's the alligators?*». («Hola, señor. ¿Dónde están los caimanes?»).

El niño no vio caimanes. Los mexicanos que iban al norte con él, a pesar de la larga y difícil relación de los Estados Unidos con México y con los mexicano-estadounidenses, todavía soñaban con *el Norte* como un lugar que prometía riquezas y una vida mejor.

La realidad solía ser muy diferente. Villaseñor recordó el primer encuentro de su padre con el nuevo hogar. «Esa mañana, cuando el tren entró a la cuenca de El Paso, Salvador no podía creer lo que veía. Esperaba un valle verde y exuberante, pero solo veía tierra seca, rocas y arena. Ni siquiera una brizna de hierba. Nada podría vivir allí excepto lagartos y serpientes; era el final del mundo. En El Paso, las cosas eran aún más complicadas. En todas partes, Salvador vio multitudes de personas pobres, harapientas y hambrientas, y despertó a su madre. Ella miró la tierra seca y al torrente de gentes desesperadas. «¡Qué hermoso día!», dijo. «¿Ves todos esos buitres en el cielo? Hay tantas cosas para comer aquí que incluso los buitres reciben su parte».

El historiador Gary Gerstle ve similitudes con otros inmigrantes. «En muchos sentidos, los inmigrantes mexicanos no eran muy diferentes de los europeos que llegaron en la misma época. Los italianos huyeron de la guerra civil. Los judíos llegaron para escapar de la opresión, la guerra y la pobreza. Y los mexicanos se enfrentaron con estos mismos temores y dificultades abrumadoras. Actualmente, la gente cree que los mexicanos llegaron a este país por razones estrictamente económicas, pero la primera gran oleada estuvo básicamente conformada por refugiados de una guerra terrible y sangrienta».

El Paso fue el Ellis Island para los mexicanos, en opinión de la historiadora Vicki Ruiz. Nueva York fue uno de los motores económicos del continente, pero no se podía decir lo mismo de El Paso. Los inmigrantes del sur y del este de Europa llegaron a una zona densamente poblada, con un rápido proceso de industrialización, y sedienta de mano de obra en una economía altamente estratificada. Un siglo atrás, el oeste de Texas tenía una economía en funcionamiento, pero no el mismo tipo de oportunidades como las que existían en el noreste.

Al mismo tiempo, sostiene Ruiz, una persona podía recibir ofertas laborales tan pronto pusiera los pies en el país: «Cuando un hombre cruzaba el puente de Stanton St. desde Ciudad Juárez a El Paso, pasaba frente a una línea de contratistas de mano de obra que le prometían todo tipo de cosas: altos salarios, cenas con cerveza y otros beneficios. Pero si se trataba de una mujer soltera o, Dios no lo quisiera, de una madre soltera, los inspectores de inmigración la empujaban a un lado y sentenciaban: 'Puede convertirse en una carga pública'».

La familia Villaseñor viajó de Texas al sur de Arizona. «Ellos no tenían nada. Dormían en la calle. Hay un refrán que dice: 'El sol es la manta de los pobres'». Villaseñor recuerda que el joven Juan Salvador vio algo que le cambió la vida: «Un día vio una mujer arrugada y extremadamente flaca mendigar en la calle; tenía un aspecto enfermizo, sucio, y gemía, lloraba y arañaba a las personas que pasaban. Y vio que era su propia madre. Sintió una vergüenza tan grande que gruñó y se juró a sí mismo que su madre no volvería a mendigar nunca». Comenzó a trabajar en 1922 a los doce años. Había mucho trabajo, pero era muy duro. Los inmigrantes chinos que se habían dirigido hacia el este desde la costa del Pacífico habían trabajado bajo condiciones muy difíciles en las minas y ferrocarriles, pero la ley de inmigración estadounidense había cambiado antes de la Revolución Mexicana, con la proclamación de Ley de Exclusión de Chinos. Había trabajo para los nuevos inmigrantes, los mexicanos. Juan Salvador Villaseñor consiguió un trabajo en el turno de día en la compañía minera Copper Queen, en Douglas, Arizona, y luego utilizó un nombre falso para conseguir un trabajo en el turno de noche.

Fue sorprendido mientras trataba de sacar ilegalmente una pequeña bolsa de cobre de la mina, y condenado a seis años de prisión. Salvador logró escapar, pero Villaseñor dijo que el tiempo que pasó su padre en la cárcel terminó por cambiarlo: «Su vida se llenó de cárceles, peleas, burdeles, garitos y salas de billar. Su mundo era el de los bajos fondos».

A mediados de los años veinte, siendo todavía un adolescente, Juan Salvador era ya un contrabandista de licores en el *barrio* de San Diego. «Mi padre siempre decía que entrar al *barrio* era como entrar a un país diferente. Las casas eran pequeñas y destartaladas. No había aceras o calles pavimentadas, y los pollos, cerdos y cabras andaban sueltos. Nunca dejó de sorprenderme que sus habitantes fueran tan diferentes de los anglosajones. Los *mejicanos* nunca desperdiciaban nada. En lugar de tener un césped enfrente de sus casas, tenían huertas. No encerraban el ganado con cercas, pero cercaban sus cultivos».

El arduo trabajo de los inmigrantes en fábricas, granjas y minas contribuyó a que sus nuevas propiedades se valorizaran y atrajeran la inversión y la llegada de nuevos inmigrantes anglo-estadounidenses desde la región central y la Costa Este. Pero estos nuevos vecinos despreciaban a los *mejicanos* a pesar de haber conseguido sus fortunas a costa de estos. Aunque las referencias en los periódicos y en la cultura popular estaban llenas de historias de pereza y de falta de ambición, lo cierto era que los barrios del suroeste estaban prosperando. Ernesto Galarza recordó a Sacramento en su novela autobiográfica *Barrio Boy*: «Cada mañana, un desfile de hombres con ropas de trabajo que llevaban loncheras caminaban por la calle Cuarta, y cada noche regresaban sucios y en silencio. A pocas cuadras de nuestra casa había herrerías, lavanderías a mano, una fábrica de macarrones, lugares donde reparaban vagones, establos para caballos, talleres de bicicletas, restaurantes que vendían pollo, servicios de planchado de ropa, reparación de muebles, prensas de uvas, asereaderos de madera, sastrerías, tiendas de verduras y descarga de vagones de ferrocarril. El barrio era un taller al aire libre».

Vivir en un vecindario con otros inmigrantes es el primer paso acostumbrado para buscar un camino propio en los Estados Unidos. El *barrio* era también algo que surgía de la necesidad. Los otros barrios de Los Ángeles, Phoenix y Dallas no estaban abiertos a los recién llegados. Según Antonio Ríos-Bustamante, autor del libro *Mexican Los Angeles*, había «un prejuicio racial extendido: los anglo-estadounidenses se negaban muchas veces a alquilar o a venderles casas a los mexicano-estadounidenses. Una nueva comunidad surgió en Los Angeles, con una migración dentro de la ciudad, desde el barrio antiguo en el centro de la ciudad hacia el lado este, al otro lado del río. Pero aunque fuera viejo o nuevo, el barrio era una zona de confort, un lugar donde podías hablar con personas que te entendían».

En las familias inmigrantes y tradicionales, la casa era con frecuencia el lugar donde las reglas, la religión y las costumbres del país de origen se aplicaban de un modo más estricto. Pero la vida cambió en otros sentidos al llegar a los Estados Unidos, donde los empleadores solían tratar a mujeres y a hombres por igual, señala Vicki Ruiz: «Las mujeres del *barrio* acostumbraban trabajar en casa, pues tenían huéspedes, lavaban ropa o cosían. Algunas mujeres trabajaban en fábricas de conservas o de ropa. Y también en los campos, donde muchas veces dormían en el suelo, al igual que los hombres».

Fueron tantas las personas que vinieron y se unieron a las familias que vivían en Estados Unidos, que poco a poco una vida claramente mexicano-estadounidense surgió en lugares como Los Ángeles y San Antonio, y se vio enriquecida con una reposición constante, con nuevas personas que emigraban al norte de México. También evolucionó, sin embargo, hacia una forma de vida propia, e independientemente de México, entrecruzando la cultura mexicana con la música popular, el cine y la moda estadounidense.

El poder transformador de Estados Unidos cambió a la gente que vino aquí, mientras que los nuevos inmigrantes cambiaron a su vez los lugares donde llegaron. En los *barrios* de Los Ángeles sabías que no estabas en Guanajuato, Ciudad de México o San Luis Potosí. Sin embargo, también

Día de la boda de Lupe y Salvador Villaseñor. Después de huir al norte durante la Revolución Mexicana, Salvador Villaseñor trabajó como minero y contrabandista durante la Prohibición. Guapo y fuerte, ante la insistencia de su joven esposa instaló exitosos negocios legítimos. CRÉDITO: VILLASEÑOR FAMILY

sabías que no estabas en otros lugares de Estados Unidos, ajenos a la presencia mexicana en gran escala.

Aunque a los mexicanos se les ofreció y obligó a aceptar salarios más bajos por el mismo trabajo que sus vecinos anglosajones, también sabían que estaban recibiendo más dinero —mucho más— de lo que recibirían en México por el mismo trabajo. Esta realidad económica perduraría en las próximas décadas y se convertiría en un desafío para los habitantes en los dos lados de la frontera, donde los propietarios de granjas se aprovecharían de la pobreza desesperada de los mexicanos para reducir los salarios de los trabajadores agrícolas nativos y de los residentes legales.

Personas que nunca se habrían conocido en México lo hicieron en los Estados Unidos, como el padre de Villaseñor. «Una noche en el barrio de San Diego, Juan Salvador vio a una mujer afuera de un salón de baile; iba vestida de color naranja, y él lo supo. Era Lupe, mi madre, y fue un amor a primera vista. Ella era una mujer honesta y trabajadora, una chica del barrio.

»Yo digo siempre que los ángeles del destino trajeron a esta mujer al barrio de mi padre en una caravana de camiones. Ella era una migrante que trabajaba en las cosechas y estaba de paso, recogiendo tomates. Era la persona más educada de su familia; había terminado el sexto grado.

Celebración del día de la Independencia mexicana en la década de 1920 en Los Ángeles. Muchas de las fotos de esta época poseen la conmovedora calidad de tener «un pie en cada mundo», mientras una joven comunidad decide qué debe retener de su antigua patria y qué quiere adoptar de la nueva. Los símbolos mexicanos y estadounidenses están el uno al lado del otro mientras que la multitud se reúne para «El Grito» que marcó la proclamación de la separación de México de España en 1821.
CRÉDITO: LOS ANGELES PUBLIC LIBRARY

Lupe era buena, trabajadora, pero Salvador era, tengo que admitirlo, una especie de ladrón. Sin embargo, convenció al sacerdote de que él no era un pecador porque el mismo Jesús había convertido el agua en vino ¡al igual que un contrabandista!».

Como recuerda Villaseñor, su madre Lupe logró hacer justamente lo opuesto al milagro de Jesús. Transformó el vino de Juan Salvador en agua limpia y cristalina, e hizo de él un hombre honesto.

La familia poseía varias tiendas de licores y salones de billar, trabajaba duro, y como señala Villaseñor: «... vivió una versión del sueño americano. Sus vidas estuvieron llenas de violencia y desesperación, pero nunca vacías de esperanza.

«Estados Unidos era el lugar de posibilidades buenas y maravillosas. No importaba si eras un *bandido*, un contrabandista, un trabajador migratorio o un presidente. Era siempre un reto, una lluvia de oro en la que Dios te da el aliento de la vida y la esperanza de un día mejor. El camino era tortuoso. Sin embargo, había uno».

Cuando la Gran Depresión golpeó al suroeste de los Estados Unidos, ese camino condujo a muchos de regreso a México. Los Ángeles se estaba adaptando luego de recibir a su gran población mexicana. La apropiación cultural estaba en pleno apogeo mientras los anglos intercambiaban informaciones sobre sus «hallazgos»: el mejor restaurante mexicano está en ésa o en aquella parte de la ciudad, y las casas de estilo español y mexicano, así como los muebles y artículos para el hogar, se ponían de moda. Esta ciudad, con un nombre español y llena de inmigrantes del Medio Oeste, «redescubrió» de repente las raíces de las misiones en 1930, al convertir el centro, el pueblo y la misión original de Nuestra Señora de Los Ángeles de Porciúncula en una atracción turística de la calle Olvera... Los Estados Unidos se estaban preparando para resolver sus propios problemas de empleo mediante el envío de «extranjeros» de regreso a México. Pero había un problema: que muchos de esos extranjeros eran tan estadounidenses como el *apple pie*.

La joven Emilia Castañeda recuerda que se puso su vestido favorito para emprender un viaje. «Lo hice porque era mi favorito y ésta era una ocasión importante. Porque nos íbamos y estábamos dejando todo atrás».

Emilia era de Boyle Heights, un barrio de Los Angeles que se había convertido en el hogar de muchos mexicanos y mexicano-estadounidenses, no lejos del actual estadio de los Dodgers. «Me acuerdo de Midoriko y Natsuko, mis amigas estadounidenses de origen japonés. Boyle Heights era como las Naciones Unidas; había todo tipo de personas.

«Recuerdo haber pronunciado el Juramento de Lealtad a la bandera de los Estados Unidos de América, al lado de nuestros pupitres, cada mañana en mi escuela en la Calle Malabar».

La Gran Depresión estaba arruinando y desintegrando a muchas familias, y destruyendo futuros. Muchos estadounidenses creían que los inmigrantes mal pagados les estaban arrebatando los puestos de trabajo y convirtieron a los mexicanos en el objetivo de un resentimiento particular. A medida que la crisis del empleo empeoró, los estadounidenses que estaban sin empleo no sugirieron que los italianos o los alemanes debían ser subidos en barcos y enviados a Europa.

En una época en que Estados Unidos sufría un pánico cada vez mayor por los agitadores extranjeros «quintacolumnistas» y por las «ideologías foráneas», Vicki Ruiz sugiere que hay otra razón por la que se consideraba conveniente enviar a los mexicanos a su país: «Los propietarios agrícolas creyeron inicialmente que los trabajadores mexicanos eran atractivos porque eran dóciles 'por naturaleza'. Pero su historia demuestra que los latinoamericanos han estado dispuestos a organizarse y a declararse en huelga cuando se enfrentan a condiciones intolerables.

»Y eso fue exactamente lo que hicieron en la Gran Depresión, en las fábricas de ropa y de conservas, en las minas y fábricas de cigarros. En 1933 se presentaron treinta y siete huelgas agrícolas importantes en Ca-

Emilia Castañeda. Nacida en los Estados Unidos y criada en el barrio de Boyle Heights en Los Ángeles, Castañeda fue una de los miles de ciudadanos estadounidenses que fueron enviados «de vuelta» a México durante la Gran Depresión. «Nunca dejé de considerarme americana», explica. «Los demás niños (en México) se burlaban de mí porque no hablaba bien español, porque no pertenecíamos allí». CRÉDITO: CASTAÑEDA FAMILY

lifornia. Eran tan comunes que los empleadores estaban dispuestos a despedir a los trabajadores».

Al igual que en los acalorados debates de este siglo sobre la forma de manejar la inmigración, las familias de estatus mixto fueron particularmente vulnerables al instrumento romo de la ley. Emilia Castañeda y su hermano Francisco eran ciudadanos de los Estados Unidos, pues nacieron después de que sus padres llegaran al país: «Pero mi padre no era ciudadano y tuvo que irse. Los *migras* dijeron que mi hermano y yo podríamos quedarnos si declarábamos que éramos huérfanos. Nos dijeron que nos enviarían a un orfanato. Pero yo no era huérfana.

«Yo tenía un padre. Les repetí que tenía un padre y nos enviaron a todos a México. 'Regresen' a México, nos dijeron. Y yo no había estado nunca en ese país». Los Castañeda fueron subidos a un tren con cientos de mexicanos y mexicano-estadounidenses, y emprendieron el viaje de regreso a México a través del desierto.

Entre 1931 y 1935, el desempleo estadounidense alcanzó el punto más alto de la Depresión; unos 400 mil mexicanos, más de la mitad de los cuales eran ciudadanos estadounidenses, fueron «repatriados» a un país que en muchos casos no habían visto nunca. Las deportaciones masivas, realizadas en su totalidad sin el debido proceso, fueron autorizadas por el presidente Herbert Hoover, quien le dio el visto bueno a su secretario de Trabajo, William Doak, para que deportara a medio millón de extranjeros. Gary Gerstle dice que el gobierno y los ciudadanos estadounidenses dieron bandazos para un lado, y luego para el otro, en su trato a los

Mexicanos y mexicano-estadounidenses esperando a ser enviados a México en la estación de tren de Los Ángeles durante la Gran Depresión. CRÉDITO: LOS ANGELES PUBLIC LIBRARY

latinos por espacio de un siglo: «El Gobierno los ha acogido y amenazado alternativamente en función de la economía. En tiempos de bonanza, las empresas ofrecían trabajo en el norte, pero en los tiempos difíciles, los latinos fueron hostigados, agredidos y deportados.

»Estos cambios son un tema fundamental y permanente en la historia de los latino-americanos. Las deportaciones de los años treinta sucedieron en una época en la que la necesidad de mano de obra mexicana era insaciable; era el resultado directo de las fuerzas del mercado en Estados Unidos. A los trabajadores mexicanos les parecía algo así como: 'Vengan y quédense, por favor... y váyanse ahora'».

Para los jóvenes como Emilia, su «hogar» no era México sino el este de Los Ángeles. «No me gustaba la vida dura de México. ¿Por qué tenía que llevar la ropa en mi cabeza y lavarla a mano, o caminar varias millas en busca de agua limpia? Yo estaba acostumbrada a abrir la llave de la cocina y a tener un baño con inodoro. Nunca dejé de pensar que era americana. Los otros niños se burlaban de mí porque no podía hablar bien el español, y porque no pertenecíamos a ese lugar. Éramos parias, *repatriados*».

Un miembro de la familia encontró los certificados de nacimiento de los Castañeda en una caja de papeles que estaba en un armario. Emilia y su familia se enfrentaban ahora a una elección dolorosa. «Comprobé que era ciudadana estadounidense y que podía volver a casa. Así que lo hice. Pero mi hermano Francisco no quiso venir. Siempre decía: '¿Por qué ir a un país que me rechaza, que se robó a mi patria?'. Él no vino, y mi padre también se negó. Así que volví sola. Fui desde El Paso a Los Ángeles en el mismo tren al que nos subieron juntos y nos deportaron».

Emilia Castañeda asistió a una escuela nocturna para volver a aprender inglés, en la misma donde estudió la primaria. En términos retrospectivos, ella señaló que los años que pasó en México la hicieron sentir desorientada y como una extraña en su propia tierra. «Era mi mundo. Pero esta vez no me sentí como en casa. He perdido mi lugar aquí y aún no sé por qué nos hicieron esto. Desintegraron a mi familia. No pude ver a mi padre cuando se estaba muriendo. Es un sentimiento que tendré hasta que me muera».

ISABEL GONZÁLEZ, CIUDADANA estadounidense, vivió una larga vida. Se casó con Juan Francisco Torres y se mudó a Nueva Jersey. Continuó siendo una firme defensora de los derechos puertorriqueños en la isla y en el continente. Escribió muchas cartas mordaces, inteligentes y con argumentos sólidos a los editores del *New York Times*, que publicaron sus puntos de vista sobre el gobernador de Puerto Rico nombrado por los Estados Unidos, los aranceles al café y los esfuerzos por desplazar a la lengua española en el sistema educativo de la isla.

José Martí se convirtió en una cuerda en medio del tira y afloja entre los cubanos de la Cuba post-revolucionaria y los que abandonaron la isla para escapar del comunismo. Poeta, combatiente por la libertad y mártir, una estatua suya, con rostro serio y un bigote exuberante, mira a los cubanos jugar dominó y tomar café en una somnolienta ciudad de provincia en la isla, y en un parque que lleva su nombre en una concurrida calle de Miami.

Los padres de Víctor Villaseñor sufrieron los terribles desafíos de la Depresión estadounidense y salieron adelante, con sus sueños intactos aunque tal vez ligeramente abollados. «Mi madre y mi padre atravesaron el infierno. Nunca esperaron nada. Pero los espíritus, los seres del mundo espiritual, los guiaron hacia la esperanza».

La Depresión no tardaría en dar paso a otra Guerra Mundial. A los latinos se les volvería a pedir que demostraran tener derecho a un lugar en el suelo estadounidense.

«El mexicano temerario». El sargento Macario García fue galordanado con la Medalla de Honor, la más alta condecoración militar de los Estados Unidos, por su valentía después de haber sufrido terribles heridas en una batalla cerca de la frontera de Bélgica con Alemania. Fue el primer ciudadano mexicano en recibir la Medalla de Honor. Los ciudadanos mexicanos y mexicano-estadounidense han ganado un número desproporcionado de los más altos honores militares en las guerras modernas de los Estados Unidos. Crédito: NARA

GUERRA:
EN EL EXTRANJERO...
Y EN CASA

3

LA LEY concedió a los latinos derechos como ciudadanos estadounidenses mucho antes de que esos derechos fueran reconocidos plenamente por sus conciudadanos estadounidenses. Como lo había sido para los afroamericanos, resultó que la ciudadanía y el pleno reconocimiento de la igualdad iban por caminos separados. Uno de los grandes catalizadores en el avance de la lucha por los derechos civiles fue la Segunda Guerra Mundial.

Jóvenes que escasamente eran adultos y hombres que ya estaban familiarizados con el duro trabajo en campos y fábricas, fueron arrastrados por una guerra que se libró en todos los rincones del globo. Ellos se encontrarían con agricultores y trabajadores de todo el mundo en África del Norte, Europa y Asia... Maestros de escuela y vendedores, mecánicos de automóviles y conductores de autobús... Y tratarían de matarlos para salvar sus propias vidas.

Para muchos de ellos, Estados Unidos era su país de adopción, un lugar por el que ahora combatían después de haber comenzado sus vidas en otro lugar. Otros pertenecían a familias que habían sido «americanas» durante un siglo o más, pero que se vieron excluidos de disfrutar de los mismos derechos y aspiraciones que muchos de sus vecinos daban por sentado.

Hombres y mujeres que, en muchos casos, rara vez se habían aventurado más allá de los límites de sus condados, se encontraban ahora al otro lado del mundo, como parte de las fuerzas armadas más poderosas y exitosas en la historia mundial. Jóvenes del Valle del Río Grande en Texas, de plantaciones de caña en Puerto Rico y de pequeños condados en el cinturón agrícola de California, combatieron con valentía y sufrieron considerablemente. Marcharon en filas ordenadas, ostentando menciones, condecoraciones y premios encima de sus bolsillos del pecho izquierdo, en reconocimiento a su valor excepcional y sacrificio, o simplemente por haber cumplido su deber. Se habían codeado y combatido al lado de gentes de todas partes. Regresaron a casa sabiendo que eran iguales a sus compatriotas estadounidenses. La ciudadanía de segunda clase con la que muchos se habían visto obligados a vivir antes de la guerra ya no sería atractiva para ellos.

Las dificultades de los soldados afroamericanos que regresaron y sus luchas por la igualdad de vivienda, educación y uso del espacio público, impulsaron la Era de los Derechos Civiles, que se ha convertido en una parte muy conocida de nuestra historia. Menos conocida quizá es la lucha por la igualdad que ocurrió en esa misma época en todos los estados fronterizos con México, en la Costa Oeste y en grandes ciudades como Nueva York.

EN 1940, EL presidente Franklin D. Roosevelt ordenó el primer reclutamiento en tiempos de paz en la historia estadounidense. El Secretario de Guerra sacó el primer número del servicio selectivo, el cual pertenecía a Pedro Aguilar Despart, un mexicano-estadounidense del Este de Los Ángeles. Medio millón de latinos vestirían el uniforme militar al igual que Pedro, incluyendo a 375 mil mexicanos y mexicano-estadounidenses, y a más de 72 mil puertorriqueños.

Ellos se ofrecieron como voluntarios para las misiones y labores militares más peligrosas. Obtuvieron algo más que su parte de las condecoraciones debido a su valor. Diecisiete latinos recibieron la Medalla de Honor, la más alta condecoración militar de Estados Unidos. Habían pasado solo unos ochenta años desde que los primeros latinos recibieron esta condecoración «por su notable valentía» durante la Guerra Civil.

Las unidades militares pertenecían muchas veces a una misma zona geográfica, por lo que la segregación de vivienda que imperaba en sus lugares de origen cobijaba con frecuencia a los soldados latinos y a las mujeres en servicio. Muchos sirvieron en unidades completamente latinas: la 88a División de Infantería del Ejército de los Estados Unidos, llamada «Los Blue Devils» en la campaña de Italia, la Compañía E del Regimiento 141o de El Paso, Texas, y «Los *Borinqueneers*», el 65o Regimiento de Infantería de Puerto Rico. Todos ellos lucharon ferozmente. Un general dijo de sus soldados latinos: «Eran los primeros en la línea de fuego y los últimos en abandonar las armas».

Las historias de latinos que prestaron servicio militar ilustran su evolución en la sociedad estadounidense y nos recuerdan las peripecias personales e increíbles —y a veces peculiares— que solo pueden suceder en los Estados Unidos.

Rafaela Muñiz Esquivel se había formado como enfermera en San Antonio y comenzó a trabajar meses antes de que comenzara la guerra. Se unió al Cuerpo de Enfermeras del Ejército como segundo teniente y trabajó en el hospital militar estatal. A medida que la guerra se acercaba a su clímax sangriento, Muñiz Esquivel se trasladó al campo de batalla. Recibió a un número cada vez más numeroso de heridos en Inglaterra, luego en Francia y posteriormente en Luxemburgo. Atendió a soldados estadounidenses y alemanes en lo que había sido el palacio de verano de la Duquesa de Luxemburgo. Ella le contó a un historiador oral: «Era allí donde solían llevar contingentes enteros de heridos. Siempre estábamos en movimiento. No nos quitábamos la ropa, pues no teníamos tiempo para hacerlo. Era imposible desvestirnos para dormir».

Los pacientes llegaban en literas y eran acomodados en catres hasta que una enfermera pudiera determinar si un paciente debía ser enviado a la sala de cirugías o a un pabellón. «Tal vez fue un lugar hermoso antes de que todas las víctimas estuvieran allí», dice Esquivel. «Los jardines eran grandes, pero nunca estuve en ellos».

Aunque es fácil saber cuántos puertorriqueños de la isla fueron reclutados y enlistados durante la Segunda Guerra Mundial, es más difícil averiguar cuántos puertorriqueños que habían emigrado al norte lo fueron. Eugene Calderón fue uno de ellos y su extraña historia nos dice algo acerca de las dificultades que un ejerato con leyes de segregación tenía en el trato con los latinos.

Calderón nació en San Juan en 1919 y se mudó a Nueva York cuando era un niño, en una de las primeras oleadas de inmigración puertorriqueña en los años veinte.

«Mi padre era líder de una pandilla en East Harlem», recordó su hijo Gene, «y la policía estaba tomando medidas enérgicas; localizaron a su grupo y los arrestaron. Estuvieron muy cerca de capturarlo. Al día siguiente se enlistó en el ejército y fue así como empezó su carrera militar».

Calderón les dijo a los militares que quería volar y fue enviado a Alabama. «Cuando aterrizó en Tuskegee lo asignaron con los oficiales blancos, quienes se quejaron de que él no era blanco. Entonces lo transfirieron al cuartel de los oficiales negros, quienes protestaron porque él no era negro. Entonces lo enviaron a un cuartel donde estaba otro latino; eran los únicos en ese cuartel». Calderón hizo parte de los famosos Aviadores de Tuskegee.

Calderón le contó a su hijo que el Ejército utilizaba un truco sutil para controlar el número de pilotos de color monitoreando sus horas de vuelo: «Y cuando estaban cerca de obtener las certificaciones, eran transferidos a un lugar diferente y tenían que empezar a acumular horas de nuevo.

«Cuando estuvo cerca de terminar sus horas de vuelo, lo trasladaron (de Tuskegee) a Dakota del Sur en pleno invierno. ¡Un puertorriqueño de Nueva York en Dakota del Sur en medio del invierno! Luego lo enviaron al centro del país; quería ser útil y contribuir en algo y, sin embargo, cada vez que estaba a punto de lograrlo, era como si estuviera siendo tentado con una golosina y se la quitaran cuando se acercaba demasiado.

«En Tuskegee sintió en carne propia el significado de la discriminación. Nunca pensó en ella en Nueva York, pues en East Harlem había

Eugene Calderón. En el ejército segregado de la Segunda Guerra Mundial, los oficiales blancos se quejaron cuando el joven puertorriqueño neoyorquino fue asignado a su unidad. Trasladado a los famosos aviadores de Tuskegee, los soldados negros y aviadores tampoco entendían por qué estaba con ellos. Después de la guerra, Calderón fundó algunos de los pilares institucionales del Nueva York latino. CRÉDITO: COURTESY OF CALDERON FAMILY

italianos, negros, puertorriqueños, judíos e irlandeses. Pero en el sur no tenían ese tipo de integración y no entendía por qué lo discriminaban».

Guy Gabaldon podría rastrear la presencia de su familia en Estados Unidos a la llegada de los soldados españoles al suroeste del país, unos cuatrocientos años atrás. Gabaldon nació y se crió en Boyle Heights, el barrio de East Los Angeles, cerca del actual estadio de los Dodgers. Tenía apenas diez años y ya se ganaba su propio dinero lustrando zapatos en el centro.

Gabaldon era un chico duro y estaba preparado para cualquier eventualidad. Amigos como Lyle Nakano recuerdan que Gabaldon estaba un poco loco: «Guy siempre estaba tratando de demostrar que tenía muchas agallas. Solía saltar por las ventanas del segundo piso, se subía a camiones y a trenes de carga. Pero siempre fue fiel a sus amigos».

Su vida dio un giro peculiar para un chico mexicano de Boyle Heights. Una familia japonesa-estadounidense lo adoptó en la adolescencia. Él no lo sabía en ese momento, pero la familia Nakano le estaba dando regalos que cambiarían su vida. «Ellos me enseñaron japonés», dijo Gabaldon. «Pero sobre todo, me enseñaron a amar».

La historia intervino para hacer que la vida novelesca de Gabaldon fuera valiosa para su país. Japón atacó la base naval estadounidense en Pearl Harbor, Hawái, el 7 de diciembre de 1941, y al día siguiente, Estados Unidos estaba en guerra. California entró en pánico por estar en la costa del Pacífico y decenas de miles de estadounidenses de origen japonés fueron considerados sospechosos. Ya sea que fueran recién llegados o americanos de segunda y tercera generación, 100 mil personas de origen japonés fueron detenidas y enviadas a campos de reasentamiento que fueron construidos lejos de la costa.

Los Nakano fueron enviados a un campo de internamiento en Arizona. Guy Gabaldon perdió a sus amigos y a las personas que se habían convertido en su familia: «Me quedé solo en Los Ángeles. Todos mis amigos se habían ido». En 1943, Gabaldon se dirigió a una oficina de reclutamiento el mismo día que cumplió diecisiete años. Su nueva familia sería el United States Marine Corps. Esta fuerza militar de elite no les extendía la alfombra de bienvenida a los reclutas pertenecientes a minorías raciales y étnicas. Los latinos eran pocos y los negros solo fueron recibidos en 1942, cuando se crearon algunas unidades conformadas exclusivamente por ellos. Pero Gabaldon tenía algo que no tenían muchos hombres que iban a las oficinas de reclutamiento de California:

hablaba japonés. Al mismo tiempo que los japoneses-estadounidenses se dirigían a los campos de internamiento, los Estados Unidos marchaban a la guerra contra Japón.

En 1944, las fuerzas estadounidenses, entre ellas el 2do Regimiento de Marines de Gabaldon, estaban estrechando el cerco sobre el imperio agonizante de Japón. Los *marines* desembarcaron en Saipán, una de las islas Marianas. A medida que avanzaban a través del Pacífico, las fuerzas estadounidenses estaban más cerca de lanzar ataques regulares y sostenidos contra las islas japonesas. Si lograban asegurar Saipán, los enormes bombarderos B-29 Superfortresses podrían volar a Japón.

Sin embargo, los combates, que ya eran feroces, se hicieron aún más sanguinarios a medida que Estados Unidos se acercaba a Japón. El capitán John Swabie, comandante de Gabaldon, recuerda la primera impresión que tuvo el joven marine en Saipán: «Guy quedó paralizado al ver

Marine Pfc. Guy Gabaldon (*segundo desde la izquierda*). Después de haber vivido con una familia japonesa en los años previos a la Segunda Guerra Mundial, Gabaldon vio cómo su familia de acogida fue enviada a campos de reclusión después del ataque de Pearl Harbor. Con ellos aprendió algo de japonés, lo cual le sirvió mucho cuando se alistó en la Marina y fue enviado al Pacífico. Se convirtió en el «Flautista de Saipán» porque lograba convencer a los soldados japoneses que se encontraban acorralados y superados en número, de que se entregaran en lugar de pelear. De este modo salvó miles de vidas japonesas y estadounidenses. Aquí aparece en Saipán con civiles de Saipán. CRÉDITO: STEVEN RUBIN

por primera vez soldados japoneses heridos y muertos. Eso le desagradó realmente».

Pero no estuvo paralizado por mucho tiempo. En su primera noche en Saipán, el joven *marine* salió por su cuenta —sin órdenes de sus oficiales superiores— y se dirigió a las líneas japonesas. Gabaldon recordó sus primeras incursiones detrás de las líneas de combate: «Regresé con un par de prisioneros. Mi comandante en jefe me dijo que no volviera a hacer eso. 'Éste es el Cuerpo de los Marines y trabajamos en equipo', me advirtió».

Su éxito inicial no le valió ningún reconocimiento. «El oficial en jefe dijo: 'No vas a trabajar por tu cuenta'. Yo le respondí: 'Sí, señor, muy bien señor'. Y esa misma noche llené mis bolsillos con municiones y regresé a territorio japonés».

¿Cuál era su arma secreta? Haber aprendido japonés mientras vivía con la familia Nakano en el este de Los Ángeles. Gabaldon se acercaba a los soldados japoneses, donde no tenía reabastecimiento y las fuerzas estadounidenses se hacían cada vez más fuertes, y les decía que era inútil combatir. «Por la noche me iba a las cuevas y les decía desde la entrada: 'Están completamente rodeados. Tengo un montón de *marines* detrás de los árboles. Si no se rinden, tendré que matarlos'.

«Y por lo general, la estrategia funcionaba, aunque no siempre. Tuve que lanzar granadas y matar a algunos. Y capturaba tal vez a diez, quince o veinte a la vez».

Guy estaba tomando prisioneros. Y también estaba salvando vidas. En una isla tras otra, los soldados e infantes de marina estadounidenses se vieron obligados a expulsar y a matar a los soldados japoneses que resistían hasta el final. Milla a milla, los americanos ganaron cada vez más terreno en Saipán hasta cercar en un extremo de la isla a las tropas japonesas, las cuales comenzaron a lanzar ataques suicidas. Muchos de los japoneses sitiados habían concluido que solo tenían dos opciones: matar o morir. Guy Gabaldon les ofreció otra opción.

En julio, unas semanas después del desembarco americano en Saipán, las patrullas de *marines* encontraron a un numeroso grupo de soldados japoneses. Un solo infante de la marina se encontraba en medio de ellos. Muchos de los japoneses estaban armados todavía, pero no en actitud de combate. Un adolescente estadounidense les daba órdenes en japonés. Gabaldon, sin la ayuda de nadie, venía con ochocientos presos.

«Hice que miraran al océano y les dije: 'La guerra ha terminado.

Miren todos esos destructores y buques de la Armada. Esto no tiene sentido. Regresen a casa al lado de sus familias'». Él les salvó la vida a los soldados japoneses pero no hay que olvidar que, al poner fin a su resistencia, también les salvó la vida a cientos de sus compañeros *marines*, que ciertamente habrían muerto en medio de los brutales ataques a las posiciones fortificadas japonesas, dispuestas a luchar hasta la muerte.

Guy Gabaldon recibió el apodo de «el flautista de Saipán». Este apelativo caprichoso no le hace justicia a lo que logró este infante de marina adolescente. Actuando por su propia iniciativa, Gabaldon había capturado la mitad de un regimiento japonés sin ayuda de nadie, y al sacar de combate a más de un millar de soldados enemigos, les salvó la vida a innumerables estadounidenses. Su oficial al mando lo nominó para la Medalla de Honor, pero le dieron la Estrella de Plata, que no estaba a la misma altura. Más tarde le fue concedida la Cruz de la Marina, que le seguía en importancia a la Medalla de Honor, otorgada por «valentía extrema» y por «ir más allá del llamado del deber».

Años más tarde, Gabaldon recordó que el éxito tenía mil rostros. «Después de la campaña establecimos un campamento de descanso; llegaron los altos oficiales y entregaron promociones y condecoraciones. Casi todo el mundo en mi compañía fue promovido, menos yo».

En Europa, a medio mundo de distancia, otro mexicano, quien llegó a los Estados Unidos cuando era un niño, estaba ayudando a conseguir la victoria para su país adoptivo. Macario García, que tenía nueve hermanos, nació en Villa de Castaño, en las montañas de la Sierra Madre. La familia se mudó a Texas para trabajar como aparceros. No se sabe muy bien cuánto alcanzó a estudiar el joven peón, pero lo cierto es que no fue mucho.

Menos de un año después de Pearl Harbor, García, quien tenía veintidós años, fue enlistado en el Ejército de los Estados Unidos. Menos de dos años después, mientras el soldado Gabaldon desembarcaba en Saipán, el soldado García hacía lo mismo en la playa Utah de Normandía. Todo el tiempo arriesgó su vida por un país que aún no era el suyo.

García fue herido en el combate para liberar a Cherbourg, Francia. Contribuyó en la toma de París tras derrotar a los alemanes y estaba en el regimiento que penetró la Siegried Line, la línea defensiva de los nazis. En una batalla, García destruyó una ametralladora, tomó prisionero al artillero, se adentró en las líneas alemanas y fue herido una vez más.

El joven mexicano, que ya era sargento, recibió una Estrella de Bronce y dos Corazones Púrpura.

En noviembre de 1944, el sargento García lideró un escuadrón mientras el Ejército de Estados Unidos se abría paso en Alemania. Él y sus hombres llegaron a Grosshau, entre la frontera con Bélgica y la ciudad alemana de Colonia. García encontró a su escuadrón sitiado por el fuego de ametralladoras. Robert, el hijo de Macario, ha escuchado esa historia en muchas ocasiones: «Era una emboscada. Los estaban barriendo. No tenían cobertura. El hombre que estaba al lado de mi papá murió, y mi papá fue herido en el hombro y en el pie». García se arrastró por la hierba hasta llegar a una de las ametralladoras. Lanzó granadas y mató a tres alemanes. Estaba entre las dos líneas y se vio expuesto al fuego de ambos lados, de amigos y enemigos por igual. Avanzó hacia otra ametralladora y tomó a siete alemanes por sorpresa. Mató a tres y capturó a los otros cuatro. El hijo de García recuerda que Macario fue herido de gravedad: «Mi papá quedó cubierto de sangre y sentía un dolor terrible. No podía mover un brazo y no sentía un pie. Pero se negó a recibir tratamiento médico y siguió combatiendo hasta que los alemanes fueron diezmados o escaparon. Luego se desplomó y perdió el conocimiento».

Los periódicos lo llamaron «El temerario mexicano». Fue el primer ciudadano mexicano en recibir la Medalla de Honor. El texto que acompañaba la distinción destacaba el «heroísmo visible, la conducta inspiradora y valiente, y el total desprecio por la seguridad personal» de García.

LA GUERRA DEMOSTRÓ a la América blanca que los estereotipos sobre los hombres y mujeres militares pertenecientes a minorías no eran simplemente errados sino escandalosamente errados. Muchas cosas cambiaron mientras estos hombres y mujeres estaban lejos. Y muchas otras permanecieron iguales. Después de que millones de hombres fueran expulsados del mercado laboral civil, Estados Unidos experimentó una grave escasez de mano de obra. Una parte de ese vacío fue ocupado por mujeres, quienes llegaron a las fábricas y oficinas para ocupar los lugares de sus padres, hermanos y maridos que ahora prestaban servicio militar. La vida de los trabajadores y trabajadoras latinos transcurriría en dos ámbitos diferentes y vitales durante los años cuarenta: el frente de batalla y el frente doméstico. La evolución de ambos tendría impactos mutuos e impredecibles que se prolongarían por muchos años.

Las primeras alarmas sobre el trabajo agrícola se dispararon en la primavera de 1942. Las cosechas se vieron amenazadas, y los cultivos necesarios para alimentar al frente interno y a los soldados en todo el mundo corrían peligro de podrirse si no había nadie que los recogiera.

En agosto de ese mismo año, los gobiernos de México y Estados Unidos firmaron un acuerdo para que un millón de trabajadores temporales mexicanos fueran transportados y pagados por el Tío Sam. Una parte del acuerdo prometía que no serían maltratados en Estados Unidos.

Los trabajadores agrícolas —o *braceros* (nombre derivado de la palabra «brazo»)— comenzaron a llegar a finales de septiembre. Trabajaron en veintiún estados cosechando remolacha, ciruelas, melocotones, tomates y algodón. Casi de inmediato, los *braceros* se declararon en huelga en Stockton, California, pues los granjeros estadounidenses les pagaron menos de lo prometido en México. Los granjeros cedieron y los *braceros* suspendieron la huelga. El número de estos creció un año tras otro: a finales de 1943 eran 76 mil; a finales de 1944 eran 118 mil; y en 1945, más de 300 mil mexicanos trabajaron en los Estados Unidos bajo el Programa *Bracero*.

Cuando la guerra terminó, los granjeros estadounidenses dijeron que aún necesitaban el duro trabajo de los mexicanos. Los ciudadanos mexicanos se convirtieron en una parte permanente de la fuerza de trabajo agrícola de los Estados Unidos a partir de entonces. La situación había cambiado desde las deportaciones generalizadas de los años 30, cuando había más trabajadores americanos que empleos. Los granjeros estadounidenses presionaron al Departamento de Estado para continuar con el Programa *Bracero*; más de 26 mil trabajadores agrícolas mexicanos se encontraban en los campos de Estados Unidos en 1946.

LOS MEXICANO-ESTADOUNIDENSES ERAN una presencia creciente en las calles de las grandes ciudades de California. Durante la guerra, las calles de Los Ángeles estaban llenas de trabajadores que llegaron para trabajar en las fábricas que proveían al extenso sector militar de Estados Unidos, al lado de soldados y marineros con licencia, y reportarse al servicio militar para ser enviados al extranjero con un nuevo grupo de jóvenes: los latinos nacidos en Estados Unidos. Esto resultó ser una mezcla volátil.

Muchos jóvenes mexicano-estadounidenses de primera y segunda generación no tenían la edad para ser reclutados pero sí para participar de la prosperidad general que trajo la guerra a Los Ángeles. Había trabajo, y esto significaba dinero para actividades de ocio, así como para la exhibición pública de una cultura en evolución que ya no era mexicana, pero tampoco muy estadounidense.

Desde hace mucho tiempo, los estilos y las modas han pasado de un grupo a otro. Basta con ver que, en los últimos años, las gorras de béisbol se ponían con la visera hacia un lado y luego hacia atrás. Posteriormente, los logotipos de los equipos cambiaron su posición tradicional en la parte frontal de la corona, se hicieron más grandes, su color cambió, tuvieron costuras metálicas, adornos cada vez más elaborados, y pasaron de la juventud urbana negra y latina a las mayorías blancas. Del mismo modo, un traje masculino, un emblema de la edad adulta, de la respetabilidad y la conformidad, se vio revolucionado, reelaborado, imaginado de nuevo, y en algún lugar a lo largo del camino se convirtió en el *zoot suit*, un estilo de ropa que se hizo popular en los años 30 y 40.

Los *drapes* de Harlem, que incluían pantalones de talle alto inflados a la altura de las rodillas, y muy estrechos en los tobillos, eran sostenidos por tirantes, complementados con una chaqueta que llegaba a las rodillas, con el torso ceñido y hombreras ostentosas; se pusieron de moda en el sur de California durante la guerra.

Al mismo tiempo, la producción de automóviles para uso civil fue severamente restringida, mientras la gasolina, la carne y muchos otros productos eran racionados; los trajes *zoot* también fueron prohibidos porque contenían mucha tela. La edición de la revista *Newsweek* del 21 de junio de 1943 señalaba que, a pesar del fallo de la Junta de Producción de guerra, «el traje *zoot* ha continuado prosperando, debido principalmente a los sastres de contrabando». Siete décadas después, puede parecer un poco tonto creer que la moda juvenil fuera una posible fuente de rebelión en tiempos de guerra. La revista *Newsweek* concluyó que el gobierno de Estados Unidos no quería correr riesgos: «La División de Fraudes de Guerra obtuvo un mandato judicial y le prohibió a una tienda vender cualquiera de los ochocientos trajes *zoot* que tenía en su inventario. Sosteniendo que el comerciante había contribuido al *gangsterismo*, los agentes dijeron haber descubierto que un gran número de abrigos y pantalones *zoot* se estaba confeccionando en Nueva York y Chicago».

¿Qué podría ser mejor para un joven de dieciocho años, dispuesto a expresar su pertenencia a una cultura distinta? Sus padres, a menudo de origen mexicano, trataban de llamar la menor atención posible y querían que sus hijos hicieran lo mismo. Pero estos adoptaron el *caló*, un nuevo idioma de barrio que era una mezcla de español arcaico, inglés y del español hablado en México. Atrapados entre dos culturas, y sin sentirse cómodos en ninguna de las dos, estos jóvenes se podían inventar a sí mismos.

El personaje inventado que surgió en las calles de las ciudades del suroeste fue el *pachuco*, un chico de clase obrera con su propia ropa y lenguaje, con un peinado que desafiaba la gravedad, con un copete prominente (corto en los lados y largo encima de la cabeza, sostenido con gel, y una postura callejera que expresaba un frío desprecio por la conformidad al convencionalismo deseado por sus padres y figuras de autoridad blancas.

Agreguémosle a esta mezcla volátil un temor por los extranjeros, sospechosos de la infiltración de los «quintacolumnistas» (residentes en simpatía con los enemigos externos de un país), y rumores descabellados que circulan sobre el reclutamiento de mexicanos en California por parte de los nazis. Algo tenía que suceder, y así fue.

En la noche del 3 de junio 1943, un marinero de Los Ángeles creyó que un *pachuco* lo iba a atacar y comenzó a darle puñetazos. Las peleas entre jóvenes con trajes *zoot* y soldados y marineros terminaban muchas veces en batallas callejeras que se prolongaban varios días. Los periódicos, la policía y los funcionarios electos no tardaron en tomar partido, y no fue ninguna sorpresa que la opinión pública respaldara fuertemente a los militares uniformados.

Una vez comenzó la violencia, ésta terminó aumentando y propagándose con rapidez. El 7 de junio, el periódico *Los Angeles Times* advirtió sobre las tormentas que se avecinaban. En lugar de buscar una solución al problema, el periódico ayudó a difundir los rumores. Los hombres uniformados comenzaron a llegar de lugares tan lejanos como Las Vegas para entrar en acción. Unos dos mil soldados y marineros registraron casas y salas de cine en busca de jóvenes con trajes *zoot* para darles una paliza. Detenían el tráfico en las calles, hacían salir a los conductores y pasajeros, y luego destruían los autos.

Durante más de una semana, varios grupos de hombres, soldados, marineros y sus aliados se ensañaron con los adolescentes mexicanos, dejándolos con frecuencia en paños menores en la calle y quemando sus ropas. Aunque la situación se calmó en Los Ángeles, la violencia se extendió a Pasadena y Long Beach, y a ciudades tan distantes como San Diego y

Phoenix. Ya no se trataba simplemente de la ropa y de la rebelión juvenil. Los latinos pueden haber sido las primeras víctimas, pero a ellos se les sumaron finalmente afroamericanos, asiáticos y sus amigos blancos. Si eras lo suficientemente diferente, eso te convertía en un objetivo.

Se trata de algo pequeño pero significativo al mismo tiempo: de un modo muy semejante al que las masacres de indios americanos terminaron siendo llamadas «combates» en los libros de historia, los disturbios llegaron a ser conocidos como «los disturbios de los trajes *zoot*» y no como «los disturbios de los marineros» o «los disturbios de los soldados». En esta ligera desviación de una frase, la víctima se convierte en victimario y el blanco se convierte en la causa.

Con el tiempo, las investigaciones, audiencias y consultas concluirían que fueron los marineros quienes comenzaron los disturbios. Aunque ningún marinero fue detenido o acusado de un crimen, más de quinientos latinos fueron acusados de delitos como asalto, conducta desordenada y vagancia. El diario *Los Angeles Times*, después de contribuir al aumento de las tensiones en las calles de la ciudad, llegó al extremo de publicar el siguiente titular: «Los que visten trajes *zoot* aprenden la lección al pelear con los militares». Las conclusiones de la Comisión no tenían ninguna importancia. El veredicto del *Times* probablemente reflejó la actitud de muchos de sus lectores anglosajones: «Esos gamines dandis, los *zoot suiters*, han aprendido una gran lección moral de los hombres de servicio, marineros en su mayoría». «Gamín» no es una palabra que se use en los periódicos de hoy, y significa «niño de la calle vestido con harapos».

«Todo lo que se necesita para poner fin a la anarquía es incrementar el mismo tipo de acciones que están siendo efectuadas por los militares», señalaba el diario *Los Angeles Times*. «Si esto sigue así, los *zooters* pronto será tan escasos como los dientes de gallina».

Después de varios años de depresión económica, los marineros que iban por las calles en busca de adolescentes mexicanos, probablemente no eran tan diferentes de sus objetivos, en términos socio-económicos. En junio de 1943, lo único que tenía que hacer cualquier niño pobre de Estados Unidos para diferenciarse de los latinos de clase trabajadora en el sur de California era vestir un uniforme militar.

Los *zooters* fueron mayoritariamente latinos desde el comienzo. Sin embargo, los informes de los medios acerca de los disturbios, así como las investigaciones posteriores, les restaron importancia a la identidad étnica de los jóvenes que fueron golpeados, desnudados y perseguidos en su ciudad natal. El diario *Los Angeles Times* optó por hacer hincapié en las diferencias culturales y sociales, en lugar de las étnicas, diciéndoles a sus lectores que los prejuicios raciales no eran una causa o un catalizador, pues los trajes *zoot* eran usados por personas de muchas razas.

¿Qué habían hecho los jóvenes mexicanos y mexicano-estadounidenses? Su mayor delito era ser quienes eran. No solo eran «los de afuera» —una designación especial para los residentes de una ciudad fundada por españoles, indígenas y mestizos que llegaron de México y bautizaron a su ciudad con el respetado título de la Virgen María, Reina de los Ángeles— sino también unos extraños que adoptaron un estilo diferente de vestir, de hablar e incluso de bailar. No se estaban escondiendo y tampoco fingían aceptar las normas tradicionales anglosajonas.

En su libro sobre los *zoot suiters*, Mauricio Mazón, historiador de la Universidad del Sur de California, describe la extrañeza de las peleas callejeras. «Se trata de un evento extraordinario que desafía la clasificación simple. No se trataba de *zoot-suiters* cometiendo disturbios y no fueron 'disturbios' en el sentido convencional de la palabra.

»Nadie murió. Nadie sufrió heridas graves. Los daños a la propiedad fueron leves. No hubo decisiones judiciales importantes o secundarias debido a los disturbios. No hubo un patrón de detenciones. Las condenas fueron pocas y altamente discrecionales. No hubo manifiestos políticos o héroes, aunque posteriormente, estos disturbios tendrían un significado político para una generación diferente. Lo que los disturbios no tienen en evidencia incriminatoria, lo compensan con una gran cantidad de emociones, fantasía y símbolos».

Las diez noches que duraron los disturbios en Los Angeles han dado lugar a decenas de libros, artículos, películas y obras de teatro. La historia y la memoria pueden lograr cosas raras y útiles. Varias organizaciones comunitarias mexicano-estadounidenses de Los Ángeles entraron en acción por algo que fue llamado «El crimen de Sleepy Lagoon» —el asesinato, en 1942, de José Díaz, un mexicano-estadounidense—. Aunque las heridas fatales de Díaz coincidían con las causadas por un auto, casi dos docenas de hombres latinos que habían estado peleando fueron acusados de participar en su muerte.

Varios de ellos fueron absueltos de todos los cargos, pero doce fueron declarados culpables de tres cargos graves: asesinato, asalto con un arma mortal e intento de asesinato. Un jurado compuesto íntegramente por blancos condenó a tres de los jóvenes a cadena perpetua y otros tres recibieron condenas de cinco años a cadena perpetua. Para el mundo anglosajón más amplio, el asesinato fue una señal de la delincuencia y del peligro asociado con los jóvenes latinos. Para los líderes cívicos mexicanos de Los Ángeles, fue un recordatorio de la sospecha, el desprecio y la ignorancia con que ellos eran vistos por los demás.

Un grupo que se hacía llamar el «Comité Juvenil para la Defensa de la Juventud Mexicana» le escribió una carta a Henry Wallace, vicepresidente de Harry Truman, y uno de los políticos más liberales en ocupar un alto cargo público en Estados Unidos. La estrategia detrás de la carta era sencilla, astuta y extrañamente conmovedora. El comité le dijo al vicepresidente Wallace: «Creemos que usted debe saber acerca de la difícil situación que enfrentamos los jóvenes y las jóvenes mexicanos, así como toda nuestra comunidad de habla hispana».

Más adelante, la carta habla de los acusados del asesinato de Sleepy Lagoon, admitiendo que algunos de ellos no eran ningunos ángeles, y ofrecía una visión de la vida cotidiana en el *barrio*. «Estos veinticuatro chicos son de nuestro barrio. En nuestro barrio no hay centros de recreación y el cine más cercano está a una milla de distancia. No tenemos ningún lugar para jugar y la policía nos detiene constantemente. Es por eso que la mayoría de los acusados tienen ahora un historial policial».

A continuación, la carta da un giro significativo y va al grano. Los jóvenes le cuentan a Henry Wallace cómo son sus vidas: «Algunos de nosotros trabajamos en las plantas de defensa. Muchos tenemos hermanos mayores combatiendo en el Pacífico. Todavía hay mucha discriminación en los cines y piscinas, y la policía nos está deteniendo y registrando siempre, cuando todo lo que queremos hacer es ir a bailar, a nadar o simplemente pasar el rato sin molestar a nadie. Pero ellos nos tratan como si fuéramos delincuentes solo por ser mexicanos o de origen mexicano».

La carta continúa con una petición de materiales educativos a favor de la guerra en español y en inglés, de más oportunidades de voluntariado y acceso a los lugares públicos, y del fin a la discriminación que estos jóvenes sufrían todos los días. Solo para reiterar una vez más, la carta concluye: «No nos gusta Hitler, tampoco los japoneses».

Las detenciones tras la muerte de José Díaz desataron una oleada de pánico anti-mexicano. Los periódicos del Sur de California exigieron una campaña de represión y los departamentos de policía respondieron arrestando a cientos de jóvenes mexicanos bajo una gran variedad de cargos.

Las condenas por el caso de Sleepy Lagoon fueron anuladas tras una apelación en 1944. Al revisar el expediente del primer juicio, el juez de apelaciones encontró una larga lista de irregularidades: la sala abarrotada hacía imposible que los acusados estuvieran con sus abogados; Charles W. Dricke, el sarcástico y desdeñoso juez de primera instancia, siempre trató con un desprecio fulminante todos los intentos de los abogados de la defensa para proteger los intereses de sus clientes. El tribunal de apelaciones concluyó que las pruebas presentadas en el juicio eran contradictorias, infundadas e insuficientes para sostener las conclusiones de culpabilidad en cargos tan graves como el de asesinato.

Sin embargo, el juez no admitió que los acusados de Sleepy Lagoon hubieran recibido un trato desfavorable en los tribunales por ser «de ascendencia mexicana». Señaló que la víctima, José Díaz, también era latina, al igual que los jóvenes heridos en una pelea a puñetazos que condujo a los arrestos. La revocación de la sentencia invalidó tajantemente las acusaciones de prejuicios, así como invalidó también las condenas luego de concluir que «no hay fundamentos revelados por los registros por los que se pueda decir que esta acusación fue concebida, engendrada, o alimentada por las semillas del prejuicio racial.

»Fue instituida para proteger a las personas mexicanas en el goce de los derechos y privilegios inherentes a cada uno, cualquiera que sea su raza o credo, y sin importar si su condición en la vida es la del rico e influyente, o la del más pobre y humilde».

LOS DISTURBIOS DEL *suit* y sus secuelas fueron entendidos de manera muy diferente por los latinos. En términos retrospectivos, José Ángel Gutiérrez señaló la paradoja de los estadounidenses que pelearon con otros estadounidenses durante la guerra. «Esto ocurría mientras Estados Unidos combatía a los nazis. Se supone que Estados Unidos defiende la tolerancia y la igualdad. Sin embargo, los militares estaban atacando a otros estadounidenses porque no eran blancos, en una época en la que los mexicano-estadounidenses estaban haciendo una contribución importante a la guerra. Estas palizas y humillaciones influyeron en la visión del mundo que tendrían varias generaciones de latinos en el futuro. Influyeron en personas como yo».

A personas como yo. Es muy importante tener en cuenta esta frase a medida que la Segunda Guerra Mundial se acercaba a su fin. ¿Qué podrían haber concluido los latinos sobre los demás ciudadanos en los años cuarenta? ¿Creían que éramos iguales? ¿Creían que éramos estadounidenses? ¿Creían incluso que estábamos «haciendo nuestra parte» para ganar esta guerra? Para Paul Coronel, un líder cívico mexicano-estadounidense que habló en una reunión pública, la respuesta a todo esto es, claramente, no. «Los estadounidenses no han considerado a los mexicano-estadounidenses como iguales en términos raciales o económicos. Nuestras instituciones estadounidenses, nuestras escuelas, comunidades e iglesias han considerado al mexicano como un problema y no como un activo para la sociedad estadounidense».

Una cosa era derrotar a los japoneses y alemanes. Pero derrotar los prejuicios sociales y los estereotipos arraigados de vieja data sería más complicado. Una nueva batalla comenzó para miles de militares: los soldados, marineros, aviadores e infantes de marina estadounidenses que habían dado la libertad y liberado a gente de todo el mundo, ahora tenían que sentirse seguros en su país natal.

Millones de personas que ayudaron a Estados Unidos a ganar la guerra regresaron con la esperanza de participar en la victoria y de «volver a la normalidad». Al mismo tiempo, la antigua normalidad no sería suficientemente atractiva para los hombres que progresaron durante su servicio militar y mejoraron sus condiciones, y seguramente no estaban dispuestos a reanudar sus antiguas vidas. Un veterano que regresó de la guerra señaló: «Al menos una cuarta parte de la sangre derramada en Bataan (una feroz batalla para recuperar las Filipinas) fue de soldados mexicano-estadounidenses. Lo que ellos querían ahora era un trabajo digno, una vivienda digna y la oportunidad de vivir en paz en la comunidad». Un periodista mexicano-estadounidense reflejó esta esperanza: «Después de esta batalla, la situación de los mexicano-estadounidenses será diferente».

EN SEPTIEMBRE DE 1945, Macario García, el «Mexicano temerario», apenas unas semanas después de ser felicitado por el nuevo presidente Harry Truman, quien le colgó el honor militar más alto del país alrededor de su cuello, llegó a su hogar en Texas. Habló ante el Club Rotario de Houston y fue homenajeado con una fiesta y un baile por la Liga de

Ciudadanos Latinoamericanos Unidos, LULAC, cerca de Sugar Land, su ciudad natal.

Al día siguiente, el 10 de septiembre de 1945, García quiso entrar al Café Oasis para tomar un refresco. Muchos hombres y mujeres recién desmovilizados estaban por todas partes en aquellos días, en los puertos y estaciones de ferrocarril, en las calles de ciudades y pueblos luego de salir de bases y fortificaciones militares. Pero una vez en casa, el sargento García ya no era un héroe condecorado; no era el «Mexicano temerario» de los noticieros y los boletines de prensa. Para algunos, él era todavía un mexicano.

Le negaron el servicio. Un letrero en la ventana del restaurante decía: «No se admiten perros ni mexicanos». García derribó las mesas y rompió las ventanas. Golpeó a la propietaria del lugar en la boca y fue atacado por el hermano de ésta con un bate de béisbol. El hombre que había recibido la Medalla de Honor fue arrestado por asalto agravado y su heroísmo extraordinario en el campo de batalla no sería suficiente. La cinta de la Estrella de Bronce en su uniforme, la cual le decía al mundo que había estado dispuesto a derramar sangre por su patria adoptiva, y el Corazón Púrpura que le habían dado en virtud de eso, no serían suficientes.

En los viejos tiempos, Macario García simplemente podría haber sido

Los viajes de «Mac» García fueron bien cubiertos por la prensa estatal después de que regresó a Washington con el honor militar más alto del país. Cuando se le negó el servicio en un café del sur de Texas, el suceso apareció en la prensa de todo el país. CRÉDITO: NARA

enviado a la cárcel, sin demasiadas preguntas sobre las circunstancias de la pelea, o sobre quién podría haber sido el culpable. Pero si un mexicano sacado de una pelea acababa de recibir la Medalla de Honor, esto suponía una gran diferencia en 1945, incluso en Texas.

Walter Winchell, la estrella nacional de la radio, que no era liberal sino un hombre que detectaba las buenas historias, habló en las ondas radiales: «Este héroe (que) luchó por nuestro país y recibió el premio más importante concedido por esta nación, es el sargento Marcio (sic) García, un mexicano. Se le negó el servicio a pesar de que llevaba puesto el uniforme de Estados Unidos en ese momento. Los responsables de este terrible asalto difícilmente podrían ser texanos. Los texanos no pelean con bates de béisbol».

Como Texas se había separado de México un siglo atrás, este tipo de casos atraían muy poca atención. Un mexicano es acusado de un crimen. Un fiscal anglosajón lleva el caso, y el jurado está conformado en su mayoría o en su totalidad por anglosajones. El acusado es declarado culpable de los cargos. Sin embargo, Macario García era un mexicano que había recibido la Medalla de Honor. Las cadenas y agencias de los medios de comunicación tenían un nuevo alcance y poder, y podían hacer que las historias locales tuvieran cobertura nacional. García también tenía a su favor a la LULAC la organización hispana derechos civiles fundada en 1929), y la LULAC contaba con amistades influyentes. García fue defendido ante el tribunal por John Herrera, un descendiente de figuras históricas de Texas que se volvería presidente nacional de la LULAC. También fue defendido posteriormente por James Allred, ex fiscal general de Texas.

El caso fue cubierto por la prensa nacional y regional. Después de obtener atención nacional, el caso fue aplazado varias veces y posteriormente los cargos le fueron retirados; García reanudó su vida al igual que muchos de sus compañeros de guerra. Se hizo ciudadano estadounidense, se casó, tuvo tres hijos y obtuvo un diploma de la escuela secundaria. Y para ilustrar la dualidad y la doble identidad de los latinos, García también obtuvo la rara distinción de recibir el Mérito Militar, uno de los más altos honores militares de México. García murió en un accidente automovilístico en 1972 y la Alcaldía de Houston nombró una calle en su honor. El Centro de Reserva Militar Macario García fue inaugurado por el vicepresidente George H. W. Bush y una escuela secundaria lleva su nombre en su ciudad natal, Sugar Land. Apenas medio siglo separa a un veterano condecorado de un letrero que dice: «No se admiten perros ni mexicanos», y de una escuela dedicada a su memoria.

Miles y miles de veteranos latinos regresaron a casa, al igual que otros estadounidenses, y reanudaron su vida civil. Otros soldados, marineros e infantes de marina latinos que no habían recibido el premio más importante del país por su valentía, también sufrieron humillaciones de diversa magnitud.

En Chicago, el ansia de los militares que regresaban en busca de nuevas viviendas llevó a muchos veteranos blancos a volcar autos, a lanzar piedras y batazos para evitar que los veteranos negros ocuparan las nuevas viviendas de construcción pública. El G.I. Bill of Rights —una ley en beneficio de los americanos que combatieron en la Segunda Guerra Mundial— abrió las puertas para que millones de excombatientes engrosaran la clase media, pero los veteranos negros y de otras minorías tuvieron más dificultades para recibir estos beneficios: había muy pocos cupos en los colegios y universidades, y solo admitían a un número simbólico de negros y latinos. La provisión de la G.I. Bill que garantizaba hipotecas para los veteranos también estipulaba que éstas fueran utilizadas para comprar nuevas viviendas en lugar de las existentes, pero se construyeron muy pocas en los guetos y en los barrios.

Estos hombres, que regresaban a ciudades en las que prácticamente no se habían construido viviendas nuevas en los últimos quince años, lucharon para encontrar un lugar en el cual vivir con sus esposas. Los antiguos empleadores se las habían arreglado bien sin ellos. A veces, sus compatriotas tardaban mucho tiempo para comprender hasta qué punto les habían sido creadas altas expectativas a los jóvenes latinos mientras liberaban a otros países, luchando codo a codo con hombres de todas partes.

Eugene Calderón regresó a Nueva York, ciudad donde vivía. Obtuvo una licenciatura de la Universidad de Nueva York y una maestría de la Universidad de la Ciudad de Nueva York. El otrora líder pandillero se convirtió en policía. Su hijo señaló que su padre volvió a «el barrio», su antiguo territorio: «Regresó literalmente a la estación de policía, donde lo conocían. El día que entró, ellos lo reconocieron y trataron de arrestarlo. Mi padre tuvo que mostrar la insignia policial y todo lo demás».

Calderón no solo aprovechó su tiempo y se forjó una carrera por sus propios medios. Al ver que el departamento de policía tenía unos pocos latinos, Calderón ayudó a fundar la Hispanic Society en 1957 para representar los intereses de los agentes latinos en el interior del departamento y para reclutar a más latinos en la fuerza policial más grande de la nación. Después de una exitosa carrera en el Departamento de Policía de Nueva York, Calderón se dedicó al trabajo administrativo en la Junta de Educación de ese estado.

El ex líder pandillero fue el primer administrador del distrito escolar que incluía a East Harlem y fue nombrado superintendente adjunto de la junta de educación de esta ciudad. Calderón supervisó las escuelas de Nueva York en una época tumultuosa, cuando los padres pertenecientes a minorías se enfrentaron a un cuerpo docente y a una administración mayoritariamente blanca para exigir más control local y una educación de mejor calidad. Calderón desempeñó lo que podríamos llamar un papel de miembro aceptado y de intruso al mismo tiempo, y ayudó a crear algunas de las principales instituciones educativas puertorriqueñas en Nueva York, como Aspira, un grupo que fomenta la finalización de la escuela secundaria y la universidad para los jóvenes, así como El Museo del Barrio, que exhibe la obra de artistas latinos y enseña la historia de los latinos a través del arte.

Calderón tuvo una vida llena de logros: fue veterano de la Segunda Guerra Mundial, pionero oficial de policía y detective, cofundador de importantes organizaciones humanitarias y alto dirigente del sistema escolar más grande del país. Pero cuando murió en 2007, el *New York Times* no publicó su obituario.

LA IGUALDAD DE derechos después de la guerra fue exigida por hombres como el doctor Héctor P. García. Nacido en Tamaulipas, México, en 1914, sus padres eran maestros de escuela. Su familia, al igual que miles de otras, huyó de la violencia y de la inestabilidad de la Revolución Mexicana, y se estableció en los Estados Unidos. José y Faustina García abrieron una tienda de alimentos en Mercedes, Texas.

Los García tuvieron diez hijos. Héctor García recibió su doctorado en medicina en 1940 después de estudiar en la Universidad de Texas. Sorprendentemente, cinco de sus hermanos también fueron médicos. García se enlistó en el Ejército de los Estados Unidos apenas terminó su residencia médica en 1942 y se ofreció voluntariamente para combatir. Podría haber evitado el servicio militar, tan peligroso en tiempos de guerra, pues era un médico capacitado y tenía casi treinta años. Sin embargo, comandó una compañía de infantería en Europa, fue ascendido

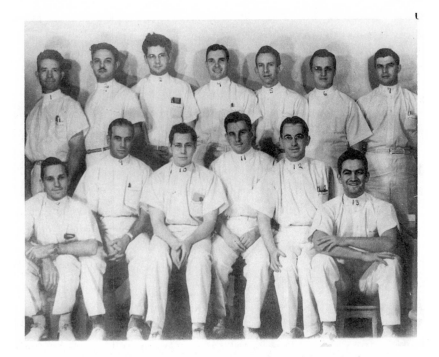

Hector García, MD, con sus compañeros de la escuela de medicina antes de que empezara la Segunda Guerra Mundial. El Dr. García (primera fila, derecha) a menudo encontró que sus superiores eran reacios a creer que no sólo tenía una educación universitaria, sino que también era un médico capacitado. Sirvió como soldado de infantería de combate y en el cuerpo médico. Dejó el ejército estadounidense siendo comandante. CRÉDITO: TEXAS A&MU-CC

a mayor, recibió la Estrella de Bronce y seis estrellas de servicio. Pero no solo obtuvo medallas en Europa; allí conoció y se casó con la italiana Wanda Fusillo, regresó con ella a Texas y abrió un consultorio médico en Corpus Christi, en la costa del golfo de Texas.

García estaba familiarizado con LULAC y con su labor, pero a medida que pasaba el tiempo, oyó numerosas historias de discriminación que afectaban a sus compañeros veteranos. Entonces le propuso a su amigo Vicente Ximenes crear una organización específicamente para los veteranos latinos. «La idea que teníamos era que nuestra gente tuviera un lugar donde pudieran venir y quejarse de la discriminación», recordó Ximenes. «Muchos de sus pacientes eran veteranos. Héctor sabía muy bien que, gracias al G.I. Bill de 1944, tenían derecho a beneficios médicos, a préstamos de bajo costo para abrir un negocio y a ayuda financiera para asistir a la universidad. Pero solo los veteranos anglos estaban recibiendo esos beneficios. Recibí beneficios de esta ley, pero fue una lucha interminable para que fuera tratado igual que los veteranos anglos».

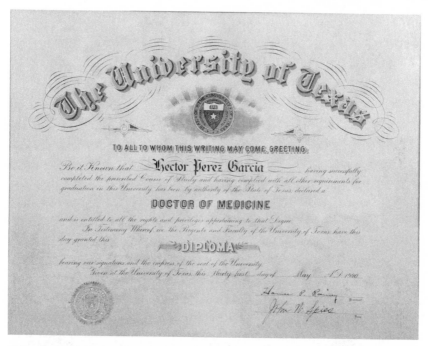

El diploma de médico de Héctor García de la Universidad de Texas en Galveston. Nacido en el estado mexicano de Tamaulipas, García era un ciudadano estadounidense naturalizado y descendiente de titulares de tierras de concesión española. Como miles de familias mexicanas, los García huyeron al norte para escapar de la violencia de la Revolución Mexicana. CRÉDITO: TEXAS A&MU-CC

Rolando Hinojosa Smith era un adolescente cuando los veteranos llegaron a Mercedes, la ciudad donde creció Héctor García. Más de sesenta años después, Rolando recuerda lo que tuvieron que enfrentar sus vecinos cuando trataron de inscribirse en la universidad: «Tenías que informar a la corte del condado para que te dieran tus documentos de baja militar, con el fin de poder inscribirte en la universidad. Y los encargados de hacer las remisiones eran unos tipos malos.

«Si eras mexicano te enviaban a las escuelas de oficios manuales: 'Oye, hay una escuela de construcción de barcos en Odessa». Hinojosa Smith se tropezó con esta realidad al regresar de la guerra de Corea. «Creo que no me creyeron cuando les dije que quería matricularme en la Universidad de Texas en Austin y que mis hermanos se habían graduado de esa universidad», recuerda.

En marzo de 1948, Héctor García reunió a setecientos veteranos en Corpus Christi. De esa reunión surgió el American G.I. Forum, dedicado a la lucha por los derechos de los veteranos latinos. El lema de la organización —«La educación es nuestra libertad y la libertad debería ser un asunto de todos»— reflejaba el interés por asegurar que los veteranos latinos recibieran todos sus beneficios al igual que los demás estadounidenses.

Justo en el momento de la fundación del G.I. Forum se presentó un caso de discriminación que le dio una nueva energía a la organización y que dio inicio a su historial de activismo.

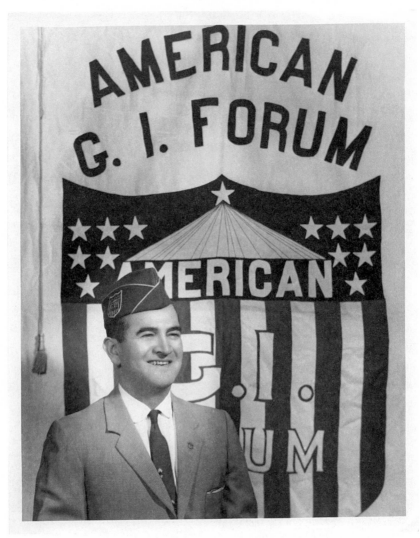

Después de la guerra, García se convirtió en un líder cívico. Un flujo constante de historias de mexicano-estadounidenses a quienes se les negaba la igualdad de oportunidades en su acceso a vivienda, empleo y educación lo llevaron a crear el American G.I. Forum. CRÉDITO: TEXAS A&MU-CC

Hasta que una enmienda constitucional eliminó los impuestos de votación, estos fueron ampliamente utilizados para excluir a los votantes pertenecientes a minorías. El Dr. García quiso convertir a los veteranos organizados en votantes y los instaba a pagar su impuesto de votación para así aumentar el poder político de los latinos. CRÉDITO: TEXAS A&MU-CC

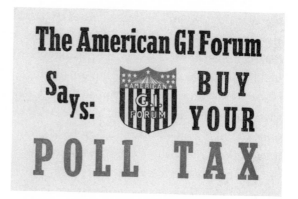

Félix Longoria, un soldado mexicano-estadounidense de Three Rivers, Texas, había sido asesinado en Filipinas. Pasaron más de tres años para que sus restos fueran enviados desde allí al sur de Texas. La Funeraria Rice se negó a ocuparse de su entierro. Tom Kennedy, su propietario, le dijo supuestamente a la joven viuda del soldado que el hecho de que Longoria fuera un veterano de guerra no suponía ninguna diferencia porque «los latinos eran unos borrachos y unos vagos. La última vez que los dejamos usar la capilla llegaron todos borrachos y no pudimos controlarlos, por lo que las personas de raza blanca se opusieron, y no podemos dejar que la usen».

Es probable que muchos estadounidenses no sean conscientes de la

El soldado Félix Longoria de Three Rivers, Texas, con su esposa Beatrice y su hija Adela. Longoria fue asesinado en Filipinas durante los últimos días de la Segunda Guerra Mundial y se le negó sepultura en un cementerio local cuando su cuerpo finalmente llegó de regreso a Texas desde el Pacífico. CRÉDITO: ADELA LONGORIA

segregación que han sufrido los latinos en la vida diaria en muchos lugares en el suroeste de Estados Unidos. Las escuelas, cines, tiendas y otras instituciones muchas veces ofrecían alojamientos diferentes e inferiores para sus clientes mexicanos y mexicano-estadounidenses, aunque el sistema no estaba tan profundamente arraigado ni era tan abusivo como el de «Jim Crow», en el sur de la antigua Confederación. Esto variaba de un lugar a otro, y también en su magnitud, pero la exclusión sistemática y el tratamiento de segunda clase fue muy común para los latinos en el suroeste durante muchas décadas antes del movimiento por los derechos civiles.

Vicente Ximenes no recuerda haber asistido a una escuela con niños anglos hasta que era adolescente y, aun así, no le dieron precisamente la bienvenida. Fue uno de los únicos cinco mexicano-estadounidenses graduados de la escuela secundaria local, y cuando él y sus amigos llegaron al banquete de graduación, vieron que no los acomodarían con sus compañeros de clase sino «en un rincón». «Había cinco sillas para esos cinco estadounidenses de origen mexicano que se habían graduado», dijo Ximenes. Él y sus amigos decidieron no entrar a la graduación y obtener sus diplomas por correo. «Tuvimos que enviarle un mensaje a nuestros maestros: que las cosas tenían que cambiar, que eso nos dolía, pero que nos habíamos graduado», dijo.

Hinojosa Smith comentó que los pequeños pueblos en el Valle del Río Grande, donde los anglos y mexicanos habían convivido durante varias generaciones, estaban fuertemente segregados: «En lugares como Mercedes, las vías del ferrocarril dividían a los mexicanos de Texas de los anglos de Texas». Aunque los mexicanos residentes en estos pequeños pueblos eran siempre mayoría, señaló Hinojosa Smith, las cosas comenzaron a cambiar después de la Segunda Guerra Mundial. «Mi padre les propuso a dos veteranos que se postularan para cargos en el Consejo del condado, y fueron elegidos». Hinojosa recuerda la creciente sensación de que era posible que los mexicanos comenzaran a luchar por sus derechos. «Eso nunca habría sucedido en los años veinte o treinta. Nos dijimos a nosotros mismos: 'No tenemos por qué estar así todo el tiempo».

En las décadas anteriores, y en respuesta al maltrato, la exclusión o la discriminación, «habría habido silencio. Y naturalmente, habría habido resentimiento, pero nada en materia de acción. Las escuelas también estuvieron segregadas durante mucho tiempo. Estudié en escuelas donde todos los estudiantes eran mexicanos, al igual que mis hermanos y hermanas». Rolando Hinojosa Smith consiguió un cupo en la Universidad de Texas después de la guerra de Corea. Obtuvo un doctorado y se convirtió en un profesor y escritor famoso.

En el contexto de los años cuarenta en Texas, ni los anglos ni los estadounidenses de origen mexicano se habrían sorprendido de que una

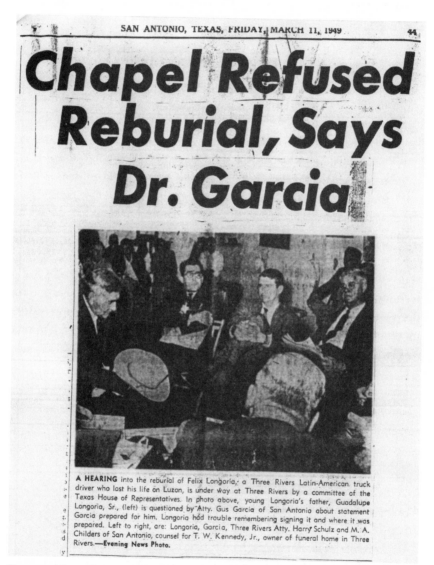

SAN ANTONIO, TEXAS, FRIDAY, MARCH 11, 1949   44

Chapel Refused Reburial, Says Dr. Garcia

A HEARING into the reburial of Felix Longoria, a Three Rivers Latin-American truck driver who lost his life on Luzon, is under way at Three Rivers by a committee of the Texas House of Representatives. In photo above, young Longoria's father, Guadalupe Longoria, Sr., (left) is questioned by Atty. Gus Garcia of San Antonio about statement Garcia prepared for him. Longoria had trouble remembering signing it and where it was prepared. Left to right, are: Longoria, Garcia, Three Rivers Atty. Harry Schulz and M. A. Childers of San Antonio, counsel for T. W. Kennedy, Jr., owner of funeral home in Three Rivers.—**Evening News Photo.**

El que una funeraria local se negara a gestionar el entierro de Longoria es un ejemplo típico de las muchas indignaciones, pequeñas y grandes, vividas por los mexicanos y los mexicano-estadounidenses en pequeños pueblos de Texas. La sensibilidad de la opinión pública hacia los veteranos ayudó a que la historia llegara a los titulares locales y luego nacionales. CRÉDITO: TEXAS A&MU-CC

funeraria enviara a una familia mexicana a otra parte para enterrar a un ser querido. Sin embargo, Ximenes, García y el resto del GI Forum estaban convencidos de que el soldado Longoria, muerto durante el servicio a su país, les revelaría las humillaciones diarias derivadas de los prejuicios a un público más amplio.

La humillación está claramente expresada en un cartel de publicidad para una manifestación en apoyo a los Longoria, y en contra de la funeraria:

> *El American G.I. Forum de Corpus Christi requiere su presencia para que venga a oír los datos de esta CRUEL HUMILLACIÓN a uno de nuestros HÉROES, soldado de la última gran GUERRA. Todos los veteranos y sus familias, y el PÚBLICO EN GENERAL, deben asistir sin FALTA o sin EXCUSAS.*
>
> *Cuando una funeraria se niega a honrar los RESTOS de un ciudadano estadounidense solamente porque es de origen mexicano, entonces es TIEMPO de que no únicamente el American G.I. Forum sino todo el pueblo se levante a protestar por esa injusticia.*

García envió telegramas a muchas personas influyentes con la esperanza de llamar la atención sobre el drama de la familia Longoria. La respuesta que recibió a casi todos los telegramas fue un silencio absoluto. Pero también le escribió a Lyndon Johnson, que en aquel entonces era un senador nuevo y ambicioso de Texas, y éste le respondió. El telegrama de García decía, en parte, lo siguiente:

> *En nuestra opinión, este hecho en Three Rivers está en contradicción directa con los mismos principios por los que este soldado americano hizo el sacrificio supremo de dar su vida por su país, y por las mismas personas que ahora le niegan los últimos ritos funerarios dignos de cualquier héroe estadounidense, independientemente de su origen.*

El senador Johnson le respondió a Héctor García:

> *Lamento profundamente saber que el prejuicio de algunos individuos se extiende más allá de esta vida. No tengo ninguna autoridad de carácter civil sobre las funerarias, como tampoco lo tiene el gobierno federal. He hecho arreglos el día de hoy para que Félix Longoria sea enterrado con todos los honores militares en el Cementerio Nacional*

de Arlington... Este héroe de Texas será sepultado con el honor y la dignidad que su servicio merecen.

Félix Longoria fue enterrado en el Cementerio Nacional de Arlington el 16 de febrero de 1949, con toda la pompa y fanfarria que podía ofrecer un senador de los Estados Unidos. Pero no hay una sola foto del político texano junto a la tumba de la familia en duelo.

En *Master of the Senate*, la tercera parte de su biografía de LBJ, Robert Caro señala que Johnson lanzó una tormenta de mentiras y diatribas a la prensa anglosajona cuando su telegrama se hizo público. Después de todo, las elites de Texas estaban muy satisfechas con la forma en que estaban las cosas en el estado, y no simpatizaba con la causa del G.I. Forum.

Para la joven organización de derechos civiles, el caso Longoria había sido una victoria instructiva y útil. En los años siguientes, las preocupaciones del American GI Forum fueron mucho más allá de los veteranos de guerra. Se transformó en una moderna organización de derechos civiles que trataba de poner fin a la segregación escolar, a las injusticias de los sistemas de los tribunales locales, y a los impuestos electorales que

Al comienzo de su vida laboral, Lyndon B. Johnson fue profesor de estudiantes mexicanos en un pequeño pueblo del sur de Texas llamado Cotulla que queda a medio camino entre San Antonio y la frontera con México. Su experiencia como profesor de escuela formó sus puntos de vista sobre los derechos civiles en su carrera política. Hizo suya de la causa de la familia Longoria y les ayudó a organizar el entierro de Félix en el Cementerio Nacional de Arlington. CRÉDITO: LBJ LIBRARY

Mucho después de que sus caminos se cruzaran por primera vez en torno al caso Longoria, el Dr. Héctor García del American G.I. Forum y Lyndon B. Johnson siguieron siendo aliados. Aquí García se encuentra con el líder de la mayoría en el Senado y su esposa, Lady Bird, durante una de sus visitas al estado de Texas. CRÉDITO: TEXAS A&MU-CC

les impedían votar a muchos miembros de minorías. Héctor García, el médico del sur de Texas a la cabeza del G.I. Forum, se llenó de indignación por las injusticias que veía en la vida cotidiana de los mexicanos y mexicano-estadounidenses, especialmente en los condados fronterizos con México, algunos de los lugares más pobres de Estados Unidos..

Él investigó las condiciones de vida de los trabajadores migrantes en Texas, lo que condujo inicialmente a un folleto publicado por el G.I. Forum con el título «¿Qué precio pagan los 'espaldas mojadas'?», y luego a dar testimonio en la Comisión Nacional de Consejería para el Trabajo Agrícola. El G.I. Forum criticó el Programa Bracero, que seguía ofreciendo mano de obra barata de México mucho después del término de la guerra. García le dijo al comité: «El problema migratorio no es solo una emergencia nacional sino que se ha convertido también en una vergüenza nacional para la conciencia estadounidense».

Los trabajadores migrantes que cruzaron la frontera bajo el Programa Bracero fueron sumamente útiles para el sector de los alimentos, pues eran piezas vitales del engranaje que llevaba productos frescos a los mercados y hogares. Los granjeros respaldaban la autorización del Congreso para este programa. García vio a los trabajadores migrantes, especialmente a los niños, tal como eran: explotados, enfermos y pobres.

«Si vive hasta la edad escolar, nunca tendrá un promedio de más de tres años de estudio en su vida. Sus padres pueden ser completamente analfabetas. Si vive hasta ser un adulto, puede ganar unos sesenta dólares al mes. Si tiene suerte, vivirá en una casa inadecuada y morirá antes de tiempo, debido a la tuberculosis.

»La única propiedad que tenga en este mundo será su tumba. Creo que es nuestra obligación moral reconocer que el mundo del migrante es realmente parte de nuestro propio mundo. Para mí, es más que eso, ya que estas personas son mis hermanos y hermanas».

Una vez más, nos encontramos cara a cara con la dualidad de la vida de los latinos en los Estados Unidos. Héctor García, nacido en México de padres que eran educados, se trasladó a los Estados Unidos durante la Revolución Mexicana. Gracias a la educación, García logró convertirse en un hombre prominente y respetado, en un oficial del Ejército estadounidense, y ahora se movía en círculos cada vez más poderosos, buscado por prominentes hombres políticos del ala pro-derechos civiles del Partido Demócrata: Hubert Humphrey, George McGovern y Arthur Goldberg.

Tropa de Boy Scouts y Manada de Lobatos 104, patrocinados por el capítulo de Lubbock del American G.I. Forum. El Dr. García veía su organización como un lugar para desarrollar futuros líderes cívicos y para estimular la asimilación y la aceptación en la comunidad en general. CRÉDITO: TEXAS A&MU-CC]

Los «hermanos y hermanas» de García estaban llegando por decenas de miles y fueron una fuente importante de inmigración mexicana a Estados Unidos. Al igual que él, estos inmigrantes habían nacido en México, pero García consideraba que el Programa Bracero había sido creado para mantenerlos como una especie de siervos estadounidenses; mal pagados, mal alojados y con mala salud, era poco probable que prosperaran como lo había hecho la familia García.

Aunque el American GI Forum puede haber deplorado el Programa Bracero, no eran pocos los trabajadores agrícolas mexicanos dispuestos a correr el riesgo y a cruzar la frontera. La próspera economía estadounidense en los años de posguerra aumentó aún más la diferencia de salarios en los dos lados de la frontera; no había ningún lugar en el mundo donde una frontera internacional separara a trabajadores que ganaban salarios tan diferentes. Cuando el Programa Bracero terminó en 1964, cinco millones de personas habían cruzado la frontera (muchas de ellas eran trabajadores, que regresaron un año tras otro).

A finales de los años cuarenta, Antonio Núñez tuvo un sueño. Pensó que trabajaría cinco o seis años en Estados Unidos y le construiría una casa a su madre cuando regresara al estado de Jalisco. Se registró como bracero para trabajar en Brawley, California, en un cultivo de regadío caliente y seco al este de San Diego. Núñez recuerda los exámenes físicos: «Nos desnudábamos, nos quitábamos toda la ropa. Y más tarde venía un médico.

Nos ponía los dedos aquí (los genitales) para comprobar que no tuviéramos hernias. Me hicieron chequeos más exhaustivos 'para ver que yo no estuviera mal, que no trajera infecciones».

Al igual que el ganado, los braceros eran fumigados con nubes de DDT para asegurarse de que no trajeran plagas de insectos desde México. Tenian que probar que en realidad eran trabajadores mostrando los callos de sus manos. «Estábamos obligados a trabajar todos los días. El domingo no existía». Núñez recordó el duro trabajo en los campos de algodón, diez horas al día: «Era difícil porque la bolsa es grande. El algodón es muy liviano y se necesita mucha fuerza para llenar una bolsa de 100 kilos (220 libras)'».

Si el calor abrasador de los desiertos del sur de California no acababa contigo, y si no te derrumbabas bajo el peso de una enorme bolsa de copos de algodón, recogerlo era un suplicio para tus manos. «Los bastoncillos de algodón tienen como cinco esquinas. Tienes que agarrar el copo y sacarlo. Y cuando sostienes el algodón, la púa te corta y te saca sangre. ¡Era terrible!».

El trabajo era duro. Las condiciones eran horribles. Y la paga era pésima. Para Núñez y tantos otros braceros, el trabajo les ofrecía oportunidades que no tenían en México. «Nuestras vidas cambiaron cuando vinimos a Estados Unidos. Cambiamos completamente porque podíamos comprar cosas como maíz. Yo compraba giros postales para enviarle dinero a mi madre en México. Lo envié casi todo».

Multipliquemos por decenas de miles la historia de Núñez y el efecto que sus remesas tuvieron en su familia. A principios de los años cincuenta, doscientos mil braceros vinieron a los Estados Unidos cada año. Más y más familias mexicanas sabían de primera mano, o por medio de un pariente cercano, que cruzar la frontera era algo que cambiaría sus vidas. Al mismo tiempo, los latinos que ya estaban en Estados Unidos se preguntaron por el efecto que tendría en el campo la llegada de tantos inmigrantes.

«¿Cuánto cuestan los 'mojados'?», publicación del G.I. Forum, nos ofrece una pista. «Mojados» era, y sigue siendo, un término despectivo

Durante la escasez de mano de obra por la guerra y en el boom de la posguerra, los trabajadores agrícolas llegaron de México bajo el Programa Bracero. El Dr. García y el American G.I. Forum llegaron a oponerse a la utilización generalizada de mano de obra importada, incluso publicaron un libro titulado: «¿Cuánto cuestan los 'mojados'?» para oponerse a la prórroga del Programa Bracero. CRÉDITO: LIBRARY OF CONGRESS

Trabajadores mexicanos llegan en tren a Stockton, California. Lo que comenzó como un programa provisional para abastecer el esfuerzo de guerra de EE.UU. con reclutas y alimentos de bajo costo, el Programa Bracero no se detuvo cuando los soldados regresaron a casa. La dependencia de mano de obra mexicana no hizo sino incrementar en las granjas estadounidenses durante los años de la posguerra. CRÉDITO: LIBRARY OF CONGRESS

para los indocumentados que cruzan la frontera, implicando que habían vadeado o cruzado a nado el Río Grande. Publicado por un grupo de veteranos de la Segunda Guerra Mundial, y dirigido por un inmigrante mexicano, «¿Cuánto cuestan los 'mojados'?» amenazó con un futuro Estados Unidos inundado de extranjeros analfabetas, desesperados, e incluso criminales.

Ante el dilema de escoger, tal como lo veía García, entre la calidad de vida y el bienestar económico de los mexicanos en Texas y los que estaban en México, él eligió la de los mexicano-estadounidenses. El Programa Bracero continuaría durante otra década, para alivio de Antonio Núñez. «El Programa Bracero fue iniciado por el bien de Estados Unidos y por el bien de México porque era muy bueno para ese país. Si yo no hubiera participado en él, ¡no habría podido comprar ni unos pantalones en México!».

Los empleadores de Núñez patrocinaron su residencia permanente; él fue una de las casi 350 mil personas que con el tiempo pasaron de ser braceros a inmigrantes. Núñez obtuvo la ciudadanía estadounidense, algo que no se había previsto públicamente cuando los trabajadores llegaron por primera vez en 1942. Con todo, Núñez parece ser un hombre que piensa que le ha ido bien en Estados Unidos, y es seguro que a Estados Unidos también le ha ido bien con él. «Hay muchas personas que se sienten mal al decir que eran braceros. ¡No! Eso es un motivo de orgullo, y yo me siento muy orgulloso. Así como también me siento orgulloso de haberme podido convertir en un ciudadano estadounidense… Sí, quiero mucho a este país. Ahora me digo a mí mismo: 'Empecé a vivir cuando llegué a Estados Unidos'».

Imagina un país en movimiento frenético. Millones de hombres y mujeres militares habían vuelto a casa. Cientos de miles de parejas que se habían visto obligadas anteriormente a posponer sus bodas y a tener hijos se apresuraron a formar hogares. Los militares que terminaron su servicio activo lejos de sus lugares de origen decidieron quedarse donde fueron liberados del servicio —en San Francisco o Nueva York, por ejemplo— en vez de volver a una pequeña ciudad en el sur o en las Grandes Llanuras. El número de nuevos habitantes se disparó en muchos lugares.

La Oficina del Censo registró este movimiento a la perfección con

Las familias campesinas venían de zonas rurales de México y seguían los cultivos y las estaciones como trabajadores migrantes en los Estados Unidos. Mientras que los descendientes urbanizados de las migraciones anteriores luchaban por entrar en la vida común de Estados Unidos, los recién llegados llenaron los cordones de miseria de las ciudades, recibieron escasa educación, y con frecuencia trabajaban tanto que morían antes de tiempo. CRÉDITO: THE DOLPH BRISCOE CENTER FOR AMERICAN HISTORY, THE UNIVERSITY OF TEXAS AT AUSTIN

una instantánea de la población en 1949. La agencia encontró que 28 millones de personas, o aproximadamente uno de cada cinco residentes de los Estados Unidos, vivía en una casa diferente a la que había vivido un año atrás. De los 28 millones, 19 se habían mudado dentro de un mismo condado, cuatro millones en un mismo estado, otros cuatro millones se habían trasladado a otro estado y medio millón había estado viviendo en el extranjero un año antes. A pesar de esta evidencia notable en términos de movilidad, los tabuladores del censo observaron que el crecimiento demográfico del país se estaba haciendo más lento, pues se había observado un crecimiento mayor en los años inmediatamente posteriores a la victoria sobre Japón en 1945.

En los años de posguerra, un número cada vez mayor de mexicanos cruzó la frontera y comenzó a trabajar sin la supervisión del Programa Bracero. Los cálculos realizados por el Departamento de Justicia de Estados Unidos y el Servicio de Inmigración y Naturalización, hablaban de tres millones de personas. Walt Edwards, quien se desempeñó como agente de la Patrulla Fronteriza a partir de 1951, le dijo al *Christian Science Monitor* que los granjeros se quejaban ante la oficina regional de la agencia en El Paso cuando él y otros agentes hacían arrestos. «Y dependiendo de las conexiones que tuvieran, ocurría una intervención política», dijo Edwards. «Así es como nos metimos en este lío en el que estamos ahora».

Joseph White, un jubilado que trabajó 21 años en la Patrulla Fronteriza, le dijo al *Monitor* que, a comienzos de los años cincuenta, algunos altos funcionarios estadounidenses que supervisaban las leyes de inmigración «tenían amigos entre los ganaderos» y que los agentes «no se atrevían» a arrestar a sus trabajadores ilegales.

La administración Eisenhower, que luchaba para hacer frente a una recesión, decidió terminar con los acuerdos flexibles que estimularon la llegada de un número creciente de inmigrantes clandestinos para trabajar en los Estados Unidos. En el verano de 1954, el procurador general Herbert Brownell y el comisionado del INS Joseph Swing lanzaron la Operación Espalda Mojada. Más de mil agentes de la Patrulla Fronteriza, en colaboración con los departamentos de policía locales y estatales, hicieron barridos, redadas y búsquedas casa por casa, y en fábricas, granjas y barrios de California y Arizona. En esos dos estados, más de 50 mil trabajadores indocumentados fueron arrestados y se calcula que casi medio millón más abandonó el país voluntariamente.

Cuando la operación se extendió a Texas, más de 80 mil personas

Viviendo en los mismos estados, a menudo en los mismos pueblos que los recién llegados, los aspirantes a veteranos como aquellos en la Convención de 1959 de la American G.I. Forum exponen una tensión que corre a todo lo largo de la historia latina de los Estados Unidos. Más que cualquier otro grupo de inmigrantes, los latinos tienen la experiencia de familias que han vivido en la comunidad por largo rato con inmigrantes recién llegados. CRÉDITO: TEXAS A&MU-CC

fueron arrestadas, y se calcula que entre 500 mil y 700 mil indocumentados regresaron a México por su propia cuenta. Los trenes y autobuses llevaron a los deportados al centro de México para dificultar su regreso a los Estados Unidos. Varios miles de indocumentados fueron llevados en dos barcos que zarparon de la costa del golfo de Texas hacia Veracruz, 500 millas al sur.

La última vez que se presentaron problemas en el mercado laboral y que se sospechó que los extranjeros aprovecharon esto para cruzar la frontera, Estados Unidos deportó alrededor de un millón de mexicanos y mexicano-estadounidenses a México. En las redadas, muchos ciudadanos estadounidenses que nunca había puesto un pie en México fueron detenidos y deportados de inmediato, sin siquiera una audiencia. Veinte años más tarde se presentaron de nuevo problemas de empleo y otra vez los mexicanos se convirtieron en los chivos expiatorios. La Operación Espalda Mojada deportó a más de un millón de personas, entre ellas a muchos ciudadanos estadounidenses. Y esta vez, la policía y los tribunales ignoraron las libertades civiles de los ciudadanos mexicanos y de los ciudadanos estadounidenses por igual.

Pero los latinos habían cambiado y esta vez recibieron ayuda. Ahora contaban con el respaldo de organizaciones comunitarias y con un sentimiento creciente de que la guerra le había dado una voz a la comunidad latina. Y el país, tal vez, había cambiado un poco.

En 1957, Guy Gabaldon, «el flautista de Saipán», fue invitado a *Ésta es tu vida (This is Your Life)*, un popular programa de televisión. La introducción preparó a la audiencia del estudio abriendo de manera provocadora y emotiva: «En unos momentos, nuestro invitado principal entrará por esa puerta y en *Ésta es tu vida* nos contará su historia de violencia, de extraña dulzura, de muerte y de compasión, de pobreza material y crecimiento espiritual. Es una historia de heroísmo tan impactante que nunca la olvidarán. Ahora que hemos hecho preparativos para que nuestro invitado principal haga un recorrido único por nuestros estudios de NBC, deberá aparecer por esa puerta ahora mismo».

—Bienvenidos al recorrido. ¿Quién eres? ¿Un ex-*marine*? ¿Y tú? ¿Y tú? dijo Ralph Edwards presentador del programa—. ¿Cómo te llamas?

—Guy Gabaldon.

—Bueno, Sr. Gabaldon: *ésta es tu vida.*

—Bah...

Luego narró la historia de Gabaldon con una mezcla de fuerte sentimentalismo y de arenga patriótica que hacía de *Ésta es tu vida* todo un éxito. Los compañeros de guerra describieron en detalle la forma en que Gabaldon capturó a mil quinientos prisioneros japoneses. Después de la tibia reacción de la Infantería de Marina y del Departamento de la Marina de Guerra en los meses agitados al final de la guerra, Guy Gabaldon era ya un héroe nacional.

Sin embargo, a los ojos de Hollywood, no todos los héroes serían aceptados por la totalidad de los estadounidenses. En 1960, Warner Brothers hizo una película sobre Gabaldon: *Del infierno a la eternidad.* Gabaldon, que medía 5,4 pies, fue interpretado por Jeffrey Hunter, que medía 6,1 pies, y era el chico estadounidense por excelencia (interpretó posteriormente a Jesús en *Rey de Reyes*). Los productores querían el heroísmo de Gabaldon pero no estaban seguros de querer al héroe mexicano-estadounidense. O, para el caso, tampoco querían a un solo actor mexicano-estadounidense en el reparto.

DESPUÉS DE MEDIO siglo de inmigración masiva europea, desde 1870 hasta 1920, Estados Unidos le cerró la puerta a los inmigrantes al reformar las leyes de inmigración. Solo unos pocos años más tarde estalló la Gran Depresión, seguida de seis años de una guerra mundial devastadora. El porcentaje de estadounidenses nacidos en el extranjero disminuyó en los años cincuenta. El país había cambiado en aquellos años de baja inmigración, pasando a ser un lugar donde los inmigrantes tenían ya un papel muy importante en la cultura: Al Jolson, Irving Berlin, Enrico Caruso... En los años cincuenta, los hijos y nietos de inmigrantes definieron y le dieron sabor a la vida estadounidense: Joe DiMaggio, los actores John Garfield y Kirk Douglas, artistas como Jimmy Durante, y políticos como Herbert Lehman, gobernador de Nueva York, y John Pastore, de Rhode Island.

A medida que el porcentaje de los estadounidenses nacidos en el extranjero comenzó a declinar, también lo hizo el recuerdo íntimo y cercano que tenían muchos estadounidenses acerca de los desafíos y dificultades de los inmigrantes. Esto hizo que fuera más fácil ver a los recién llegados de Latinoamérica sin el menor atisbo de familiaridad.

Los clubes Viva Kennedy representaron una convergencia de intereses perfectamente adaptados a los tiempos. La campaña del senador John Kennedy (D-MA) vio grandes posibilidades de cotos dentro de un grupo étnico fuertemente católico e inmigrante y los jóvenes políticos lo vieron como una forma de comenzar a jugar un papel en el escenario nacional. CRÉDITO: TEXAS A&MU-CC

Las ropas raídas, las manos callosas y las enfermedades nutricionales no despertaron ningún recuerdo de privaciones ni de trabajos forzados. Los inmigrantes latinos, así como la manía por la asimilación y el «americanismo», aumentaron en los años cincuenta, y recibirían muy poca simpatía de personas cuyos padres y abuelos se habían enfrentado a muchos de los mismos retos poco tiempo atrás.

Mientras las generaciones de Ellis Island y sus descendientes abandonaban el uso diario del alemán, italiano, yiddish y polaco, las personas de habla hispana llegaban a Estados Unidos en números cada vez mayores. Como hemos visto, la mayoría de ellas llegaron de México desde épocas anteriores incluso a la existencia de Estados Unidos.

El final de los años cuarenta vio a un gran número de latinos llegar de otro lugar. Los inmigrantes vendrían aún de un sitio diferente en las postrimerías de los años cincuenta. Y en los años sesenta llegaron de un tercer país. Estos tres países eran Puerto Rico, Cuba y República Dominicana. Cada uno a su manera le daría forma a la identidad hispanoamericana y a la cultura estadounidense. Para esta población en rápido crecimiento, el término «mexicano» simplemente no funcionaba. En los años siguientes surgió un pueblo del Nuevo Mundo en suelo estadounidense que no podría haber aparecido en otras tierras del hemisferio: los latinos.

Si pararse con un aviso no era su estilo, entonces podía apoyar al senador de Massachusetts con el parachoques de su auto. CRÉDITO: TEXAS A&MU-CC

4

ME GUSTA ESTAR EN LOS ESTADOS UNIDOS

West Side Story: En las calles de Manhattan, los puertorriqueños recién llegados junto con su pandilla, los Sharks, se enfrentan a los blancos nativos, los Jets. La Verona de Shakespeare mudada a las viviendas sociales con puertorriqueños y los hijos de inmigrantes de épocas previas, los Montescos y Capuletos del siglo XX. CRÉDITO: GETTY IMAGES

EN LOS años cincuenta, los estadounidenses estaban haciendo todas las cosas que habían aplazado por tanto tiempo durante la Depresión y la Segunda Guerra Mundial:

Se casaron.

Tuvieron hijos.

Compraron casas.

Se trasladaron desde las ciudades del centro del país, donde muchos de sus familiares habían comenzado su vida en Estados Unidos, para construir hogares a los que ahora podrían llegar fácilmente gracias a las nuevas carreteras que se propagaban en todas las direcciones.

Los latinos también se estaban moviendo. Venían a los Estados Unidos en mayor número, se movían dentro del país y se alejaban de los lugares donde habían vivido desde los tiempos en que el suroeste y la Florida eran parte del Imperio español.

Era un buen momento para venir a Estados Unidos, si se miraba el país desde una altitud de 30 mil pies. Hubo un fuerte crecimiento económico y muchos lugares necesitaban trabajadores. Pero en Boyle Heights, Los Ángeles, en el sur del Bronx y en Miami, las cosas eran mucho más complicadas.

En los debates permanentes sobre la inmigración legal e ilegal, casi nunca se habla acerca de lo difícil que es dejar todo lo que uno conoce: la familia, el idioma y la forma de vida para comenzar una nueva en un lugar con muy pocas cosas que sean familiares. Si hablamos con los inmigrantes en el otoño de sus vidas, escucharemos las historias que menos querían contar, cuando cada día estaba dominado por el hecho de superarse, de adaptarse y de correr simplemente para estar al día.

Como todos reverenciamos nuestro pasado inmigrante en mayor o menor medida (nuestro presente inmigrante es un asunto diferente), hemos celebrado también los triunfos de los inmigrantes en nuestra cultura común, pero solo de un modo particular. Una historia tras otra es preservada en un almíbar dulce de sentimentalismo y se basa en los cimientos del poder transformador de Estados Unidos.

En *Los Goldbergs*, un programa trasmitido en la radio desde 1929, y en la televisión de 1949 a 1956, una familia judía asciende en el escalafón americano desde su edificio de apartamentos en el Bronx.

En *Little Nellie Kelly*, el éxito de Broadway de George M. Cohan en 1922, la heroína es cortejada por un obrero irlandés y por un millonario estadounidense. El amor verdadero triunfa sobre el dinero y Nellie, hija de un policía irlandés-estadounidense, se mantiene fiel a Jerry Conroy, su novio irlandés.

En *I Remember Mama* (1944), las alegrías y las penas de la familia Hanson, de Noruega, transcurren en una calle de casas adosadas en San Francisco. Esta obra de teatro fue escrita por John Van Druten, un inmigrante de Londres, y está basada en una novela de Kathryn Forbes, una escritora noruego-estadounidense.

En *Abie's Irish Rose*, la obra de Anne Nichols que se estrenó en Broadway en 1922, que permaneció más de cinco años en cartelera y dio lugar a dos películas y a una serie de radio, la tensión cede el paso a la armonía mientras una familia de católicos irlandeses aprende a vivir con el amor y el matrimonio de su hija con un joven judío, y viceversa. *El cantante de Jazz* (1927) presenta el dolor y la posibilidad de asimilación mientras que Jakie Rabinowitz —interpretado por Al Jolson—, descendiente de una larga línea de jazanes judíos ortodoxos que guiaban los cantos en las sinagogas, rechaza la insistencia de su padre de seguir la tradición familiar y «se convierte» en Jack Robin, un artista de *vaudeville*.

Durante más de medio siglo, una oleada tras otra de inmigración europea llegó a las costas de Estados Unidos, y las familias comenzaron a subir los peldaños hacia la asimilación y el éxito en la política, los negocios y la cultura popular. Los Goldbergs, los Hansons, los Murphys, los Levys y los Rabinowitz son todos europeos, o de origen europeo. Cualquier problema que pudieran haber tenido después de llegar a América se estaba desvaneciendo en la memoria. Ahora estaban tan seguros de su condición de norteamericanos que podían explotarla en dramas y comedias.

Desiderio Alberto Arnaz y de Acha III le dio a Estados Unidos algo nuevo en qué pensar.

Desi Arnaz era apuesto, talentoso y un inteligente hombre de negocios, como lo demostraría el paso del tiempo. Se casó con Lucille Ball, una comediante ingenua pero igualmente talentosa como artista y mujer de negocios. Los dos hicieron historia en la televisión y también en la historia cultural estadounidense.

Arnaz, perteneciente a una familia rica y bien conectada, creció en Cuba en medio de privilegios. Pero su familia participó en un intento de golpe de Estado a Fulgencio Batista y lo perdió todo. Anticipándose a la pérdida y a la confusión que afectaría a muchos cubanos acaudalados en las décadas posteriores, Arnaz terminó radicado en el sur de Florida. Conoció a Lucille Ball en el sur de California durante la Segunda Guerra Mundial, se casaron y comenzaron a trabajar juntos. Inicialmente, su programa de televisión quería presentar a la pareja como los López, dos artistas exitosos que tratan de equilibrar el matrimonio con sus profesiones. Más tarde, el guion fue reescrito, dejando a Lucy Ricardo en el hogar y cambiando a Desi López por Enrique «Ricky» Ricardo, director musical y propietario de un club nocturno. El resultado fue *I Love Lucy*, estrenado en 1951.

La historia —una mujer nativa se casa con un inmigrante, dando paso a la hilaridad— no era nueva. Esta vez, lo novedoso era que el inmigrante venía de Latinoamérica, y la forma en que vivía. A diferencia de los latinos representados durante varias décadas en películas y otros programas de televisión, Ricky Ricardo no era un criminal, un vaquero, un campesino, un lagarto de salón o una víctima. Él era un *bon vivant*: sofisticado, atractivo y sabía aprovechar las ventajas de la buena vida en los Estados Unidos. Aunque nunca estuvo claro por qué un músico y dueño de un club nocturno —y quizá uno de los personajes más urbanos de la televisión— tendría estas cualidades, él y Lucy se radicaron en los suburbios, tal como lo estaban haciendo varios millones de estadounidenses en esa época.

Mientras que, en todo el país, personas que nunca habían conocido a un cubano o escuchado hablar español se reían tras las explosiones de Ricky en su lengua materna cuando otro de los planes descabellados le salía mal a Lucy, el músico Bobby Sanabria vio algo completamente distinto: «Creo que él fue un gran motivo de orgullo para los latinos de los años cincuenta, pues teníamos a alguien. Podías encender el televisor y decir: 'Oye, él es uno de nosotros'. Toda comunidad quiere sentir que está representada, y él nos representó a nosotros. Es el director de una banda exitosa, tiene una bella esposa y está viviendo el sueño americano».

Los giros cómicos de la trama dependían en gran medida de hacer que Ricky pareciera más extranjero y, al mismo tiempo, de aumentar los contrastes al hacerlo más estadounidense. Lucy Ricardo no parecía saber una sola palabra de español, o estropeaba a propósito lo que decía para tener un efecto cómico, a pesar de que su marido se movía con facilidad entre dos mundos: hablar inglés en la casa y estar con sus compañeros latinos. Mientras que las mujeres del club bailaban con gracia instintiva las *rumbas* y *cha-cha-chás* que estaban cobrando gran popularidad en los clubes estadounidenses, la comediante Lucy solo puede hacer una pantomima «volviéndose nativa» en algunas ocasiones tras utilizar una peluca negra.

Gustavo Pérez Firmat, un escritor de origen cubano, recuerda que cuando Lucy tenía un estallido de temperamento «latino», Ricky solía maldecir en español: «Se enojaba con Lucy: 'Esta mujer, carajo. Voy a matar a esta mujer'. Pero él nunca decía esto en inglés. Sin embargo, se suponía que nadie entre el público entendía español; eso sonaría quizá como un galimatías. Él decía cosas que no se podían decir en inglés. Ricky Ricardo vivió el dilema y el deleite del biculturalismo en esa pantalla de televisión».

Las frases argumentales de alguien que se siente como un «pez fuera del agua» fueron escritas para hacer reír, pero también hicieron posible que Ricky siguiera siendo quien era: un cubano. Sanabria recuerda una canción recurrente que podría parecerle un poco tonta a las audiencias estadounidenses: «Al escuchar la canción *Babalú Ayé*, es probable que la sociedad estadounidense convencional se riera y dijera: '¡Babalú!' sin saber que estaba siendo expuesta a esa cultura occidental africana increíblemente profunda que hemos heredado en el Caribe».

La canción *Babalú* es un recordatorio de que *I Love Lucy* era una comedia convencional de los años cincuenta, y no un documental de la National Geographic. Las personas que escasamente recuerdan una nota de lo que Ricky Ricardo cantaba, incluso después de varias décadas de retransmisiones, al tratar de imitarlo tocan una conga imaginaria y cantan *Babalú*; hasta Lucy lo hizo.

Como afirma Sanabria, es un momento de exposición, aunque accidental, a un aspecto profundo y complejo de la cultura caribeña.

¡Siempre y cuando Ricky cante en español!

La letra habla de un hombre preparándose para una ceremonia que forma parte de la devoción a Babalú, un *orisha* o deidad espiritual de África Occidental que llegó a las Antillas con los prisioneros que trabajarían como esclavos en las plantaciones. Aunque los esclavos se convirtieron aparentemente al catolicismo, continuaron practicando su antigua religión, utilizando los santos cristianos para representar a sus deidades africanas.

Se puede ver en una tienda de comestibles o en una vitrina del Caribe, una estatua o imagen de San Lázaro, personaje que figura en una parábola de Jesús en el Evangelio de Lucas. Lázaro es un pobre siervo, cubierto con harapos, que usa muletas, mientras los perros lamen las llagas de sus piernas. Un hombre rico vive en medio de excesos pero es castigado en el infierno al morir, mientras que Lázaro se libera de sus sufrimientos en la tierra y disfruta de las comodidades del cielo. Para los cristianos verdaderamente creyentes, hay pocas ideas más poderosas que un respiro prometido en el más allá y el fin de todos los sufrimientos de la tierra. Lázaro es también, en la mezcla afro-caribeña de África Occidental y de religión europea, Babalú Ayé, el *orisha* encargado de la salud.

En esta canción se encienden velas dispuestas en forma de cruz. El tabaco y el brandy también forman parte del ritual para el cual se invoca a Babalú. El cantante necesita dinero, tiene mala suerte en el amor y canta su canción a Babalú:

En inglés, el sentido original de la canción se pierde infortunadamente en el anhelo de lo exótico y en la impaciencia con temas que no tendrían una traducción afortunada para aquellos cuyo conocimiento de los cubanos se limitaba a... Desi Arnaz.

Si los estadounidenses tenían algún inconveniente con un programa protagonizado por un cubano de pelo negro y casado con una pelirroja de Jamestown, Nueva York, era difícil saberlo a partir de la sintonía. Cuando el personaje ficticio Lucy Ricardo dio a luz al bebé Desi Arnaz IV en la vida real, se convirtió en uno de los programas más vistos en la historia de la televisión. En 1953, la televisión era todavía bastante nueva, pero aquel 19 de enero, 44 millones —es decir, dos tercios de los hogares estadounidenses— vieron a *I Love Lucy* darle la bienvenida al «Pequeño Ricky». El hijo de Lucy y Desi en la vida real apareció en la portada de la primera edición de una nueva revista de distribución nacional: *TV Guide*. Así de grande era el atractivo de la mezcla cultural de esta pareja.

Mientras que el «Pequeño Ricky» cubano-estadounidense se convertía en el bebé favorito de Estados Unidos, los latinos del país seguían siendo desconocidos. A excepción del Suroeste, donde los hispanoparlantes habían vivido durante 350 años, los latinos eran todavía muy pocos en los

Estados Unidos. Los años cincuenta serían la década en que los cubanos, puertorriqueños y dominicanos comenzarían a llegar y a establecerse en grandes cantidades, sobre todo en el noreste y en la Florida; ellos aceptarían y desafiarían ideas estadounidenses muy entrañables sobre la asimilación y el crisol de razas. Como sus países de origen estaban a un solo día de viaje por tierra desde los Estados Unidos, o a unas pocas horas de distancia en avión, la interacción entre el viejo y el nuevo país fue diferente de lo que había sido para los antepasados de muchos estadounidenses que abordaron barcos de vapor a miles de millas de distancia, suponiendo que nunca más verían de nuevo sus hogares. Las comunicaciones modernas trajeron la radio y la televisión en español al nuevo hogar de los emigrantes. Para algunos estadounidenses, los barrios nuevos y en crecimiento representaban el deseo de permanecer vinculados con los países que dejaron atrás en lugar de aceptar plenamente la tarea de convertirse en estadounidenses.

EN 1957, EL dramaturgo Arthur Laurents y el compositor Leonard Bernstein desempolvaron las antiguas barreras interétnicas de amor para hacer un nuevo musical en Broadway. Éste no tendría una canción espiritual al final, en la línea de «todos somos humanos a fin de cuentas», como en *Abie's Irish Rose*. Más bien sería una recreación del *Romeo y Julieta* de Shakespeare con clanes en guerra y muertes prematuras. El título original era *East Side Story*, donde una Julieta judía se enamoraba de un Romeo italoamericano. Los periódicos de la época estaban llenos de guerras de pandillas pero, a finales de los años cincuenta, la creciente clase media y los judíos de Nueva York que estaban migrando a los suburbios hicieron que los Montesco o los Capuleto, representados como matones callejeros, entrañaran una adaptación más difícil.

Una pandilla, los Jets, se convirtió en una abigarrada colección de blancos de clase trabajadora. La otra, los Tiburones, estaba integrada por puertorriqueños, los «nuevos chicos de la cuadra». El espectáculo, que ahora se llamaba *West Side Story*, se estrenó en Broadway con gran éxito, y dos de los principales papeles de puertorriqueños fueron interpretados por Carol Lawrence como María y Ken Le Roy como Bernardo. Chita Rivera, hija de un músico puertorriqueño y de una estadounidense, interpretó a Anita, la hermana de Bernardo.

Mientras *West Side Story* continuaba en Broadway, el conflicto de baja intensidad en las calles de los barrios duros de Nueva York abandonó el mundo de Leonard Bernstein y de las baladas de Stephen Sondheim, galardonadas con los premios Tony, y llegó a las primeras páginas de los tabloides de Nueva York.

Aunque varios irlandeses, italianos y judíos de generaciones anteriores habían sido miembros de pandillas, la pertenencia de puertorriqueños a este tipo de organizaciones fue retratada como un tipo nuevo y diferente de amenaza. Mientras que jóvenes blancos de diversos orígenes étnicos aún eran miembros de pandillas, la pertenencia a pandillas negras y puertorriqueñas fue más discutida en la prensa, estudiada por comisiones, y motivo de preocupación por parte de los nietos de antepasados que vivieron en barrios plagados por las fechorías y violencia de las pandillas.

Edwin Torres, un jurista y escritor del Harlem hispano, observó el gran despliegue a finales de los años cuarenta y principios de los 50: «Había guerras de pandillas. En la calle 106 y Madison había un salón de billar, y yo andaba por ahí con mis amigos del barrio. Mi padre pasaba por allí y me vio. Golpeó la ventana para que yo saliera y me dijo: 'Entra de nuevo y termina de jugar, pero ésta es la última vez que pones un pie ahí'. Él siempre dijo que solo había una manera de salir de allí: los libros».

Torres siguió el consejo de su padre. Era el único estudiante puertorriqueño en la Stuyvesant High School, una escuela pública de elite, y luego asistió a la Universidad de la Ciudad de Nueva York. Después de su servicio en la Guerra de Corea, Torres asistió a la Escuela de Derecho de Brooklyn gracias al G.I. Bill y fue un célebre símbolo de «éxito» cuando se convirtió en el primer puertorriqueño en ser Fiscal Adjunto de Nueva York. El joven, cuyo éxito en la escuela lo envió a la universidad y no a las pandillas, fue asignado al caso Capeman, entrelazando su vida para siempre con la de un joven asesino que ilustraba un aspecto diferente de la vida puertorriqueña en Nueva York.

Salvador Agron era un adolescente de Mayagüez, Puerto Rico, una ciudad en la costa oeste de la isla. Su madre trajo a Salvador y a su hermana a Nueva York a principios de los años cincuenta. El 29 de agosto de 1959, su pandilla, los Vampiros, se iba a enfrentar con otra irlandesa en el West Side de Manhattan, pero esa pandilla no se presentó. Agron y sus compañeros pelearon contra los pocos rivales que encontraron, y dos adolescentes perdieron la vida. Agron llevaba una capa de color negro con forro rojo; la policía y, finalmente, los periódicos y el mundo, lo conocieron como «The Capeman» (El hombre de la capa).

Los asesinatos de Capeman llamaron la atención de los neoyorquinos por su naturaleza escabrosa, la falta alarmante de arrepentimiento demostrado por Agron cuando fue detenido, y por su aparente disposición a pagar por su crimen: «No me importa si me queman. Mi madre podrá verme».

En la instrucción de cargos a Agron, el magistrado David Malbin sonaba como si ya hubiera escuchado las pruebas y juzgado el caso. Señaló que se estaba haciendo «muy rutinario juzgar a estos jóvenes maleantes».

Aunque eran menores de edad, a Agron y a su cómplice Antonio Hernández se les permitió hablar con los periodistas durante un receso en los procedimientos, algo que nunca sucedería en la actualidad. Un periodista le preguntó: «¿Cómo te sientes luego de haber matado a esos chicos?». Agron se encogió de hombros y respondió: «Como me siento siempre; así». Otro periodista le preguntó: «¿Valió la pena matar a un joven para estar hoy hablando ante un micrófono?». Agron respondió: «Siento deseos de matarte. Eso es lo que quisiera».

Lorrin Thomas, profesora de la Universidad de Rutgers, sostiene que el motivo por el cual el juicio de Agron recibió tanta atención, teniendo en cuenta que las pandillas callejeras violentas habían sido una característica de la vida de Nueva York por más de un siglo, se debió en parte a la narrativa de posguerra de una sociedad en decadencia. El mismo

«Maté a dos porque 'me dio la gana'» Los tabloides de Nueva York reforzaron el estereotipo, ya existente, de una subclase puertorriqueña amoral y violenta. Salvador Agron, «The Capeman» o «Drácula» fue sentenciado a muerte por haber asesinado a dos adolescentes con un cómplice, Antonio Hernández, «El hombre del paraguas». Agron fue sentenciado a muerte y más adelante la sentencia fue cambiada. CRÉDITO: NY DAILY NEWS VIA GETTY IMAGES

Agron también fue un factor importante en este sentido. «Él no mostró ningún remordimiento. Eso fue lo que impactó a la gente. Vieron al Capeman como un símbolo del mal, como un símbolo de una sociedad que se desintegraba. La gente se enfureció con él. Agron confirmó los peores temores de los blancos neoyorquinos acerca de la juventud puertorriqueña, y develó las tensiones étnicas y de clase que se habían gestado en Nueva York desde la década anterior».

Agron también dividió a los puertorriqueños. Edwin Torres señala en términos retrospectivos: «Por poco peleo con el tipo en la sala del tribunal; me dijo 'alcahuete' mientras nos cruzamos, casi le doy un puñetazo». La implicación era que, en calidad de fiscal, Torres se había aliado con el Gobierno contra su propia gente.

Cuando se dictaron las sentencias condenatorias en contra de Agron, Hernández y los cinco Vampiros que eran sus cómplices, el *New York Times* publicó una serie de perfiles de los siete acusados. Era una descripción deprimente que plasmaba, brevemente, vidas de pobreza, inestabilidad y fracaso. El perfil de Rafael Colón, quien se declaró culpable de homicidio en primer grado, es conmovedor, y quizá revelador sin quererlo: «El mayor de los siete, de veintisiete años... Es inmaduro mental y físicamente... Demacrado... Dijo que siempre ha pasado hambre. Mide cinco pies y cinco pulgadas, pesa apenas cien libras... Llegó de Puerto Rico hace apenas cuatro años... No tiene hogar, dormía en casas de miembros de la pandilla, o en pasillos y azoteas... Trabajó brevemente como lavaplatos en un restaurante de Newark. Fue despedido por retraso habitual... Solo se siente bien con chicos mucho menores que él... Cuando le informaron la pena que enfrentaba, respondió: '¿Qué más da? De todos modos no he vivido'».

Agron fue condenado a muerte por los asesinatos, convirtiéndose en la persona más joven en la historia de Nueva York en recibir esta pena. Después de pasar un tiempo en el corredor de la muerte y de haberse convertido en una causa célebre, su pena fue reducida, y su cómplice Hernández, quien era mayor que él, también se salvó de la silla eléctrica.

La historia del Capeman no se interpretó como la de un joven que era tal vez un sociópata sino como la del representante de una comunidad de personas violentas e inmorales a las que nadie quería en Nueva York. Mientras que actores blancos como Carole Lawrence y Ken LeRoy interpretaban danzas modernas y se comportaban como puertorriqueños en un escenario de Broadway, los verdaderos puertorriqueños se comportaban como animales feroces, o por lo menos era eso lo que se concluía después de leer los periódicos.

Cuando *West Side Story* fue llevada al cine, la voz de Carole Lawrence pasó a Hollywood, pero no su cara: Natalie Wood, hija de inmigrantes rusos, se convirtió en María; su rostro era moreno y sincronizaba los labios con la hermosa voz de Lawrence. George Chakiris, hijo de inmigrantes griegos, fue su hermano Bernardo, el líder de los Tiburones. Tras las huellas de Chita Rivera, una latina fue elegida como Anita; se trataba de Rita Moreno, la veterana actriz de Hollywood de origen puertorriqueño. «Entendí supremamente bien a Anita», recuerda Moreno. «Yo entendía perfectamente los prejuicios. Nueva York no era un lugar agradable para los puertorriqueños. Muy pronto descubrí que no era bueno para las personas de otro país».

Moreno, la única protagonista puertorriqueña de la película, recordó la transformación de los actores en gángsteres, novias y costureras: «Todos los actores que interpretaban personajes puertorriqueños tenían el mismo tono de maquillaje café. Yo odiaba eso, y les repetía que los puertorriqueños eran

Rita Moreno, adolescente. Llegó a Nueva York a los cinco años y para cuando era adolescente ya estaba trabajando como actriz de Broadway. Se mudó a Hollywood donde, en sus propias palabras, tuvo muchos papeles de «Señorita, Conchita, Lolita» bonita. CRÉDITO: CORTESÍA DE RITA MORENO

de todos los colores, desde negro a *beige*. Pero Jerome Robbins me decía: 'Quiero más contraste'. Me sentí muy ofendida por eso.

»Yo estaba muy dividida. Tenía siempre esa horrible sensación de que no representaba a mi gente. Pero Anita era un papel maravilloso, con una música increíble».

Moreno llegó de Puerto Rico a Nueva York en 1936, una época de grandes penurias económicas para la gran ciudad. Pero la situación en la isla era aún peor. Desde muy joven, Rita se dedicó a las artes escénicas para valerse por sí misma y ayudarle a su madre. Obtuvo su primer papel en Broadway, abandonó la escuela a la tierna edad de trece años y comenzó a labrarse una carrera. Se convirtió en una exótica actriz de Hollywood, apareciendo en películas como *The Fabulous Señorita*, *Latin Lovers* y *The Yellow Tomahawk*. Interpretó papeles de indias, asiáticas y mexicanas. «Interpreté muchos papeles de señoritas, de Conchitas y de Lolitas temperamentales, pero nunca de una chica estadounidense», recordó Moreno cuando tenía más de ochenta años. «Siempre fui una utilitaria étnica, algo que siempre odié».

Rita Moreno con su Oscar. CRÉDITO: © BETTMANN/CORBIS

La película tuvo un éxito incluso mayor que la obra de Broadway y ganó 10 premios de la Academia, incluyendo Mejor actor y actriz de reparto para Chakiris y Moreno, Mejor banda sonora, y Mejor director para Jerome Robbins y Robert Wise.

Moreno fue la primera actriz puertorriqueña en ganar un Oscar después de José Ferrer —también puertorriqueño—, quien lo recibió por su papel de Cyrano de Bergerac en 1950, y adicionalmente fue la primera mujer nacida en la isla en obtenerlo. En los años siguientes, ella haría historia en el mundo del espectáculo al recibir un Emmy, un Grammy y un Tony.

El escritor Stanley Crouch señaló una vez que *West Side Story* era el resultado de tres homosexuales judíos que imaginaban ser puertorriqueños, pero el musical tiene fortalezas innegables: ha contribuido a estándares del cancionero americano como *María*, *Somewhere*, *Tonight* y *I Feel Pretty*, por su caracterización de los amantes condenados y por los bailes modernos e innovadores. Además, hizo que muchos estadounidenses supieran algo de los puertorriqueños en las décadas posteriores.

«Es una imagen que ha tenido un enorme poder de permanencia», afirma Juan González, quien más de una década después de la temporada en Broadway y de la película, trabajaba en un pequeño periódico en el este de Pennsylvania. «Virtualmente, todas las personas a las que yo conocía me decían: 'Oh, eres puertorriqueño. ¿Llevas un cuchillo?'. Era algo instantáneo. Debían haber visto *West Side Story*, y los estereotipos, que eran muy arraigados, se propagaron por los Estados Unidos. Es un musical muy bien hecho. Las canciones permanecían contigo para toda la vida. Y lo mismo sucedía con las imágenes.

»Muchos millones de estadounidenses nunca habían conocido a un puertorriqueño en sus vidas, y la imagen que tienen de los puertorriqueños es la que vieron en *West Side Story*».

Un fragmento memorable de las letras proviene del tema *América*: cuando la cantan, los puertorriqueños están pasando el rato y discuten jovialmente si haber emigrado de la isla fue, en primer lugar, una buena idea, y si Nueva York es realmente la tierra prometida para ellos. Inicialmente, Rosalía le rinde un homenaje a su tierra natal, la bella isla. La respuesta de Anita no habla de flores ni frutas tropicales, pero de bichos, crímenes y clima inclemente, a diferencia de su adorada Manhattan. El tempo se acelera, la música resuena. Los jóvenes cantan las alegrías y privaciones de Puerto Rico y Nueva York, la única América que han visto la mayoría de ellos. En Broadway, las letras de Stephen Sondheim dieron en el clavo: ¡la inmigrante ha traído Puerto Rico con ella a Estados Unidos! Rosalía canta, soñando con el día en que regrese a casa: «¡Todos allá se alegrarán en grande!», y recibe la respuesta inexpresiva de Anita: «Todo el mundo se mudó para acá».

EN 1948, LOS puertorriqueños hicieron algo que habían querido hacer medio siglo antes: eligieron a su presidente ejecutivo, un gobernador. Puerto Rico tuvo gobernadores desde 1509, cuando Ponce de León exploró Florida, buscó la Fuente de la Eterna Juventud y más tarde fue gobernador de esta isla por casi 10 años.

Durante los próximos 400 años, la mayoría de los gobernadores fueron generales enviados desde Madrid o Washington para dirigir los asuntos de esta colonia o posesión. El nieto de Ponce de León ocupó este cargo en el siglo XVI y Theodore Roosevelt Jr. —el hijo del presidente— lo hizo en el siglo XX, después de que su padre le ayudara a Puerto Rico a derrotar a España. Cuando los estadounidenses comenzaron a llegar a San Juan para servir como gobernadores, muchos de ellos ni siquiera hablaban español.

Lo que allanó el camino para que los puertorriqueños tuvieran su propio gobernador fue la Ley del Gobernador Electivo de 1947, aprobada en Washington. El primer gobernador electo fue Luis Muñoz Marín, hijo del famoso líder anticolonialista Luis Muñoz Rivera. En 1950, al término del primer mandato de Muñoz Marín, la Constitución del Estado Libre Asociado de Puerto Rico entró plenamente en vigor y la isla comenzó a encargarse de sus propios asuntos en una forma que no se veía desde la invasión estadounidense. La constitución establecía el número y las responsabilidades de los senadores y representantes de Puerto Rico, y llamaba a la «coexistencia en Puerto Rico de las dos grandes culturas del hemisferio americano», uno de los «factores determinantes» de la democracia y de la vida puertorriqueña.

Con el nuevo cargo de gobernador de Puerto Rico llegó también un nuevo enfoque de la economía y desarrollo para la isla llamada «Bootstrap Operation» en Washington, y «Manos a la Obra» en San Juan. El nuevo gobierno se endeudó fuertemente y construyó una infraestructura largamente esperada: carreteras, alcantarillas y redes de energía eléctrica. En una presentación ante un grupo de posibles inversionistas en Nueva York, el gobernador rechazó los estereotipos sobre los puertorriqueños, donde aparecían como hombres perezosos tendidos en un colchón, pidiendo una taza de café: «Todo eso ha cambiado. Desde hace algunos años, y en la actualidad, la actitud ha sido que el pueblo de Puerto Rico se ayude a sí mismo en la medida de sus posibilidades, que haga frente a sus responsabilidades democráticas y que resuelva sus propios problemas.

»Hoy en día, el pueblo de Puerto Rico no está acostado en un colchón sino de pie, ayudándose a sí mismo en la medida de lo posible, pero aún necesita una mano amiga... Creo que Puerto Rico merece la comprensión y la ayuda de todos los ciudadanos de los Estados Unidos».

A comienzos de ese siglo, como se explica en el Capítulo Dos, el Congreso estadounidense había definido que los productos agrícolas y manufacturados de Puerto Rico eran importados, como si hubieran sido traídos a los Estados Unidos desde un país extranjero. Con el tiempo, esta medida arruinó al sector de las exportaciones agrícolas de Puerto Rico, haciendo que las multinacionales de azúcar con sede en Estados Unidos se apoderaran de una cantidad de tierras cada vez mayor.

La Gran Depresión y una serie de tormentas inusualmente destructivas propinaron los últimos golpes: a finales de los años treinta y principios de los cuarenta, los puertorriqueños estaban subempleados, desnutridos y cada vez más desesperados. Ya en 1933, el desempleo alcanzó la asombrosa cifra del 33 por ciento, que era muy superior a la de

Cientos de miles de puertorriqueños, a pesar de los crecientes niveles de ayuda de Estados Unidos continental, siguieron viviendo en pobreza extrema cuando la isla se convirtió en una república y se eligió a un gobernador puertorriqueño. Para muchos, la vida no era mucho mejor una vez llegaban a Nueva York. CRÉDITO: © BETTMANN/CORBIS

los Estados Unidos continentales. En 1937, el economista agrícola Esteban Bird calculó que el trabajador rural puertorriqueño tuvo un ingreso de doce centavos por día por cada miembro de familia en los años treinta; es decir, solo cuatro centavos de dólar más por día que el costo de alimentar a un cerdo en los Estados Unidos.

Esto se convirtió en una fórmula para el conflicto y la radicalización en Puerto Rico, y también en el territorio continental de Estados Unidos. Había una creciente oposición al gobierno estadounidense y sangrientos enfrentamientos armados entre los trabajadores y las milicias. El Partido Popular Democrático de Muñoz Marín, el PDP, o Populares, ganó terreno con esta hostilidad hacia los intereses azucareros estadounidenses, los cuales habían traído tanta miseria a los trabajadores rasos tras las oscilaciones en el precio del azúcar durante la Depresión.

Las necesidades de producción de la Segunda Guerra Mundial estimularon ligeramente la industrialización de Puerto Rico, y las fábricas de la isla produjeron bienes para la economía de guerra en medio de una estrategia para evitar un bloqueo naval alemán. Varias fábricas y carreteras que conectaban las bases militares fueron construidas durante la guerra. Cuando ésta terminó, los incentivos fiscales atrajeron la inversión en una isla renovada e industrializada.

La producción de azúcar siguió disminuyendo, lo que significaba menos empleo para los campesinos puertorriqueños. Gracias a la Operación Manos a la Obra, la isla se urbanizó y la agricultura ocupó un lugar menos importante en la economía. Este proceso dejó a muchos puertorriqueños entre dos aguas. El mundo que conocían muchas familias —una extrema pobreza rural y un trabajo agrícola muy mal remunerado— estaba desapareciendo. Pero tampoco vieron un lugar para ellos en el nuevo mundo del trabajo calificado y semicalificado de las ciudades y suburbios.

Miles de ellos emigraron a Nueva York. «Aunque no era la panacea, la migración se convirtió en un factor crucial para resolver los problemas económicos de Puerto Rico. Así que la migración se convirtió en una piedra angular del plan de modernización del Gobierno», según afirma Lorrin Thomas, profesora de Historia en la Universidad de Rutgers, y especialista en la migración y en la identidad puertorriqueña. Las proyecciones de Muñoz Marín sobre el futuro de Puerto Rico después de la Operación Manos a la Obra, tenían en cuenta los altos niveles de migración a los Estados Unidos continentales. La oficina de Migración del

Departamento de Trabajo en San Juan alentó a la gente a emigrar hacia el norte.

Juanita Sanabria llevaba varios años oyendo hablar acerca de Nueva York en su ciudad natal de Yabucoa, en el extremo suroeste de la isla: «Estaba emocionada con la idea de Nueva York; me imaginaba en ese lugar encantador y con gente glamorosa. Pero también fue muy duro. Nunca me había separado de mi familia. Siempre estábamos juntos. Yo tenía doce hermanos. Nadie de mi familia había ido a Nueva York, pero sí muchas personas de mi ciudad».

Aunque la vida en las ciudades continentales podía ser dura, un número cada vez mayor de puertorriqueños tenía más dificultades para permanecer en la isla con cada año que pasaba. A pesar de la ayuda significativa por parte del gobierno en Washington, los puertorriqueños padecían hambre y tenían una estatura mucho más baja que sus compatriotas del continente. Mientras la colonia se convertía en un Estado Libre Asociado con su propia constitución, Juanita Sanabria decidió que era hora de irse. «Nunca teníamos suficiente comida. Mi padre era agricultor y, aunque su finca tenía casi cien hectáreas, no podía ganarse la vida en Puerto Rico. Incluso para los agricultores parecía haber mucho más trabajo en los Estados Unidos».

A medida que más y más puertorriqueños se dirigían a Nueva York, Juanita Sanabria finalmente tomó la decisión de irse ella también. La chica de Yabucoa se convirtió en esposa, madre y neoyorquina. CRÉDITO: SANABRIA FAMILY

La relación cada vez más estrecha con el gobierno federal y las inyecciones de ayuda federal parecía hacer que el sueño de un país independiente fuera aún más lejano que en los años posteriores a la Guerra Hispano-Estadounidense. El Estado Libre Asociado suponía una condición extraña, ya que Puerto Rico realmente no hacía parte de los Estados Unidos, pero tampoco era un país soberano.

Arcadio Díaz Quiñones, de la Universidad de Princeton, lo explica de esta manera: «Esta noción de nación —o la ausencia de ella— crea una impresión profunda en la psique y en la identidad de Puerto Rico. Es el primer aviso de que los puertorriqueños no tienen la misma voz que otros pueblos en su destino. Esta voz se encuentra debajo de la piel —sin ser explícita—, pero es más que una idea romántica: es el lente a través del cual los puertorriqueños ven su realidad, sobre todo en Nueva York. Y para las generaciones futuras, es algo que llega a través de la nostalgia, de la música y la poesía». Cualquiera que fuese la situación política de los puertorriqueños en la isla o en Nueva York, a medida que la población aumentaba, lo mismo ocurrió con un fuerte sentido de una nacionalidad cada vez más aglutinada por la geografía. Ya se tratara de un mecánico de automóviles en Orlando, de una trabajadora de la confección en Manhattan, de una maestra de escuela pública en Connecticut, o de un policía en Chicago, los estadounidenses de ascendencia puertorriqueña tenían todos un sentido compartido de la identidad, aunque nunca hubieran vivido o visitado Puerto Rico.

Los inmigrantes como Juanita Sanabria encontraron una comunidad bien establecida en Nueva York. En 1955, unos 700 mil puertorriqueños se habían trasladado a los Estados Unidos continentales, y la mayoría se radicaron en Nueva York. Un número creciente de neoyorquinos estaba conformado por puertorriqueños nacidos en esa ciudad, como en el caso de Edwin Torres. «Mis padres llegaron en los años veinte; mi padre había terminado su servicio militar y fue de visita a Nueva York durante la depresión, cuando East Harlem era predominantemente judío. Fue una época terrible, pero él se quedó aquí, pues la situación de Puerto Rico era mucho peor».

Pasarían varios años antes de que la magnitud de los problemas se manifestara de lleno, pero Nueva York era ya una ciudad en declive. Muchas personas desesperadas hipotecaron su futuro en Estados Unidos a una ciudad que llevaba treinta años al borde de la decadencia. Fue una decisión que acabaría siendo desastrosa para muchos, pero los recién llegados se adaptaron y lucharon. Juanita Sanabria vio esto personalmente: «A pesar de lo que me habían dicho, resultó que era muy difícil encontrar un trabajo. Finalmente encontré uno donde me pagaban un centavo por cada vestido; le decían trabajo a destajo».

Los puertorriqueños trabajaron en hoteles, en mantenimiento de edificios y en el distrito de las confecciones. Los trabajos especializados de manufacturas, que eran la base industrial de Nueva York y ofrecían protección sindical y un salario decente de clase media, eran cada vez más escasos, según la profesora Thomas: «Los puestos de trabajo que habían estado disponibles para los inmigrantes comenzaron a irse de la ciudad y a trasladarse al sur y al centro del país. Los que pudieron se fueron tras ellos. Sin embargo, la mayoría de los empleos disponibles eran en calidad de operadores de ascensores, conserjes, porteros; es decir, trabajos de servicio».

«Los que pudieron se fueron tras ellos». Los puertorriqueños no tenían la misma movilidad de sus vecinos que llevaban más tiempo en los Estados Unidos. Las barreras del idioma, la pobreza y la creencia arraigada de que no serían bienvenidos en otras partes, especialmente quienes tenían la piel más oscura, contribuyeron a que muchos puertorriqueños no se mudaran a otras ciudades aunque otros estadounidenses se trasladaban al sur y al oeste en busca de nuevas oportunidades en una época de cambios económicos. Los puertorriqueños se aferrarían a Nueva York y al noreste durante una generación que sufrió una decadencia terrible. Los pocos pioneros que se trasladaron a ciudades pequeñas de Nueva Jersey, el oeste de Connecticut y el este de Pennsylvania, encontraron en ciertas ocasiones que un nuevo barrio crecía a su alrededor algunos años después.

DE REGRESO EN Puerto Rico, desde 1950 hasta 1965, durante los primeros quince años de la Operación Manos a la Obra, más de medio millón de trabajadores abandonaron Puerto Rico y la tasa de desempleo se redujo un poco más de un punto porcentual, aunque era todavía del 11,7 por ciento, un porcentaje escandaloso. El número de empleos en la isla no alcanzaría sus niveles de 1951 hasta 1965.

Las autoridades de Puerto Rico habían basado sus planes para una futura prosperidad en el hecho de tener menos habitantes. Pero todo parecía indicar que Nueva York no quería recibir más puertorriqueños.

O por lo menos, los veía como un inconveniente. Los edificios ocupados por los puertorriqueños en Manhattan, el Bronx y Brooklyn eran viejos. El revoque de yeso había desaparecido, la plomería se encontraba en mal estado y la calefacción era esporádica. Solo las cucarachas parecían sentirse cómodas allí.

El Nueva York de la posguerra estaba en medio de una renovación urbana. Se construyeron autopistas y parques, proyectos de vivienda para la clase media y un esplendoroso centro para las artes escénicas; muchos de los lugares donde vivían los puertorriqueños serían derribados. Ésta fue la verdadera *West Side Story*, la verdadera historia del lado oeste de Manhattan, dice la profesora Thomas: «El verdadero drama sucedía mientras la renovación urbana se apoderaba de la ciudad. Barrios enteros desaparecieron para dar paso a autopistas y edificios de oficinas. Miles de edificios de apartamentos fueron arrasados, desplazando a miles de familias, en su mayoría puertorriqueñas y negras».

La construcción del Lincoln Center «desplazó a miles de familias» y una zona conocida como Loma de San Juan fue demolida. Los Tiburones y los Jets de la versión cinematográfica de *West Side Story* bailaban, cantaban y peleaban en las calles desiertas, justo antes de que la bola de demolición y el *bulldozer* comenzaran a trabajar. El desplazamiento de personas sin ningún poder creó un auténtico escenario urbano para el rodaje de una película sobre personas indefensas.

MIENTRAS TANTO, UNOS pocos cientos de millas hacia el oeste, Cuba había derrocado a un dictador de antiguo estilo latinoamericano, y se encontró en una nueva situación. Fulgencio Batista había estado dentro y fuera del poder desde 1933. Al igual que muchos cubanos, este militar, líder golpista y presidente pasó varios años en Estados Unidos, aunque con mayor comodidad que la mayoría de sus compatriotas. Después de su estadía estadounidense, Batista regresó a La Habana en 1952, terminó en tercer lugar en las elecciones presidenciales y lideró otro golpe de estado apoyado por el ejército. Poco tiempo después, el Gobierno de Estados Unidos reconoció al nuevo gobierno de Batista.

Los estadounidenses enviaron comisiones de investigación que regresaron con informes sombríos sobre las condiciones políticas y económicas en Cuba. En África, Asia y otras partes de Latinoamérica, grupos armados le estaban declarando la guerra al orden establecido. Con la

Guerra Fría en marcha, muchas de estas batallas estuvieron sujetas al forcejeo «Este-Oeste» entre Moscú y Washington.

Mientras los hermanos Castro —Fidel y Raúl— recibían el apoyo de un mayor número de personas de todo el espectro político, el presidente cubano reprimió la disidencia y trató de sofocar la resistencia. (Al igual que todos los dictadores, quienes creen que pueden salvarse de ser derrocados si aumentan la represión, Batista expandió la policía secreta, y encarceló y ejecutó a sus oponentes. Fidel Castro encabezó una coalición contra Batista, conocida simplemente como «El Movimiento». Le restó importancia a su propia ideología de izquierda y evitó la alianza con el Partido Popular Socialista —que era comunista— para mantener una alianza más amplia).

La revuelta armada, que comenzó poco después del golpe de Estado asestado por Batista en 1952, recibió un mayor impulso y más apoyo externo. El dictador cubano se había granjeado varios enemigos en las décadas anteriores, y las comunidades de exiliados en México y Estados Unidos comenzaron a enviarle dinero a Castro. Una entrevista realizada por el *New York Times* a Castro en las colinas, en 1957, despertó simpatías por este personaje, y las contribuciones económicas del exterior se incrementaron. El apoyo a la revolución contra Batista aumentó y recibió el respaldo de la clase media. El día de Año Nuevo de 1959, Fulgencio Batista se exilió con todo el dinero que pudo sacar.

Las historias sobre la Revolución cubana y sus secuelas se leyeron en todo el mundo. El intento por destilar las perspectivas altamente conflictivas de la historia mientras que los hermanos Castro permanecían en el poder es algo que harán quizá muchos académicos en las próximas décadas: para efectos de nuestra historia, nos alejaremos de los palacios presidenciales y de los ministerios para adentrarnos en las barberías, los cultivos y las calles de las ciudades de provincia.

Los cubanos tuvieron que tomar decisiones al calor de rápidos cambios sociales. Se hicieron preguntas muy básicas: ¿Cómo me irá en la nueva Cuba? ¿Qué futuro hay para mis hijos en este país?

Los cubanos habían llegado a los Estados Unidos hacía más de un siglo. Había comunidades cubanas grandes y bien establecidas en la Florida y Nueva York. En 1860, Vicente Martínez Ybor trasladó su negocio de cigarros a Tampa desde una Cuba cada vez más inestable, y muchos cubanos se fueron a trabajar con él. El censo estadounidense de 1910 contabilizó a 15 mil cubanos en el país, una cifra que aumentó a más de 125 mil en la víspera del triunfo de la Revolución.

En los años cincuenta, familias enteras y hombres solteros llegaron a Manhattan, Chicago y Miami en busca de sus compatriotas. La Revolución lo cambió todo. Como sucede con cualquier cambio perturbador en la política, en la que siempre hay ganadores y perdedores, Cuba no fue una excepción: aquellos que no tenían acceso a la educación ni influencia alguna en la sociedad, la tuvieron de un modo repentino. Los pequeños empresarios, los profesionales educados y los propietarios de tierras y fábricas descubrieron que cada vez sería más difícil vivir en la isla, y cuando casi toda la propiedad privada y las libertades políticas fueron eliminadas, se convencieron por completo.

Al principio no estaba claro si el gobierno revolucionario cubano podría sobrevivir; los cubanos tampoco sabían qué hacer al respecto. Algunas familias sacaron a sus hijos de la isla mientras permanecían en Cuba a la espera de los acontecimientos; otras comenzaron a creer que no había futuro para ellos, al menos en esa época. Estos temores alimentaron los rumores acerca de planes comunistas para dominar y adoctrinar a los niños de la isla. A partir de 1960, un puente aéreo especial de carácter masivo sacó a muchos niños de Cuba. En el transcurso de dos años, 14 mil niños no acompañados fueron enviados a Estados Unidos en un programa llamado Operación Peter Pan. Desde niños más pequeños, que eran casi bebés, hasta adolescentes, viajarían y esperarían a sus padres en los Estados Unidos.

En el verano de 1961, María de los Ángeles Torres, de seis años, estaba preparada para viajar. «Me pusieron el vestido de cuadros azules y blancos que me había hecho mi abuela, y le sujetaron un pedazo de papel con mi nombre».

Cuando tienes tan solo seis años y te conviertes en un miembro involuntario en medio de un drama geopolítico creciente, los detalles no siempre son claros: «Lo único que supe fue que dejamos de coleccionar láminas con los héroes de la revolución. Pero mis padres tenían otras cosas en mente. Fidel había prometido elecciones pero no las hizo. Encarceló o ejecutó a las personas que se oponían a él. A continuación, el régimen asumió el control de las escuelas privadas. Y entonces mis padres decidieron ir al exilio».

María, a quien su familia llamaba Nena, cogió su muñeca Isabelita y una maleta llena de ropa, toallas y pañuelos. «Recuerdo el aeropuerto, que mi madre me abrazaba, y sus últimas palabras: 'Báñate todos los días, los americanos no tienen ese hábito'. Luego, cuando nos fuimos, escuché que otros niños empezaron a llorar».

Muchos de los Peter Pan tenían familiares que vivían en los Estados Unidos. Otros fueron acomodados con familias de acogida gracias a la Iglesia Católica, una punta de lanza para la organización de este programa. Otros se dirigieron a hogares colectivos creados como una estación de paso temporal para vivir con sus familias en Estados Unidos. Nena Torres se fue a vivir con su tía Nenita: «Ella me dio una caja de chocolates. Decidí guardarla para mis padres y la escondí debajo de la cama. al final, las hormigas se la comieron... Aprendí a hacer globos de chicle y a practicar palabras en inglés. Por la noche lloraba en voz baja para que nadie me oyera».

Los Peter Pan ya no eran simplemente niños; también eran símbolos de la Guerra Fría, el conflicto entre Cuba y los Estados Unidos. Salvador De Cistierna, un sacerdote católico que dirigía el albergue más grande, apareció en un documental realizado por el Gobierno de los Estados Unidos mientras hablaba con los niños Peter Pan en el sur de la Florida. Su discurso deja en claro que ellos eran entendidos como algo más que simples niños que necesitaban un lugar donde vivir: «Ustedes son un recordatorio constante de que algo está muy mal en el mundo. Me gustaría que ustedes tuvieran un gran sentido de la responsabilidad, ya que una Nueva Sociedad, y un Nuevo Mundo, están esperando a reconstruir su patria. Cuba los está esperando a ustedes».

Anfitriones generosos. Hombres cruzados de edad mediana. Niños preciosos, rescatados. El peso acumulado de la narrativa triunfal hizo que incluso después de haber crecido, los Peter Pan tuvieran dificultades para hablar de manera abierta y sincera sobre la experiencia de los miles de niños que dejaron a todos sus seres queridos y el mundo que habían conocido para viajar a Estados Unidos. Llamar a la Operación Peter Pan nada menos que un éxito era algo que rayaba en la ingratitud. Nena Torres terminó siendo una profesora de historia y escribió un libro sobre los Peter Pan. «Las historias hablan de una huida heroica hacia la libertad, lejos de la represión; de una misión de rescate patrocinada por valientes organizaciones humanitarias. Pero hubo un trauma desgarrador de separación».

Las fuerzas que estimularon la emigración cubana y el peculiar caldo de cultivo que era la política de la Guerra Fría, crearon una imagen muy diferente de estos inmigrantes latinos. El hecho de que muchos cubanos no fueran personas pobres que buscaban una vida mejor las hacía más simpáticas. La familia de Gustavo Pérez Firmat tenía una bodega en Cuba. «Mi padre era comerciante de alimentos. En octubre de 1960, la bodega fue confiscada por Fidel Castro y diez días más tarde, mis padres decidieron exiliarse. Casi 100 mil cubanos habían llegado aquí, en su mayoría profesionales, empresarios y trabajadores de cuello blanco que habían perdido sus puestos de trabajo o posesiones».

En los primeros días de la Revolución, los refugiados cubanos en Estados Unidos y sus partidarios estadounidenses pensaban que las cosas no podían seguir así. Pérez Firmat recuerda: «Creíamos que los estadounidenses nunca permitirían que un régimen comunista saliera adelante y estábamos contando con ellos para deshacernos de Castro. Pensamos que eso sucedería pronto. Y de hecho, los americanos reclutaron a cubanos para que fueran a la isla y combatieran; todo el mundo en Miami sabía que el final estaba cerca y que pronto regresaríamos a Cuba».

Fidel llevaba menos de dos años en el poder cuando mil cuatrocientos exiliados cubanos entrenados por los Estados Unidos incursionaron en la Bahía de Cochinos, en la costa sur de la isla. La invasión fue un desastre, suponiendo un duro golpe para el prestigio norteamericano y una gran victoria publicitaria para el régimen de Castro. La esperanza de volver a casa ardió durante cuarenta y ocho horas para miles de cubanos en los Estados Unidos, pero pronto se desvaneció.

Como señala el sociólogo Alejandro Portes, muchos exiliados entendieron que pasarían mucho tiempo en los Estados Unidos, pero lo cierto es que tuvieron un gran apoyo mientras hacían la transición: «A causa de la Guerra Fría, la inmigración cubana no fue solo un hecho sino también una causa. Revistas como *Time*, *Life*, *Newsweek* y *Fortune* celebraron el coraje de los refugiados, su amor por la libertad y su espíritu empresarial.

»Las leyes no tardaron en ser flexibilizadas para facilitar su entrada al país y, cuando llegaban, tenían una serie de ventajas con las que no contaban otros inmigrantes: estampillas de comida, clases gratuitas de inglés, becas, dinero en efectivo… Lo que fuera necesario para recibir beneficios».

La puerta de Estados Unidos se cerró de golpe para muchas familias separadas que esperaban en Florida a que sus familiares salieran de Cuba para reunirse con ellos. Esto fue muy triste para los adultos, y potencialmente devastador para los pequeños Peter Pan. «Lo que significa esto es que muchos niños que habían viajado a la Florida en la Operación Peter Pan no se reunirían pronto con sus padres», recuerda Nena Torres. «Yo fui una de las afortunadas: mi madre y mi padre lograron llegar a la Florida. Para ellos, la Florida se convirtió en 'el País del Nunca Jamás'».

(Muchas personas decidieron marcharse, pero esto no era tan sencillo como comprar un billete aéreo y subirse a un avión. Luis Capo recordó el día de 1966 en que abordó un barco con su hermano Carlos y su padre Manuel: «Navegamos desde Pinar del Río, en el oeste de Cuba, y escapamos literalmente de la isla porque en esa época era ilegal abandonarla. Podían dispararte o hundir tu embarcación. Podías ir a la cárcel si te atrapaban.

«Íbamos mi padre, un hermano mío y yo. Otro de mis hermanos estaba en la cárcel; era un preso político. Mi madre y mis cuatro hermanos menores también se quedaron en Cuba. Llegamos a Cozumel, Mérida; seguimos a Ciudad de México, y de allí a Estados Unidos».

En 1966, Estados Unidos y la Unión Soviética se enfrentaron en la Crisis de los misiles de Cuba. Fidel Castro había proclamado a Cuba como un estado comunista y Estados Unidos le había impuesto un embargo económico a la isla cuatro años atrás. La sociedad cubana se sostenía gracias a los subsidios de la Unión Soviética. Cuando su barco tocó tierra en Texas, Capo comprendió que los cubanos recibían un trato muy diferente de los demás inmigrantes: «Saltamos una valla de ocho pies de altura, subimos a un autobús que nos llevó a Luisiana y las autoridades nos detuvieron allí. Nos apretaron tanto las esposas que mi padre estuvo a un paso de llorar. Pero cuando se dieron cuenta de que no éramos mexicanos, sino cubanos, nos dijeron: 'Bienvenidos a Estados Unidos'».

Los Capo pudieron permanecer en el país debido a que todos los cubanos que llegaban estaban amparados por una legislación muy diferente. No tenían que pasar por el laberinto de límites, restricciones, períodos de espera y requisitos de visa que enfrentaban los ciudadanos de muchos otros países. Los cubanos no tenían que utilizar un puerto normal de entrada. La posibilidad de convertirse en una carga pública tampoco era un impedimento para entrar a Estados Unidos. Una vez en el país, los cubanos podían obtener la residencia legal y la ciudadanía estadounidense con mayor rapidez que los ciudadanos de otros países).

A MEDIDA QUE avanzaban los años sesenta, buena parte de la prosperidad alcanzada por la primera oleada de los «heroicos refugiados cubanos» que llegaron al sur de la Florida quedó atrás. La frustración se extendió ampliamente. Hombres y mujeres que eran médicos, contadores y dentistas en la isla, no lograron que sus credenciales cubanas y europeas fueran aprobadas por las juntas de licencias estatales de los Estados Unidos ni ejercer sus profesiones en su nuevo hogar. Trabajaron en lo que pudieron y el deterioro de su estatus se tradujo en unas condiciones de vida más precarias para sus familias. Trabajaron como meseros, taxistas, empleados de almacén y obreros.

Trescientos mil cubanos vivían en Miami a finales de los años sesenta. En octubre de 1965, Jack Kofoed, un columnista de *The Miami Herald*, escribió lo siguiente en una columna titulada «Miami ya tiene demasiados refugiados»: «Estamos hasta el cuello con los refugiados cubanos. Muchos se han convertido en miembros sólidos y productivos de la comunidad, pero otros se han convertido en un lastre, y algunos han contribuido al problema de la criminalidad. En su conjunto, ellos constituyen una carga financiera y de otros tipos». Kofoed señaló que la situación estaba a punto de empeorar. Castro había anunciado que ningún opositor a la Revolución podía salir de la isla, y Kofoed afirmó que esto significaba que Castro estaba a punto de deshacerse de ancianos y enfermos, y de miles de presos políticos, mientras el presidente Lyndon B. Johnson les abría la puerta de los Estados Unidos. Kofoed se preguntó: «¿Qué vamos a hacer con ellos? ¿Cómo podemos acogerlos? Ellos se sumarán a los problemas de desempleo y asistencia social».

En una columna publicada un mes más tarde, las quejas de Kofoed van más allá de las económicas y políticas, reflejando así las observaciones formuladas por los antiguos inmigrantes a los Estados Unidos: «Al miamense promedio no le preocupa realmente la cantidad de dinero por impuestos que se gasta en los refugiados. Lo que le preocupa son los comportamientos que parecen ser bastante normales para los cubanos. Estos incluyen ver televisores y escuchar radios al volumen más alto posible durante toda la noche, la tendencia a reunirse en grupos en las aceras mientras hablan en voz alta y se niegan a darles paso a los transeúntes, a conducir mal y a no respetar las señales de tráfico, a que tres y cuatro familias se hacinen en una casa para una sola familia, lo que en última instancia deteriorará a cualquier barrio».

Kofoed les recuerda lo siguiente a los cubanos que vinieron como invitados del pueblo estadounidense y recibieron dinero, alimentos y empleos: «Como invitados, ustedes deben tratar de adaptarse a nuestras costumbres, y no esperar que nosotros cambiemos las nuestras por las suyas». Si las opiniones de Kofoed eran «demasiado» para los habitantes blancos de Miami, hubo poca evidencia de ello en el *Herald*, que publicó la columna de Kofoed por más de treinta y cinco años.

La expansión de la población cubana habría de alterar también las nociones binarias de raza entre negros y blancos que habían prevalecido durante mucho tiempo en la Florida, que una vez fue un Estado confederado y tuvo espacios públicos racialmente segregados. A los afroamericanos les indignaba que los cubanos de piel oscura asistieran a escuelas blancas, tradicionalmente cerradas para ellos. Un ministro concluyó: «El negro estadounidense solo podrá resolver el problema de la integración escolar enseñándoles a sus hijos a hablar español».

Pérez Firmat recordó que muchos cubanos de Miami ignoraron los resentimientos que se arremolinaban a su alrededor, o se comportaban como si no les importaran. «Estábamos en nuestro propio mundo. Realmente no sabíamos qué pensaban los demás acerca de nosotros. Estábamos demasiado preocupados con ser cubanos y con construir en Miami nuestra réplica de La Habana que habíamos dejado atrás.

»Muchas cosas parecían iguales: comíamos las mismas comidas, las mismas personas que nos visitaban en Cuba lo hacían en Miami. Pero las cosas eran diferentes: yo no tenía una habitación propia y dormíamos cinco en el Florida Room».

Las organizaciones y los planes anticastristas no terminaron con el fracaso de la invasión de Bahía de Cochinos. Una gran cantidad de rumores e intrigas, de planes y de sueños para derrocar a Castro de modo que los exiliados pudieran volver a casa, circulaban en Miami. La organización anticastrista Alpha 66 fue fundada en Puerto Rico en 1961 con el propósito expreso de derrocar al régimen de Castro. Los círculos de exiliados creían ampliamente que el gobierno cubano llegaría pronto a su fin.

Cuando Carlos Capo llegó a la Florida, los refugiados que habían llegado antes le dijeron que su viaje en barco a Texas había sido un esfuerzo inútil. «Nos dijeron que deberíamos haber permanecido en Cuba, que los días de Castro estaban contados, que todo el mundo 'sabía' que Alpha 66 estaba a punto de derrocarlo, y que todos los exiliados cubanos regresarían pronto a la isla. Así que, ¿por qué nos habíamos molestado en venir a Estados Unidos? Pero habíamos hecho este viaje, llegado a salvo, y ahora teníamos que luchar por eso».

Los Capo, que fabricaban muebles antes de la Revolución cubana, comenzaron a trabajar en una fábrica de muebles. Luego, dice Luis Capo, abrieron una fábrica después de llegar a Estados Unidos: «Trabajábamos ocho horas al día en la fábrica y luego trabajábamos un turno de ocho a diez horas en nuestra pequeña tienda de muebles. A veces solo

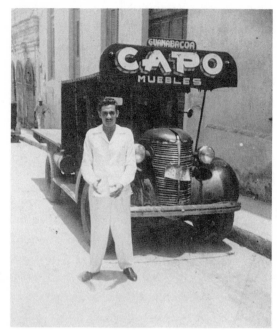

Manuel Capo de pie junto al camión de reparto para el negocio de muebles de su familia en La Habana. Más adelante zarpó hacia México y se abrió camino a los Estados Unidos para volver a comenzar de nuevo. CRÉDITO: CAPO FAMILY

Los hermanos Capo bautizaron su tienda de muebles en Miami con el mismo nombre del barco que los sacó de Cuba: El Dorado. CRÉDITO: CAPO FAMILY

dormíamos dos o cuatro horas al día. Y en 1966 solo se hablaba inglés. Miami no era lo que es hoy».

Los Capo abrieron su primer negocio con un pequeño préstamo solicitado a través de contactos. Carlos Capo señaló que la ayuda del gobierno —un préstamo de 10 mil dólares de la Administración de Pequeños Negocios de los Estados Unidos— fue un gran punto de inflexión. Llamaron a su tienda El Dorado, el mismo nombre del velero que los había llevado fuera de Cuba.

Cuando el sueño de derrocar pronto a Castro se desvaneció, muchos profesionales tomaron el largo camino hacia la cualificación en Estados Unidos y obtuvieron su licencia, un proceso largo y dispendioso que requería con frecuencia tomar no solo clases de inglés, sino también regresar a las universidades y escuelas de posgrado para validar las credenciales cubanas.

En medio del crecimiento económico nacional de los años sesenta, e incluso durante la desaceleración y recesiones de los años setenta, el poder económico y político cubano aumentó en la Florida. Al igual que los Capo, otros cubanos abrieron sus propias empresas y ascendieron en el mundo empresarial hasta dirigir grandes compañías que cotizaban en la bolsa, como Roberto Goizueta, quien fue presidente y CEO de la Corporación Coca-Cola en 1980, o Carlos Gutiérrez, nombrado director general de la Compañía Kellogg en 1999 y más tarde Secretario de Comercio de George W. Bush.

La historiadora María Cristina García dice que los Estados Unidos nunca habían experimentado nada igual. «Ninguna comunidad inmigrante en la historia de Estados Unidos había adquirido tanto poder económico y político en tan poco tiempo como los cubanos», dice. «Ellos obtuvieron todos estos logros sin asimilar la cultura existente. De hecho, se puede argumentar que por seguir siendo cubanos y por permanecer centrados en el mantenimiento de su herencia con la esperanza de regresar a casa, lograron triunfar como lo hicieron».

Pérez Firmat refleja esta idea: «Los niños cubanos como yo crecimos inmensamente orgullosos de lo que éramos, creyendo que nuestra experiencia era especial. La discriminación en contra de nosotros nunca cambió esa sensación». Cuando desapareció la posibilidad de regresar a Cuba, se puede decir que los cubanos comenzaron a actuar menos como refugiados y más como inmigrantes.

Sin embargo, detrás de estas décadas de éxito también se esconde otra historia, que tal vez sea una de las diferencias más importantes entre los cubanos y los otros latinos que llegaron a los Estados Unidos en el siglo XX. Aunque la tradición familiar de venir a Estados Unidos desde Puerto Rico o México podía comenzar con privaciones y la posibilidad de lograr algo mejor aquí, la historia de las familias cubanas empezó con comodidades, pero seguida de privaciones en el nuevo hogar. Especialmente en las historias contadas por los ancianos, se trataba de un mejor lugar para ellos que les fue arrebatado.

Estados Unidos no logró devolvérselos, señaló Pérez Firmat: «Cada nuevo presidente lo prometía, pero no cumplía». Con los años, el envejecimiento de la generación del exilio fue visible en Miami: «En algún momento se convirtió en una ciudad muy triste. La gente seguía muriendo antes de regresar a la isla. Mi padre falleció en Miami sin ver su sueño cumplido. Miami no es la ciudad que es actualmente por la gente que vive aquí sino por las personas que murieron aquí, por los sueños que vinieron a descansar aquí».

Esta decepción bien podría adoptar la forma de un humor negro. Una vieja broma que aparece en la colección de historias de Ana Menéndez está arraigada en la vida cubana del sur de la Florida. Un perro callejero en una calle de Miami se come con los ojos a una elegante *poodle* blanca mientras pasa a su lado. Le dice que es muy hermosa, le habla de las cenas lujosas a las que le gustaría invitarla y de los cachorros que le gustaría tener con ella.

La *poodle* responde desdeñosa: «¿Sabes con quién estás hablando? Yo soy de una raza refinada de clase considerable y tú no eres más que un perro callejero, pequeño e insignificante».

«Perdóneme, Su Alteza», le dice Juanito, el perro sarnoso. «Puedo ser un perro callejero pequeño e insignificante aquí en los Estados Unidos, pero era un pastor alemán en Cuba».

Al analizar la experiencia cubana, Alejandro Portes concluye que la geografía también fue importante en el éxito cubano: «La experiencia cubana en Miami es singular y única entre la experiencia de los inmigrantes del siglo XX. Si los cubanos se hubieran radicado en Nueva York, habría sido una historia muy diferente. Nueva York era un ambiente mucho más duro. Aunque se considera el epítome del crisol de razas, es el lugar más difícil para que los recién llegados sobrevivan, por no hablar de prosperar».

MIENTRAS LOS CUBANOS tomaban decisiones trascendentales para marcharse o permanecer en Cuba mientras el régimen de Castro endurecía el control sobre su isla natal, otra nación caribeña estaba en crisis. República Dominicana, una vez soñada como parte de una confederación del Caribe con Cuba y Puerto Rico, había tomado un camino muy diferente de sus vecinos de habla hispana.

La República Dominicana surgió a partir de la primera y más antigua de las colonias españolas en el Nuevo Mundo. Cristóbal Colón estableció el Gobierno español en la isla de La Española en 1493, durante su segundo viaje al Caribe.

A diferencia de otras colonias de la región, que tenían administraciones exclusivas y una identidad nacional única, La Española estuvo marcada por una extraña historia híbrida que surgió en la isla. España y Francia lucharon para lograr el dominio del rentable sistema de plantaciones de azúcar que había en la isla, operado por mano de obra esclava. A finales del siglo XVIII, Francia llegó a controlar el tercio occidental de la isla, y España, los dos tercios orientales.

Lo que siguió fue un siglo de conflictos casi constantes que enfrentaron a dos imperios y a dos colonias en una pequeña isla. La revolución haitiana creó la primera república negra del mundo en los antiguos territorios franceses y, finalmente, Haití le declaró la guerra a la parte de habla hispana, creando un país que se llamó brevemente la República Española de Haití, que unió a la isla bajo un gobierno francófono. Según las leyes haitianas, los blancos no podían poseer tierras y entonces las familias españolas propietarias de plantaciones buscaron refugio en Cuba y Puerto Rico.

Los secesionistas españoles ayudaron a derrocar al dictador haitiano Jean-Pierre Boyer, combatieron en el sector oriental de la isla y crearon una república de habla hispana en 1844. Haití opuso resistencia y realizó varias invasiones a la nueva República Dominicana. Los haitianos fueron rechazados, pero las rivalidades dentro de la élite política y militar de habla hispana desestabilizaron tanto al país que éste comenzó a ofrecerle su anexión a otras potencias. Estados Unidos estaba distraído por su propia crisis —la Guerra Civil—, los franceses no estaban interesados en esta anexión y, en 1861, España regresó en un tercer intento para restaurar el régimen colonial, y encontró resistencia una vez más. Los rebeldes expulsaron de nuevo a España y la moderna República Dominicana se estableció de forma definitiva en 1865.

Esta historia inusual determinó la aparición de ciertas características en la vida dominicana durante los próximos ciento cincuenta años: una serie de gobiernos débiles y corruptos, un alto grado de mestizaje y de conciencia racial, y un resentimiento hacia los haitianos que rayaba en la paranoia.

La República Dominicana de mediados del siglo XX vio la manifestación plena de estas características. De 1930 a 1961, un hombre moldearía la vida dominicana: Rafael Leónidas Trujillo, quien como militar, político y líder golpista, tipificó los peores excesos del desgobierno en Latinoamérica.

Los tentáculos de Trujillo se extendían a todos los ámbitos de la vida dominicana. La policía secreta vigiló y eliminó a toda la oposición potencial. El dictador amasó una fortuna colosal para él y su familia. El Partido Dominicano, el único movimiento político legal en el país, tenía como una de sus funciones principales la señalada en su manifiesto: «Mantener, propagar y poner en práctica el credo patriótico y político de su fundador, el doctor Rafael Leónidas Trujillo Molina». Después de llamarse varios siglos como Santo Domingo, la capital fue rebautizada como Ciudad Trujillo, y la montaña más alta del país pasó a llamarse Pico Trujillo.

«El Jefe» nombró coronel del ejército a su hijo Ramfis —de apenas once años— y lo declaró propietario del 20 por ciento de las fábricas de azúcar, de productos lácteos, de manufacturas y armamento del país. Un artículo de 1953 celebraba la estabilidad, los avances en educación y el acceso a la atención sanitaria que diferenciaban a la República Dominicana de otras naciones insulares del Caribe: «A la hora de juzgar a la República Dominicana y al hombre extraordinario que es su dictador,

El Generalísimo Rafael Trujillo, dictador dominicano, era un aliado fiable de los Estados Unidos y era visto como un contrapeso a la creciente influencia izquierdista en Latinoamérica. CRÉDITO: © HULTON-DEUTSCH COLLECTION/CORBIS

es de vital importancia, en primer lugar, rendir homenaje a los logros notables del régimen desde que el Generalísimo Trujillo asumió el poder en 1930». El artículo también les recordaba a los lectores uno de los episodios más oscuros de la rivalidad con Haití.

La «Masacre del Perejil» fue ordenada por Trujillo en 1937 para eliminar a los haitianos que habían ido a trabajar a República Dominicana, y que se establecieron en granjas y pueblos pequeños. El «Generalísimo» fue el proponente de un proyecto político llamado simplemente antihaitianismo, que terminó en la muerte de entre 30 y 50 mil haitianos, hecho que fue compensado posteriormente mediante un pago a un gobierno títere haitiano de unos 30 dólares por cadáver.

Trujillo, que era asesino, ladrón y estadista, fue un aliado leal de los Estados Unidos. Una declaración, quizás apócrifa, atribuida a Cordell Hull, secretario de Estado del presidente Franklin Roosevelt, resume los sentimientos que probablemente albergaban los estadounidenses acerca de los Jefes de Estado del hemisferio: «Puede que sea un hijo de puta, pero es nuestro hijo de puta». Trujillo manejaba al país con mano de hierro, mantenía las cuentas equilibradas, era un buen tipo y no toleraba ninguna tontería izquierdista. Los *marines* de los Estados Unidos lo entrenaron como policía durante la Primera Guerra Mundial y Trujillo había sido un hombre confiable. Era visto incluso como un contrapeso a la creciente influencia del nuevo gobierno de Castro después de la caída de Batista.

La oposición a Trujillo, iniciada en 1949 y que continuó en los años cincuenta, comenzó a crecer dentro y fuera de la República Dominicana. Los brutales asesinatos políticos, la dura represión a la prensa y el distanciamiento de la poderosa Iglesia Católica comenzaron a socavar el apoyo estadounidense a «El Jefe». Aunque las rivalidades de la Guerra Fría aumentaron en todo el mundo, algunos líderes eran tan irredimibles que ni siquiera el anticomunismo más abierto sería suficiente para contar con la protección de Occidente.

La novelista Julia Álvarez podía remontar su vida en los Estados Unidos a un día de verano en 1960, en la República Dominicana. Su padre participó en la creciente resistencia clandestina contra Trujillo. Un auto negro comenzó a pasar por la puerta de su casa: «Ese auto solo podía significar una cosa: que estábamos siendo vigilados. Y en nuestro país, ése era un problema sumamente delicado».

Como afirmó Maria Cristina García, historiadora de Latinoamérica y profesora de la Universidad de Cornell, los temores de la familia Álvarez con respecto a Trujillo estaban bien fundados: «Él era un psicótico puro y simple. Secuestró y violó a muchas mujeres, encarceló, torturó y asesinó a miles de presos políticos. Por todas partes había informantes. Todo el mundo le temía a Trujillo».

Un amigo en la embajada de los Estados Unidos confirmó las sospechas del padre de Álvarez y le ayudó a la familia a salir del país. En poco tiempo, todos volaron rumbo a Estados Unidos, un país que había despertado la imaginación de Álvarez desde su niñez: «Toda mi infancia me había vestido como americana, comía alimentos americanos y era amiga de niños americanos. Pasé la mayor parte de mis días hablando y leyendo en inglés. Por las noches, mis oraciones estaban llenas de pelos rubios, de ojos azules y de nieve. Yo había soñado con un viaje en avión como éste. Toda mi infancia anhelé el momento de llegar acá. Ahí estaba yo, una chica americana, volviendo por fin a casa».

Álvarez no sería la primera inmigrante —y estaría lejos de ser la última— en llevarse una fuerte sorpresa cuando el país con el que había soñado y para el cual se había preparado resultó ser muy diferente de lo que esperaba. «Mi clase de inglés en República Dominicana, fuertemente alternada con el español, no me preparó para el inglés de Nueva

La joven Julia Álvarez, (segunda, de izquierda a derecha) con sus hermanas, antes de que la familia huyera del régimen de Trujillo para instalarse en los Estados Unidos. CRÉDITO: JULIA ALVAREZ

York. Yo no podía saber dónde terminaba una palabra y dónde comenzaba otra.

»Los chicos se burlaban de nosotros y nos gritaban *¡Spic!*. Por supuesto, mi buena madre insistió en que ellos decían *Speak'* pero yo sabía suficiente inglés como para saber que no era así. Y si esto no era lo suficientemente claro, a veces los chicos nos tiraban piedras». A la República Dominicana le esperaban épocas peores. La familia Álvarez vería el transcurso de los acontecimientos desde un barrio de clase media en Queens, Nueva York.

En mayo de 1961, el auto de Trujillo fue emboscado y el dictador fue asesinado. Varios hombres perdieron la vida en el tiroteo y, mientras el hijo de Trujillo trataba de preservar el control que su familia tenía del país, todos los atacantes —a excepción de uno— fueron arrestados y ejecutados luego de una gran ofensiva. El sobreviviente, Antonio Imbert Barrera, fue declarado posteriormente héroe nacional y nombrado general, y recibió una pensión del Estado. Aunque Imbert niega la conexión, lo cierto es que en el último medio siglo han circulado rumores sobre la participación de la Agencia Central de Inteligencia en el asesinato de Trujillo. Independientemente de la supuesta participación de la CIA, la muerte de Trujillo no puso fin a su época, pues las facciones rivales de la política dominicana se enfrentarían durante muchos años.

El automóvil acribillado de Rafael Trujillo. El asesinato del dictador llevó a la inestabilidad al República Dominicana, que culminó con una invasión relámpago por parte de los Estados Unidos en 1965. CRÉDITO: © BETTMANN/CORBIS

A pesar del enfrentamiento con la Unión Soviética en Europa durante la Guerra Fría y del aumento de la intervención en Vietnam, los problemas en Santo Domingo no escaparon a la atención del Despacho Oval.

Cuatro años después de la muerte de Trujillo, 26 mil infantes de marina estadounidenses desembarcaron en Santo Domingo. El presidente Lyndon Johnson explicó a la nación que la invasión relámpago era necesaria para evitar que el comunismo se propagara por el Hemisferio Occidental: «Se hace necesario llamar a la acción hemisférica solo —repito: solo— cuando el objetivo es evitar el establecimiento de una dictadura comunista».

En la lógica del gran poder que prevaleció en las décadas de la Guerra Fría, no se necesitaba el más mínimo vestigio de una influencia comunista para justificar una incursión militar. A los políticos de centro-izquierda y a los núcleos marxista-leninistas más recalcitrantes se les habló con frecuencia en términos casi idénticos. La invasión de los Estados Unidos le impidió a un social demócrata de izquierda llegar a la presidencia dominicana y le despejó el camino a Joaquín Balaguer, un antiguo colaborador de Trujillo. Johnson dijo a los estadounidenses: «Varios líderes comunistas, muchos de ellos entrenados en Cuba, se unieron a la revolución al ver la posibilidad de aumentar el caos y aprovecharse de esto, y cada vez tuvieron más poder. Y lo que comenzó como una revolución democrática popular, comprometida con la democracia y la justicia social, muy pronto fue absorbida, realmente cooptada y puesta en manos de una banda de conspiradores comunistas».

Johnson le aseguró al país que el interés estadounidense era evitar bajas dominicanas y estadounidenses, y habló de la falta de interés de Washington en elegir al futuro líder de la República Dominicana. Durante la ocupación estadounidense, una organización civil y conservadora tomó el poder en Santo Domingo, y los *marines* regresaron a los Estados Unidos.

LAS LEYES DE inmigración de la posguerra habían limitado el número de personas que podían venir a los Estados Unidos desde Asia, África y Latinoamérica. Desde 1924, el Congreso fijó las cuotas de inmigración basándose en el número de residentes extranjeros de cada nacionalidad que había en el país en el censo de 1910. En otras palabras, la ley de inmigración estadounidense fue manipulada durante gran parte del siglo XX para reproducir los patrones de inmigración que habían prevalecido a principios de siglo. Esta fórmula excluía a los inmigrantes de muchas partes del mundo y favorecía las llegadas de Europa antes que las de cualquier otro lugar, y a los europeos del norte y del oeste en lugar de los del sur y el este.

Sin embargo, esta ley fue abolida. Con la aprobación de la Ley de Inmigración y Nacionalidad de 1965, la ley estadounidense ya no excluiría automáticamente a los dominicanos que querían abandonar un país inestable y a veces peligroso ni a otras personas que intentaban salir de otros países que no eran europeos. Miles de personas se dirigieron a Nueva York. «No pensamos en ir a ningún otro lugar. Para nosotros, Nueva York *era* los Estados Unidos. Eso era lo único que sabíamos. Todos nuestros conocidos estaban en Nueva York», cuenta Eligio Peña recordando sus años de adolescencia, cuando por primera vez comenzó a pensar en dejar la República Dominicana: «Yo estaba en un internado en Santo Domingo. Casi todas las noches se podían oír los enfrentamientos; era un lugar inseguro. No se veía bien en términos de futuro». Peña terminó la escuela y abandonó el país en 1968.

En sus años como periodista, Juan González ha cubierto de cerca la política dominicana y el asentamiento de un importante grupo étnico nuevo en Nueva York. «En términos generales, los recién llegados estaban mejor educados que los puertorriqueños o los inmigrantes dominicanos que estaban en las islas. También tenían más conciencia política que el puertorriqueño o mexicano promedio. Pero llegaron para hacer los trabajos más bajos, como tienden a hacerlo los inmigrantes».

Eligio Peña se dirigió al Bronx. «Fui al Baruch College de noche y trabajé en una fábrica hasta que conseguí un trabajo en una bodega. Recibí capacitación en informática en el Instituto Empire. Todavía no sé mucho de computadoras, pero sí de bodegas y de supermercados». Las bodegas están en todos los lugares donde hay un gran número de hispanohablantes. Abren durante largas horas, ofrecen alimentos caribeños que no tienen muchos supermercados y, lo más importante: ofrecen pequeños créditos a los latinos de clase trabajadora.

Los dominicanos se trasladaron al sur del Bronx y a los barrios del extremo noroeste de Manhattan, mientras los puertorriqueños abandonaban el centro de la ciudad para radicarse en Nueva Jersey, Connecticut y los condados suburbanos de Nueva York.

Durante los años sesenta y setenta, los puertorriqueños marcaron el tempo cultural latino de Nueva York. Si veías a alguien hablando español en las calles, lo hacía con acento puertorriqueño. Si un latino estaba compitiendo por un puesto en el concejo municipal de Brooklyn, o por un asiento en el senado estatal del Bronx, sabías casi con seguridad que era puertorriqueño.

En Manhattan, un domingo de junio se transformaba de pronto en el Boricua Central, cuando el Desfile nacional puertorriqueño reunía a cientos de miles de manifestantes, bandas, reinas de belleza y celebridades puertorriqueñas de la isla y del continente. El Nueva York puertorriqueño fue la tierra que nutrió a Tito Puente, Cuban Pete, Piri Thomas, Rosie Pérez, Marc Anthony y Jennifer Lopez.

Juan González vio cómo los dominicanos iban occupando los espacios puertorriqueños, y también sus nichos económicos. «Hay una rivalidad entre los puertorriqueños y los dominicanos que ha pasado de un barrio a otro. Virtualmente todas las bodegas solían ser propiedad de puertorriqueños. Hoy en día es raro encontrar una que no pertenezca a un dominicano. Lo mismo ocurre con el servicio de taxis informales».

Eligio Peña agradece a las generaciones pioneras de inmigrantes. «Los puertorriqueños realmente establecieron las bases para nosotros. Si no hubiera sido por ellos, no sabríamos adónde ir. Los dominicanos comenzaron a comprar bodegas y entonces vimos que había una necesidad real de supermercados, pues las grandes cadenas se habían marchado porque no querían estar en zonas pobres».

Cuando Peña abandonó la República Dominicana y se dirigió a Nueva York, dejó una familia enorme. Uno a uno, sus catorce hermanos aprovecharon los avances logrados por su hermano mayor y ayudaron a expandir una empresa familiar en crecimiento. «Yo traía a mis hermanos cada año, a medida que se graduaban de secundaria. Vinimos los quince, además de mi madre. Todos trabajamos en el negocio de los supermercados y hemos logrado abrir catorce tiendas en Manhattan, Long Island, Nueva Jersey y Carolina del Norte». Hoy en día, «Compare Foods» es un nombre reconocido entre clientes de habla hispana a lo largo y ancho de la costa este de los Estados Unidos.

HOY EN DÍA, la ciudad más grande de los Estados Unidos habla español con una impresionante variedad de acentos. Aproximadamente uno de cada tres neoyorquinos es latino, un número impresionante para los *viejitos* que recuerdan los tiempos difíciles, el yeso agrietado y las tuberías frías en el este de Nueva York, el Lower East Side y Sunset Park, cuando los latinos eran vistos como intrusos que traían el caos y la criminalidad. Sus nietos no son intrusos indeseables y se han extendido por todo el noreste. Muchos tienen educación, un hogar y un lugar seguro en la clase media. Al mismo tiempo, muchos otros siguen luchando en las viejas ciudades, afectados por las mismas condiciones deficientes de vivienda, escuelas y empleos que enfrentaron los primeros inmigrantes.

El censo de 2010 confirmó la continuación de un cambio gradual en la Nueva York latina. Los puertorriqueños eran todavía el grupo más numeroso, con 738 mil habitantes, mientras que los dominicanos han aumentado mucho su población desde los que llegaron por primera vez tras el tumulto de golpes de estado e invasiones en los años sesenta, con más de 600 mil habitantes. Los mexicanos han llegado a Nueva York en cantidades enormes en los últimos decenios. Eran poco más de 50 mil en 1990 pero en la actualidad hay unos 350 mil... Toda un Minneapolis, toda una Wichita. Y ahora se abren camino en la gran ciudad. Muchos otros se esfuerzan para evitar a los funcionarios del censo, pues viven y trabajan ilegalmente en los Estados Unidos. Al lado de propietarios de viviendas de clase media, estudiantes universitarios, políticos, artistas y oficinistas, miles de nuevos inmigrantes permanecían en los peldaños inferiores del escalafón de oportunidades en Nueva York, viviendo en las peores viviendas y enviando a sus hijos a las peores escuelas.

Como señaló Peña, las migraciones puertorriqueñas de la posguerra fueron las que allanaron el camino. Junto con beisbolistas, boxeadores, actrices y músicos, los líderes comunitarios impulsaron las aspiraciones de sus pueblos en su nuevo hogar. Hoy en día son senadores y representantes, alcaldes y jefes de condados pertenecientes a todos los grupos latinos. Para los caribeños que siguen una carrera política, su padrino es un puertorriqueño que descendió de un buque de carga casi sin un centavo en 1941. Era huérfano y tenía apenas doce años. El joven Herman Badillo fue enviado a la Escuela Secundaria Haaren, en Manhattan, y asignado a la formación profesional. «Yo estaba estudiando aeromecánica, al igual que todos. Bueno, esto de la aeromecánica fue un desastre porque no teníamos motores para reparar, pero así eran las cosas. Como yo era puertorriqueño, habían decidido que no tenía aspiraciones más altas.

»Pero comencé a escribir para el periódico de la escuela. El estudiante encargado del periódico me dijo: '¿Por qué no estás estudiando aeromecánica? Eso es para los negros y los puertorriqueños'. Le respondí: 'Soy puertorriqueño'. Y él me dijo: 'Pero eres es realmente brillante, incluso a pesar del acento'».

Badillo se graduó como el primero de su clase en el City College de Nueva York y en la Escuela de Leyes de Brooklyn. Una elección presidencial muy disputada se aproximaba en 1960. Era solo el comienzo para un abogado joven y ambicioso, perteneciente a una comunidad que llegaba a los Estados Unidos naturalizada y con el poder del voto. «JFK estaba buscando a alguien que dirigiera su campaña en East Harlem. Kennedy quería registrar a los negros y a los puertorriqueños, así que me nombraron como director. Eleanor Roosevelt llegó, y también John F. Kennedy. Pero Jackie (Kennedy) fue un éxito porque hablaba español».

Pero llevar a los votantes puertorriqueños a las urnas no era solo hacer que se registraran y se interesaran en la votación. Era también una cuestión de derribar aquellos poderes que no estaban interesados en tener una nueva circunscripción a la que tuvieran que responder. Así que Badillo jugó un doble juego: «Los italianos eran un verdadero obstáculo. Yo estaba dirigiendo una campaña de inscripción de votantes y los lugares de vota-

Hernan Badillo incursiona en la política. Flanqueado por la ex primera dama Eleanor Roosevelt, hace campaña para John F. Kennedy en 1960. CRÉDITO: HERMAN BADILLO

ción estaban abiertos hasta las diez de la noche. Un tipo, sin saber quién era yo, y pensando que era italiano, me dijo: '¿Sabes lo que vamos a hacer con esos puertorriqueños? Vamos a cerrar ese lugar de votación a las nueve'. Y yo dije: 'Guau, es una gran idea'. Cerraron el lugar de votación a las nueve. Pero fui allí y tomé los nombres de todos los que se habían, presentado a tiempo. Eran catorce personas. Y luego presenté una denuncia, que fue el primer caso oficial de discriminación contra los puertorriqueños en Nueva York».

Badillo ganó el caso.

John F. Kennedy ganó las elecciones.

El abogado puertorriqueño había registrado a votantes puertorriqueños y de habla hispana en cifras récord, que sumaban casi un cuarto de millón. Kennedy recibió el apoyo de esta población y ganó las elecciones con uno de los márgenes más apretados de la historia. Badillo estaba en su camino.

«JFK no habría podido ganar sin el voto puertorriqueño. El sistema político necesitaba saber eso, pero los puertorriqueños también. Ésta fue la primera vez que pudimos sentir que habíamos marcado una diferencia».

Badillo fue electo presidente del condado del Bronx en 1965, siendo el primer puertorriqueño electo como ejecutivo de condado en los Estados Unidos continentales. Fue elegido miembro de la Cámara de Representantes de los Estados Unidos en 1970. Su postulación a la alcaldía de Nueva York lo convirtió en el primer puertorriqueño en postularse para este cargo en una ciudad estadounidense. (Maurice Ferré, alcalde de Miami desde 1973 hasta 1985, fue el primer puertorriqueño en ser administrador ejecutivo de una ciudad continental). Durante sus tres períodos en el Congreso, Badillo fue uno de los fundadores del Caucus Hispano del Congreso.

Los latinos de muchos países y de un mayor número de lugares en los Estados Unidos, estaban teniendo éxito en este país. Al mismo tiempo, el recuerdo, el rasgo más perdurable de todos, era llevado en muchas cabezas como si se tratara de un diamante: el recuerdo de un pueblo, de una casa, de una cultura. Los latinos mantenían su memoria viva en los Estados Unidos, aunque les valiera el resentimiento de otros estadounidenses al hacerlo.

Incluso hoy en día, no lejos de la frontera con Canadá, y muy lejos de sus raíces caribeñas en la República Dominicana, Julia Álvarez, autora de las famosas novelas *En el tiempo de las mariposas* y *De cómo las muchachas*

García perdieron el acento, lleva su hogar en la mente: «Mientras las hojas caían y el aire se volvía gris y comenzaba el frío, yo recordaba la gran casa en Boca Chica, las olas que me contaban sus secretos, las primas que dormían unas al lado de otras en catres, y me preguntaba si las palabras con las que había venido a este país me habían librado de todo lo que amaba».

Para Juan González, este recuerdo, como una perla oculta en el forro de un abrigo, es parte de lo que hace que los latinos sean quienes son en el siglo XXI: «Ese sentido de renunciar a todo lo que amas, a tu isla —a tu patria— recordada siempre mejor de lo que realmente era. Eso se alimentaba de una nostalgia que insistía en la preservación de la cultura y de la lengua; eran los artículos portátiles que podías llevar a cualquier parte y sacar cuando los tiempos fueran difíciles».

Los próximos años de confusión en los Estados Unidos traerían cambio, luchas y progreso a las comunidades latinas en todo el país. Un pueblo estaba volviendo en sí mismo. En la frontera con México, en el Pacífico y en Nueva York, los latinos adquirirían una herencia que era suya. Y lo harían en calidad de estadounidenses.

Badillo fue el primer miembro con voto en el Congreso, nacido en Puerto Rico. También fue el cofundador del Caucus Hispano del Congreso. CRÉDITO: HERMAN BADILLO

La existosa escritora Julia Alvarez. CRÉDITO: JULIA ALVAREZ

Una de las obras más conocidas de Julia Alvarez, *De cómo las muchachas García perdieron el acento,* **una novela que cuenta la historia de las hijas de un doctor dominicano quienes se forjan una nueva vida en Nueva York.** CRÉDITO: ALGONQUIN BOOKS

5

¿QUIÉN ESTÁ «ADENTRO»? ¿QUIÉN ESTÁ «AFUERA»?

¿LA AMÉRICA DE QUIÉN?

LA MAYORÍA de los estadounidenses solo salen de vez en cuando de los lugares donde viven y trabajan. Y cuando lo hacen, rara vez es con el propósito expreso de explorar profundamente las formas de vida de otras personas. Más bien, los estadounidenses nos formamos impresiones. Cada persona lleva un mapa en su cabeza; un mapa de los lugares desconocidos y conocidos, de lo deseable y lo indeseable. También contamos con una especie de mapa de personas, un revoltijo de impresiones, ideas y conclusiones que nos ayudan a «conocer» un lugar en el que nunca hemos estado y a personas que nunca hemos conocido. Una de las herramientas más eficaces para trazar los contornos de ese mapa mental es la televisión.

En la noche del 13 de septiembre de 1974, una audiencia observaba al actor Freddie Prinze tamborilear con ritmo latino en un tanque de gas en

Freddie Prinze. Nacido con el nombre de Frederick Karl Pruetzel, este comediante *nuyorrican* se volvió una estrella de la comedia situacional haciendo de Chico en *Chico and the Man.* CRÉDITO: © BETTMANN/ CORBIS

un garaje del este de Los Ángeles. El dueño de la tienda, Jack Albertson, no solo le pide que deje de tocar, sino que agrega: «Vuelve a tu barrio».

No hay redoble de tambores. No hay fuegos artificiales. No hay un toque repentino de violines para indicarle a la audiencia que algo importante está a punto de suceder. Chico, el personaje de Prinze, responde: «Éste es mi barrio. Crecí viendo tu garaje en mal estado. Tú me necesitas».

«¿Para qué?», responde Albertson, sorprendido.

Prinze se limita a decir: «Soy Super-Mex».

No es precisamente el Tratado de Guadalupe Hidalgo. Tampoco es la Declaración de Derechos. Pero los televidentes estadounidenses no habían visto nada como esto. Se trata de un personaje latino que les dice a los estadounidenses convencionales:

- Que el anglo está en un espacio *latino*, un lugar que está poblado, definido y poseído por los latinos, y no en un lugar donde estos son extraños, extranjeros, intrusos o visitantes.
- Que el anglo *necesita* un latino para algo más que trabajar como bracero. Chico no solo tiene una espalda y unos brazos fuertes; es un mecánico calificado, que se ofrece para ayudar a salvar un negocio que anda mal.
- Que la relación puede ser multidimensional. En el transcurso de la serie, las situaciones cómicas provienen de algo más que del origen étnico.

Hay una gran diferencia de edad entre Albertson y Prinze, en una época en que la brecha generacional se abría como un cañón en los Estados Unidos después de la lucha por los derechos civiles, la guerra de Vietnam, los asesinatos políticos y el Watergate. El personaje interpretado por Albertson es mayor, más tradicional, y a veces malhumorado. Su dureza es confrontada por la exuberancia, el humor y la visión del mundo tan distinta que tiene Prinze.

«¡Genial!», podrían decir algunos. Chico no es el primer protagonista latino en la televisión en la época de Nixon. Sin embargo, en 1974, *Chico and the Man* llevó a la audiencia general a unos lugares a los que nunca antes habían sido llevados por un personaje latino.

Ricky Ricardo, el personaje de *I Love Lucy*, interpretado por Desi Arnaz, no es un agricultor migrante ni un trabajador manual. Es un empresario, un músico talentoso y propietario de un club nocturno. Otros personajes anteriores, como Cisco Kid (1950–1956), quien llevaba un sombrero (interpretado por Duncan Ronaldo y quien tenía un origen étnico ambiguo), y Pancho, su cómico y valiente compañero (interpretado por Leo Carrillo, el actor pionero mexicano-estadounidense, cuyo tatarabuelo protegió a Apolinaria Lorenzana), son tan mexicanos como estadounidenses, y se movieron con destreza por las fronteras de la nacionalidad, la cultura y la soberanía en el suroeste de los Estados Unidos a mediados del siglo XIX. Cisco Kid, que se mueve como pez en el agua entre ambas culturas, podía hablarles con credibilidad tanto a los anglos como a los latinos, y fue un intermediario en un paisaje cultural y político que cambiaría rápidamente en el nuevo territorio estadounidense que una vez fue mexicano. Cisco no es un oficial de paz ni miembro del nuevo gobierno estadounidenses sino una especie de caballero andante de la frontera mexicana que persigue a los malos, enmienda errores y defiende a los débiles.

Marcado también por el golpeteo de cascos de caballos y por el destello de su espada, está el Zorro (un personaje que apareció por primera vez en una revista por entregas en 1919, y que fue interpretado en la televisión por el italo-americano Guy Williams desde 1957 hasta 1959). El Zorro era un Robin Hood con acento español y un pedigrí de clase alta. El enmascarado de plata vivía en la California colonial, combatiendo a mexicanos corruptos, mentirosos, abusivos (y de vez en cuando afeminados) y malos. Se trataba de un programa extraño, pues era pro-

Guy Williams como «El Zorro». CRÉDITO: © BETTMANN/ CORBIS

tagonizado por el aristócrata Don Diego de la Vega, un héroe mexicano hábil, valiente y fuerte, que acto seguido mostraba el peor conjunto de estereotipos mexicanos que definían a sus adversarios. Los soldados, aristócratas y propietarios de tierras de las historias del Zorro son crueles, sobornables y estúpidos.

Surgido a partir de estos mismos estereotipos, aunque en una categoría diferente a la de todos estos personajes latinos que ocupaban las pantallas de televisión en blanco y negro de mi juventud, estaba Baba Looey, el burro con sombrero y compañero de historieta de Quickdraw McGraw (1959-1962), un caballo representante de la ley que es torpe y se engaña a sí mismo, pero que es bien intencionado. Aunque es identificado como «mexicano» en los desiertos casi desolados del oeste americano por su sombrero y su acento, Baba reúne las mejores características de Pancho, el caballo de Cisco Kid y de Sancho (el personaje de Miguel de Cervantes). Al igual que el recelo que siente Sancho Panza con respecto a su «amo» Don Quijote, el pequeño burro parece saber cómo son las cosas. Baba atraviesa la «cuarta pared» de la pantalla del televisor y en ocasiones nos habla directamente a nosotros, a su público, comentando sus esfuerzos para salvar a su jefe y amigo de sus peores impulsos. Cuando Quickdraw se pone una máscara y canaliza sus propias fantasías del Zorro al convertirse en una caricatura de este personaje, Baba «El Kabong» aparece con su máscara y sombrero, y narra los sucesos con un tímido acento «mexicano».

El Chico de Freddie Prinze es diferente. Es confiado, seguro, y no permite que el «hombre» de Jack Albertson, un carácter indefinido en términos étnicos y conocido como Ed Brown, lo despoje de su estatus o de su sentido de sí mismo. Prinze desafía a su aspirante a jefe: «Pregúntale a cualquiera en el barrio por Chico Rodríguez. ¿Sabes lo que te van a decir? ¡Oh, sí! Chico puede desarmar un motor y volverlo a armar con los ojos vendados».

De nuevo, esto no supone un hito cultural, pero es algo. Albertson se convierte en una especie de Archie Bunker de la costa oeste, explotando ocasionalmente la misma clase de estereotipos que el neoyorquino de la comedia de Carroll O'Connor, logrando un efecto serio y cómico al mismo tiempo. Hay que recordar que Prinze le está pidiendo trabajo a Albertson, pero Chico cree que sus destrezas le permiten ser un tipo sabio y relajado antes que un peticionario servil. El dueño del taller le da una llave inglesa a Chico:

Prinze:¿Quieres que arregle algo?

Albertson: Sí, aprieta la lengua antes de que se te salga de la boca.

Prinze: ¡Amigo!

Albertson: ¡No me digas 'amigo'!

Prinze: Significa 'friend'.

Albertson: No me importa lo que significa. Háblame en inglés.

Prinze (adoptando un acento inglés de clase alta): Muy bien, amigo. Me gustaría ser el primer chicano asociado a esta empresa con dificultades.

Al igual que Chico Rodríguez, Freddie Prinze fue una invención. Nació en Nueva York en 1954, como Frederick Pruetzel, de padre húngaro y madre puertorriqueña. Después de incursionar en la comedia *stand-up*, Prinze hizo sus primeras apariciones en los programas nocturnos de televisión y luego en su innovadora comedia. En 1977, y con solo veintidós años, su programa de la NBC ya estaba en la tercera temporada. Había participado en festividades preinaugurales en Washington para Jimmy Carter y Walter Mondale, a petición del presidente y del vicepresidente. Paul Wasserman, agente de prensa de Prinze, le dijo al *New York Times*: «Fue una gran emoción para Freddie. Significaba que él lo había logrado. Profesionalmente se encontraba en su mejor momento».

El tremendo éxito de *Chico and the Man* y de Prinze fue de corta duración. Apenas unas semanas después de participar en la inauguración presidencial, y tras un historial de depresión, Prinze se pegó un tiro en la cabeza.

LOS ESTADOS UNIDOS se enfrentaron a grandes retos en los años setenta. Las personas discriminados a los debido prejuicios imperantes en los años posteriores a la Segunda Guerra Mundial a los estaban exigiendo de manera individual, y también colectiva, un nuevo tipo de sociedad en su país. Aprendían unos de otros, hacían alianzas estratégicas y por espacio de treinta años golpearon la puerta de las «personas a cargo»: los políticos, empresarios, tribunales y escuelas.

A finales de los años sesenta y principios de los setenta, es posible que hayas dejado tus textos escolares, como lo hice yo, y visto que todos los problemas del mundo aparecían en la pantalla del televisor a la hora de la cena: la Guerra de Vietnam y el esfuerzo de los Estados Unidos para terminar con la misma; las huelgas por el control de las administraciones escolares, quién enseñaba y qué; las protestas, disturbios callejeros, asesinatos; las continuas demandas por los derechos de los negros, las mujeres, los latinos, los homosexuales y las personas con discapacidades, entre otras.

Esta época extraordinaria también hizo que muchas personas que creían ser comunes y corrientes pasaran a la acción. Dolores Huerta no podía quedarse con los brazos cruzados, enfrentada como estaba a la injusticia, el sufrimiento y la lucha de los trabajadores que cosechaban los productos agrícolas que llegaban a los hogares de Estados Unidos.

Ella era una mezcla interesante. Su madre era descendiente de mexicano-estadounidenses que llevaban varias generaciones en los Estados Unidos, y su padre era hijo de inmigrantes mexicanos. Cuando era una joven maestra de escuela en el centro de California, Dolores vio las condiciones de vida y los problemas de salud de los hijos de los trabajadores agrícolas. Tal vez la mitad eran ciudadanos estadounidenses, y la otra mitad no. Huerta recuerda que compartían una pobreza difícil que afectaba su presente y abrumaba su futuro: «Eran muy pobres y casi siempre estaban enfermos. Iban a la escuela en harapos, muchas veces sin desayunar. La mayoría nunca había visto a un médico o a un dentista».

Alicia, la madre de Huerta, y su padre Juan, se habían separado cuando Dolores y sus hermanos eran pequeños. Su madre se llevó a los

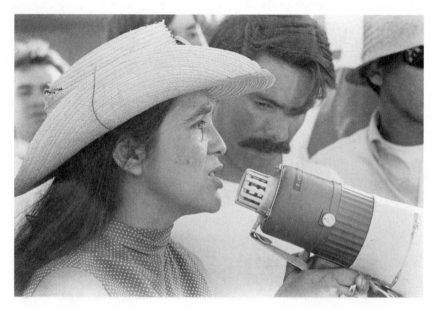

Dolores Huerta, como joven organizadora. CRÉDITO: © 1976 GEORGE BALLIS/TAKE STOCK/THE IMAGE WORKS

niños de Nuevo México a Stockton, California, ansiosa por salir adelante. «Ella tenía dos empleos: en una fábrica de conservas en la noche y como mesera en el día. Esto, con el fin de ahorrar suficiente dinero para abrir un restaurante y después un hotel».

Su padre se quedó en Nuevo México; se convirtió en organizador sindical y legislador estatal. Se podría decir que Dolores incorporó esos dos ejemplos a su propia vida: el de la dirigencia sindical y la política. Ella fue una mujer ambiciosa, trabajadora e independiente.

Dolores comprendió que podía hacer muy poco para cambiar las circunstancias de sus estudiantes hambrientos en la Escuela Primaria Brown, en Stockton. La situación tenía que cambiar en los cultivos, donde trabajaban los padres de aquellos, para darles comida barata y abundante a los estadounidenses, mientras a ellos les pagaban una miseria y padecían hambre.

«El trabajo era duro y peligroso. Los fumigadores rociaban pesticidas en los campos mientras las personas trabajaban allí. La gente se enfermaba de verdad y algunos morían; muchos bebés nacieron con daño cerebral. Recuerdo haber visto a niños con los defectos de nacimiento más terribles. Ni los agricultores, ni los propietarios de negocios, ni el Gobierno hacían absolutamente nada».

Dolores Huerta abandonó la escuela y se dirigió a los cultivos después de concluir que «no soportaba ver a los niños ir a estudiar descalzos y hambrientos. Pensé que podía contribuir más organizando a los trabajadores agrícolas que tratando de enseñarles a sus niños hambrientos». Huerta fue cofundadora del capítulo de la Organización de Servicios a la Comunidad en Stockton. Pero nunca dejó de ser una maestra: les enseñó a los trabajadores más abandonados y maltratados de Estados Unidos las técnicas de organización y resistencia que les ayudarían a hacer frente a los productores, quienes tenían mayores recursos y contactos.

A principios de los años sesenta, las ideas tan comunes hoy en día sobre los derechos y capacidades de las mujeres trabajadoras no eran tan aceptadas. Huerta tuvo once hijos al mismo tiempo que crecía el movimiento obrero; ella se involucraba cada vez más con su causa. «Siempre estuve embarazada. Pero me preocupaba más por ayudar a otras personas que por limpiar la casa o peinarme, y esto no le gustó mucho a mi esposo.

»Terminó en mi segundo divorcio. Todos los días de 1961 yo iba a Sacramento para cabildear a fin de que la legislatura aprobara leyes para los pobres. Mientras tanto, mi esposo trataba de quitarme a mis hijos en la corte. Fueron tiempos difíciles».

¿Dónde termina la madre y dónde comienza la ciudadana? Si hubieras conocido a Dolores Huerta y su labor durante estos años, ¿habrías pensado que era una heroína o una madre negligente? Ella crió sola a sus hijos. «No recuerdo nada acerca de la infancia de mi hija Alicia, excepto que le daba pecho en el baño de las mujeres durante las pausas de las reuniones del consejo de la ciudad».

Huerta estaba dejando su huella en medio de las interrupciones de la lactancia. En un solo año contribuyó a que la legislatura de California aprobara quince proyectos de ley. Los niños pobres ahora tendrían desayuno y almuerzo gratis en la escuela.

En 1962, Huerta conoció a un joven organizador que estaba adquiriendo una reputación creciente en el corazón agrícola de California. Su nombre era César Chávez. «Yo había oído hablar mucho de él. César esto y César lo otro. Pero él no me causó una gran impresión la primera vez. Me olvidé de su cara; era muy modesto. Tenía la reputación de ser un gran organizador, pero tuve dificultades para creer en eso».

La historia está llena de dúos que adquieren una reputación perdurable y logran grandes cosas: Lewis y Clark, Watson y Crick, Lennon y McCartney. Los primeros encuentros entre Huerta y Chávez fueron discretos y difíciles incluso de recordar para ellos. Pero gracias a esta pareja, los trabajadores agrícolas tenían ya a unos organizadores, líderes y aliados que los sacarían de las sombras con el tiempo. Ellos les pedirían a los estadounidenses que pensaran cómo llegaban los alimentos de la tierra a la mesa.

Los abuelos de Chávez emigraron de México a Arizona en la década de 1880. Su familia abrió un negocio de transporte de mercancías, compró un pedazo de tierra y se dedicó a la agricultura. La familia de Chávez no se quedó quieta. Su padre expandió los negocios familiares y abrió una tienda de alimentos, un salón de billar y un taller.

Pero la Gran Depresión acabó con todas sus empresas y el Estado de Arizona embargó la casa de esta familia. Al igual que millones de estadounidenses, la familia Chávez comenzó a deambular de un lugar a otro. Trabajaban en los campos y vivían en campamentos. Según sus cálculos, César y sus hermanos y hermanas asistieron a unas treinta escuelas en esa época. Más tarde, César recordaría que el idioma español estaba prohibido: «El maestro se abalanzó sobre nosotros. Recuerdo que la regla zumbaba en el aire mientras el borde descendía bruscamente sobre mis nudillos. El director de la escuela tenía una paleta especial con un mango que parecía medir dos pulgadas por cuatro. Estaba desgastada a fuerza de tanto usarla».

Varios años después, cuando Chávez ya era adulto, les hablaba a los trabajadores agrícolas analfabetas como un compañero y amigo, y a los poderosos e influyentes como su par. Era erudito, sofisticado y de voz suave. Chávez abandonó la escuela después del octavo grado y se dirigió a los cultivos.

«Fue una vida infernal trabajar en los campos, en los veranos ardientes y abrasadores; vivir en un auto averiado, o en chozas oscuras y hacinadas, sin baños, electricidad o agua corriente.

»Los trabajadores agrícolas estaban en una posición muy precaria. Después de varias décadas de lucha y derramamiento de sangre, los sindicatos se habían establecido en otras industrias. Pero no había sindicatos agrícolas».

Los hombres, mujeres y niños que producían la comida de los estadounidenses eran muy diferentes de los demás trabajadores. Muchos no tenían un hogar permanente y se limitaban a seguir las estaciones del año, dirigiéndose a un estado o condado en la época en que la lechuga, el brócoli, las fresas, los tomates, las manzanas o las uvas estaban listas para ser cosechadas. Y al final de cada cosecha se dirigían a otro lugar. Un trabajador podía trabajar varios años para el mismo granjero, pero era un extraño para éste si los dos se cruzaban en la calle. Era difícil hacer una vida en un solo lugar porque poco después llegaba el momento de marcharse de nuevo.

Hasta el final de su vida, César Chávez insistió en que sus miembros sindicalizados fueran tratados dignamente como seres humanos, un derecho que tienen los trabajadores en cualquier lugar y oficio. «Me vi motivado por un sueño, una meta y una visión: derribar un sistema de mano de obra agrícola en un país que trataba a los trabajadores del campo como si no fueran seres humanos importantes; ver que mi gente, los míos, fueran tratados como seres humanos y no como posesiones».

En otras palabras, como una propiedad personal. A lo largo de los años había surgido un sistema que les permitía a los productores considerar a los trabajadores como si fueran máquinas o herramientas; estos últimos se habían convertido en una especie de siervos temporales. Mientras que en todo el mundo la servidumbre había logrado una garantía implícita, una obligación —aunque fuera pequeña— del amo para con los trabajadores, los siervos de Estados Unidos parecían no merecer nada. Y aunque su bienestar fuera ignorado, ellos regresaban al cabo de un año, cuando los frutos comenzaban a madurar.

A los veinticinco años, Chávez comenzó a hacer trabajo social con los trabajadores migrantes mexicano-estadounidenses que se dedicaban a la agricultura. Pero luego de trabajar durante nueve años, su éxito fue muy limitado. Cuando Chávez conoció a Huerta, comenzó una asociación que organizaría de nuevo la lucha en los campos —el movimiento obrero— y un nuevo tipo de atención para los latinos en Estados Unidos. Pero no se puede negar otra realidad menos afortunada: Dolores Huerta entró a la sombra de César Chávez, y nunca salió de ella.

Sin embargo, esto no parece molestar a Huerta. Cuando se le preguntó acerca de su papel y reputación, ella se limitó a responder con una historia: «Un día César me llamó a su casa y me dijo: 'Ya sabes que los trabajadores del campo nunca van a tener un sindicato a menos de que tú y yo lo iniciemos'. Se había acordado que él sería el líder. No me importó. En aquellos días, ni las reporteras informaban sobre lo que hacían las mujeres. Yo digo siempre: 'Los hombres quieren ver quién tiene la culpa y quién recibe el crédito'. Pero las mujeres decimos: '¿A quién le importa? Hagamos nuestro trabajo'».

Hay que recordar que eran los años sesenta. Aunque Dolores Huerta fue una de las creadoras de los Trabajadores Agrícolas Unidos, fue César Chávez quien se erigió en el héroe, símbolo y nombre asociado a la causa. A principios de los años sesenta, lo que se transformaría con el tiempo en el movimiento de mujeres ya estaba cobrando fuerza. Las

César Chávez durante una huelga de hambre con el Senador Robert Kennedy. CRÉDITO: © BETTMANN/CORBIS

mujeres que hacían el mismo trabajo de los hombres solían recibir legalmente menos dinero. Los hombres tomaban las decisiones y las mujeres preparaban el café en las oficinas. En todas las profesiones, en los colegios y universidades, así como en el sector industrial, las costumbres imperantes estipulaban que las mujeres fueran desalentadas o excluidas de alcanzar posiciones superiores de liderazgo, responsabilidades, respeto y salarios.

Si a la condición desigual de la mujer en la sociedad estadounidense se le añaden las ideas predominantes en términos de género en las culturas latinas, veremos que Dolores Huerta tenía muchas cosas en su contra. Tal vez hayas oído el término «machismo» para referirse a la arraigada dominación masculina en las actitudes de los latinos. Este término ha pasado al uso común entre los estadounidenses para referirse por lo general a un tipo abusivo y opresivo de masculinidad, el cual implica una incuestionable autoridad masculina, que tolera incluso el abuso físico. El código del «macho» es un poco más complejo que eso.

Es cierto que la masculinidad exagerada y la dominación masculina han sido características de la vida de los latinos en los Estados Unidos y también en Latinoamérica. Además de las nociones menos complacientes, hay también una definición más amplia del machismo que se pierde en su migración hacia los Estados Unidos. Una parte de ese orgullo masculino tradicional provenía de la dignidad, la responsabilidad y el autocontrol. Un hombre con poco dinero o educación ganaría estatus social si se encargaba de sus propios asuntos y si *se veía* que los manejaba con dignidad. Un hombre que no parece tener control en la esfera pública y que hace el ridículo es visto como un tonto, o pierde estatus en su comunidad.

Un «macho» puede parecer un anacronismo tras largas décadas de oportunidades crecientes para las mujeres, y el reconocimiento legal de los derechos y la igualdad de la mujer. Anteriormente, los hombres eran convenientes para su ciudad, pueblo o barrio... Y, sobre todo, para sí mismos.

Pero los tiempos estaban cambiando. Dolores Huerta se trasladó a la casa de Helen y César Chávez con seis de sus hijos. Viajó con César a los campamentos de migrantes que estaban a un lado de los cultivos mientras que Helen Chávez se ocupaba de catorce niños; los suyos y los de Huerta. Fue un paso audaz para una mexicano-estadounidense. Criada en una comunidad que valoraba a las mujeres por su capacidad para mantener un hogar y criar a sus hijos, Huerta estaba tomando un camino radicalmente diferente. Ella se labró para sí misma una identidad alejada de la familia y del hogar. Viajaba varios días con un hombre casado, tratando de persuadir a los hombres a que dieran un paso arriesgado y hasta peligroso: desafiar a sus patrones y formar un sindicato.

«El trabajo de organización siempre ha sido lo primero para mí», declaró Huerta, «y solo intenté ponerme al día con todo lo demás lo mejor que pude. Porque sentía que por cada cama sin hacer y por cada plato sin lavar, algunos trabajadores agrícolas recibían un dólar más de salario en algún lugar».

La campaña de Huerta por la dignidad de los trabajadores fue también un avance para la causa de las mujeres. «En los sindicatos, vi que muchas mujeres hacían todo el trabajo, se declaraban en huelga y eran enviadas a la cárcel. Llevaban a los niños al piquete y cuando las cosas se calmaban, las mujeres ya no estaban en los puestos donde se tomaban las decisiones.«Incluso le dije a César: '¿Sabes qué? Hay un montón de chauvinismo aquí en el sindicato', y añadí: 'No voy a aguantar nada más de nadie'. Me refería básicamente a los otros tipos, y no a César. 'Solo quiero que sepas eso', añadí».

»Cuando negocié los contratos, los hombres y las mujeres siempre recibían el mismo salario. Ni siquiera se me ocurrió que debían ser diferentes. Siempre que elegíamos nuestro comité del rancho para el contrato, me aseguraba de que contara con mujeres. A veces tenía que discutir realmente con los maridos para asegurarme de que las dejaran en paz y no se interpusieran en su camino. Pero tienes que trabajar por eso. Desgraciadamente, el chauvinismo está muy arraigado en nuestra sociedad. Y no solo en los agricultores. Creo que es simplemente un aspecto de nuestra sociedad».

El sindicato formado por Huerta y Chávez recibió el nombre de United Farm Workers, UFW (Trabajadores Agrícolas Unidos). En 1965, este sindicato comenzó un enfrentamiento decisivo con los productores de uva en Delano, California. Los trabajadores filipinos habían salido de las granjas, y las uvas aún estaban en las vides. Huerta dirigió las negociaciones con los productores y formuló una petición audaz: quería que los trabajadores agrícolas recibieran sueldos equivalentes al salario mínimo federal. Pero la situación no era prometedora. Hasta aquel entonces, los cultivadores nunca habían firmado un contrato sindical.

Los trabajadores agrícolas tenían algunas cosas a su favor. Las uvas se pudrían en las vides pero los productores estaban decididos a no dejar que una mujer se saliera con la suya, así que trajeron trabajadores de México para ocuparse de la cosecha. Ninguna de las dos partes sabía que había comenzado una guerra que se prolongaría cinco años.

Los productores comenzaron la batalla con varias ventajas considerables. Tenían dinero, propiedades, conexiones políticas y el apoyo de la comunidad empresarial en general. En muchos sentidos, es difícil pensar en un trabajador que tenga menos poder, menos apalancamiento y menos influencias que un trabajador agrícola. Aunque ganaban poco dinero, siempre había más gente dispuesta a plantar, cuidar y cosechar los cultivos. Esta realidad presionó la baja constante de los salarios. Ocho de cada diez familias de agricultores ganaban menos de 3.100 dólares al año, un salario que, según las instancias federales, los hacía oficialmente pobres. En los años sesenta, la esperanza de vida de los trabajadores agrícolas era varias décadas más corta que el promedio estadounidense.

La mano de obra bracera, que alguna vez fue considerada como una medida temporal para suplir la escasez de mano de obra creada por la Segunda Guerra Mundial, no desapareció nunca. La capacidad de los cultivadores para conseguir trabajadores mexicanos pobres les había permitido a los propietarios agrícolas garantizar un suministro de mano de obra estable y barata en los campos. «El período bracero tuvo un gran impacto en las prácticas agrícolas», recuerda Huerta. «Cuando empezamos a organizarnos, probablemente había más familias. Pero la tendencia era contratar a un mayor número de hombres solteros. Este proceso se aceleró, obligando a los trabajadores a esforzarse al máximo de sus capacidades. Y entonces se convirtió en un trabajo brutal».

Chávez y Huerta empezaron a conformar un movimiento que reunía la simpatía, el interés y la solidaridad de los estadounidenses de todas las clases sociales. Pero no debería adelantarme a la historia. La pareja tuvo que crear una cruzada con —y para— los trabajadores pobres que atraería a muchos otros.

La UFW contaba con un conjunto de símbolos poderosos: una bandera roja con un águila azteca negra, Nuestra Señora de Guadalupe —la santa patrona de México—, el Teatro Campesino —un teatro popular y una impresionante organización política— y el rostro apuesto y moreno de César Chávez.

Esto fue una tormenta muy efectiva en términos culturales. El poder del arte gráfico y político, perfeccionado en México a principios de siglo XX, le dio forma al lenguaje visual de los letreros, carteles y pancartas de los piquetes. El talento explosivo del joven californiano Luis Valdez creó obras de teatro para —y sobre— los hombres y mujeres que trabajaban en los campos. Muchos artistas que se solidarizaron con la causa crearon asombrosas obras visuales y musicales como el corrido de Lalo Guerrero para los trabajadores del campo (que recibió la Medalla Nacional de las Artes), «Corrido de Delano».

Una manifestante anciana lleva el águila azteca de los United Farmworkers. CRÉDITO: WALTER P. REUTHER LIBRARY, WAYNE STATE UNIVERSITY

Los granjeros no permanecieron de brazos cruzados mientras la UFW seguía adelante. Los productores contrataron rompehuelgas que atacaban los piquetes y golpeaban a los huelguistas. Las impactantes grabaciones de los enfrentamientos muestran a unos tipos rudos embistiendo con sus camionetas a grupos de trabajadores y rociando sus rostros con pesticidas mientras la policía se limitaba a observar. Los huelguistas no opusieron resistencia. Chávez y Huerta, como Mahatma Gandhi y Martin Luther King, insistieron en que si la lucha obrera se tornaba violenta, toda la violencia vendría del otro lado.

Huerta llevó a las mujeres al frente de los piquetes y les ordenó que se arrodillaran en el suelo para orar cuando la policía las atacara para dispersarlas. Varios campesinos fueron asesinados en tiroteos y golpizas. Muchos otros fueron golpeados por los agentes del alguacil y por los rompehuelgas. Dolores Huerta dijo que ella y Chávez observaron las primeras luchas de los trabajadores agrícolas filipinos en el sur de California y se preocuparon por la seguridad de sus miembros. «Había mucha brutalidad contra los filipinos. Eran golpeados en sus campos de trabajo. Los productores cortaban el gas, el agua y la luz eléctrica».

Podría parecer gracioso, pero es importante tener en cuenta una realidad importante: que todo el mundo tiene que comer. Los trabajadores del sector automovilístico tenían un sindicato y, aunque se trataba de un producto importante, no todo el mundo compraba o conducía automóviles. Los carpinteros, electricistas y mineros tenían sindicatos pero muchos estadounidenses no se veían a sí mismos como consumidores conscientes de la labor de estos trabajadores. Sin embargo, todo el mundo tiene que comer. Al mismo tiempo, la producción de alimentos para consumo humano se había vuelto desconocida para la mayoría de los estadounidenses. Las grandes migraciones humanas procedentes de las granjas a las áreas metropolitanas significaba que los tentadores montículos de alimentos de bajo costo en un típico supermercado urbano o suburbano estaban cada vez más alejados de la tierra donde habían sido cultivados, de las manos que los habían plantado, cuidado y desmalezado, y de los hombres fuertes que trabajaban en condiciones difíciles para sacarlos de los campos y llevarlos a las mesas de los hogares.

La disputa en los campos no había generado todavía este tipo de atención. En marzo de 1966, Chávez encabezó un grupo de huelguistas en una caminata de 230 millas desde Delano hasta Sacramento, la capital del estado, una peregrinación que atrajo a la prensa nacional. Huerta y

Chávez hicieron pública una conexión directa entre la lucha contra los productores de uva y la lucha de los negros por los derechos civiles y humanos, y la religión cristiana. Chávez declaró: «Esto es al mismo tiempo un peregrinaje religioso y una petición de cambio social para los trabajadores agrícolas. Esperamos que el pueblo de Dios responda a nuestro llamado y se una a nosotros en la marcha, tal como lo hicieron con nuestros hermanos negros de Selma.

»Ha llegado el momento para que personas de todas las razas y orígenes hagan sonar las trompetas del cambio. Como proclamó el doctor King: 'Llega un momento en que la gente se cansa de ser pisoteada por los pies de hierro de la opresión'».

La marcha creció en tamaño mientras se dirigía hacia el norte. El domingo de Pascua, menos de un mes luego de iniciar la marcha, Chávez y sus manifestantes llegaron a las escaleras del Capitolio en Sacramento. Por la misma época, una compañía cedió por primera vez a la presión y a sus malas relaciones públicas. Dolores Huerta, la negociadora intransigente de UFW, había logrado un acuerdo de negociación colectiva con las bodegas de vino que tenía Schenley en Delano: fue un gran avance para el sindicato en ciernes. La huelga comenzó a atraer la atención nacional. Los estadounidenses negros se enfrentaban en todo el país a una resistencia violenta por parte de los blancos sureños que les disparaban, golpeaban y atacaban con perros y mangueras contra incendios. Los ojos del mundo estaban en Montgomery, Selma y Birmingham, mientras los segregacionistas se empecinaban y los presidentes de Estados Unidos luchaban para equilibrar unas políticas complejas con las claras normas constitucionales. La Guerra Fría hizo que los problemas del Sur se convirtieran en tema de noticieros y programas de televisión en el bloque soviético, mientras el pecado original del racismo en Estados Unidos se convertía en un fracaso en términos de propaganda y de relaciones públicas.

Mientras la lucha para establecer un sindicato de trabajadores agrícolas enfrentaba a los trabajadores pobres, impotentes y explotados contra los cultivadores, un combatiente indispensable se encontraba ausente: el público. Los autobuses cargados de rompehuelgas cruzaban los piquetes para alejar las cosechas de la opinión pública. Los compradores que inspeccionaban una pinta de fresas o un racimo de uvas recogidas por los trabajadores, nunca habían visto las chozas destartaladas en las que los productores alojaban a los agricultores y a sus familias. Incluso Huerta, una optimista implacable, comenzó a desanimarse.

Piqueteros de la UFW. Los trabajadores y sus simpatizantes en todo el país llevaron su lucha más allá de los campos donde se cultivaba la comida: a los supermercados donde se compraba. CRÉDITO: WALTER P. REUTHER LIBRARY, WAYNE STATE UNIVERSITY

Una cruz de flores y la Virgen de Guadalupe lideran una manifestación de trabajadores agrícolas. CRÉDITO: WALTER P. REUTHER LIBRARY, WAYNE STATE UNIVERSITY

«Era la segunda semana de la huelga y yo estaba dirigiendo mi piquete. Había muchísimos rompehuelgas en los cultivos porque estábamos tan cerca de la frontera con México que los productores tenían muchas facilidades para conseguir trabajadores. Dejé a alguien a cargo de mi piquete y fui a la oficina.

»Y dije: 'César, los campos están llenos de rompehuelgas. No vamos a ganar'. Pero él me respondió, y nunca lo olvidaré: 'Vuelve al piquete. Solo perderemos si nos damos por vencidos. Tienes que volver, y nunca me vuelvas a decir que abandonaste tu piquete. Regresa ahora mismo'.

»Así que regresé de inmediato a mi piquete porque (César) me había dicho: 'Algo va a suceder en este campo y los trabajadores se marcharán'. Las condiciones eran tan malas que algún trabajador iba a ser insultado o maltratado, y por supuesto eso fue exactamente lo que sucedió».

La Huelga cobró impulso en los campos en la primavera de 1966, pero básicamente la UFW era todavía un movimiento limitado a California. Chávez y Huerta concluyeron que la única manera de hacer que el resto del país fuera consciente de la lucha en los campos era trasladando el conflicto a sus vecindarios. Comer productos cultivados por las manos de los trabajadores agrícolas en las tierras de los propietarios era algo que habría de convertirse en un acto político. Hasta que los agricultores negociaran con el sindicato y firmaran los contratos, la UFW instaría a los estadounidenses a boicotear sus productos —primero las uvas y luego la lechuga—. Huerta estaba coordinando el boicot en todo el país al este de Chicago. «La gente no sabía quién era César, no sabía qué era el sindicato, quiénes eran los trabajadores agrícolas ni por qué estábamos luchando. Estábamos promoviendo el movimiento y haciendo que la gente se involucrara. La gente de nuestro país tiene un corazón muy grande y nuestro mensaje era muy simple. Simplemente no compren uvas, no coman uvas; era algo que la gente podía hacer».

El boicot comenzó con los jóvenes políticos progresistas que se ofrecieron como trabajadores de campo de la UFW para difundir el mensaje entre las personas que pudieran simpatizar con esta organización, así como entre los demócratas, sindicalistas y estudiantes universitarios. El mensaje se propagó con el paso del tiempo, se filtró a través de la cultura popular, y se incrementaron los esfuerzos para forzar un cambio en el campo. El sindicato envió a los trabajadores a otras partes del país: «Iban a las sedes sindicales y a las iglesias. Todo el mundo tenía que ir a una iglesia el domingo. Hablábamos y pedíamos voluntarios que vinieran a ayudarnos», declaró Huerta.

Pero otros productores no reconocieron al sindicato ni firmaron contratos. Era el momento de subir las apuestas. Huerta viajó al este para darle a la lucha un carácter nacional, exhortar a los estadounidenses a boicotear las uvas de mesa y darle un golpe fuerte a los negocios de los productores. Huerta recordó más tarde: «Llevamos la lucha de los campos de California a Nueva York, Canadá y Europa. Creo que implantamos la idea del boicot como una táctica no violenta en los Estados Unidos. Establecimos una pauta para que los trabajadores agrícolas salieran de su esclavitud».

En el tercer año de la huelga, Chávez comenzó un ayuno —tomando solo agua— que duró veinticinco días. El ayuno, seguido de muchos más en los años posteriores, mejoró la creciente reputación del líder sindical y destacó también el carácter religioso de esta lucha por los derechos civiles. Hacía mucho tiempo que los estadounidenses habían visto a ministros, sacerdotes y rabinos hacer llamamientos a la conciencia abiertamente religiosa del país. Los símbolos de los Trabajadores Agrícolas Unidos eran cristianos pero también novedosos. El lenguaje visual del cristianismo latinoamericano le narra al espectador la historia familiar de la vida y muerte de Jesús, que tiene dos mil años de antigüedad, pero con un énfasis diferente. En las iglesias de los Andes al sur de Texas, las imágenes de sangre, dolor y sacrificio son mucho más evidentes que en las imágenes menos vistosas y más tenues de las iglesias protestantes.

De modo que los íconos religiosos y el apoyo de los sacerdotes católicos asociados al joven movimiento de los trabajadores agrícolas tocaron fibras sensibles en los miembros, que eran católicos en su gran mayoría. Y Chávez hizo su propio sacrificio físico. «Mucha gente creía que César trataba de jugar a ser Dios, que trataba de interpretar el papel de un santo», señala Dolores Huerta. «¡Pobre César! Simplemente no podían aceptarlo por lo que era. Sé que es difícil que las personas que no son mexicanas lo entiendan, pero esto es parte de la cultura mexicana; la penitencia, la idea de sufrir por algo, el castigo autoinfligido. De hecho, César decía con frecuencia que no íbamos a ganar por medio de la violencia sino con el ayuno y la oración».

Un ministro bautista que estaba desviando su atención de la lucha por las nuevas leyes de derechos civiles a la justicia social y económica, vio en César Chávez a un compañero en la lucha por unos Estados Unidos diferentes. El reverendo Martin Luther King Jr. le envió una nota a Chávez tras concluir su ayuno: «Como hermanos en la lucha por la igualdad, le extiendo una

mano de amistad y buena voluntad. Nuestras luchas separadas son realmente la misma: una lucha por la libertad, la dignidad y por la humanidad».

El senador Robert Kennedy se encontró con Chávez mientras que éste
se disponía a terminar su ayuno en Delano. El senador demócrata por
Nueva York y hermano menor del presidente asesinado era miembro del
subcomité del Senado de los Estados Unidos para la creación de trabajo
migratorio, y un recién convertido a la causa de los trabajadores agrícolas. Durante su primer viaje a Delano en 1966, Kennedy celebró una
audiencia sobre las condiciones en los campos y la lucha para establecer
un sindicato. Durante un intercambio con un alguacil local, el representante de la ley admitió haber arrestado a trabajadores agrícolas que parecían «dispuestos a violar la ley». Kennedy le replicó enojado: «¿Puedo
sugerir que el alguacil y el fiscal del distrito lean la Constitución de los
Estados Unidos en el receso del almuerzo?».

En los próximos años, el senador perteneciente a la famosa dinastía
política se acercó a los líderes del naciente sindicato de trabajadores

Conferencia de prensa de Robert Kennedy en California. Con Dolores Huerta a su lado,
Kennedy habla a la prensa nacional. El senador de Nueva York y candidato presidencial
atrajo la opinión pública nacional a la lucha que se estaba librando en los campos
agrícolas. CRÉDITO: WALTER P. REUTHER LIBRARY, WAYNE STATE UNIVERSITY

agrícolas y a los propios trabajadores. Kennedy regresó a Delano en 1968, donde apareció dándole comida a un Chávez debilitado al cierre de otra huelga de hambre, y diciéndoles a los reporteros: «Estoy aquí por respeto a una de las figuras heroicas de nuestra época: César Chávez. Felicito a todos los que acompañan a César en la lucha por la justicia para los trabajadores agrícolas y los estadounidenses de habla hispana».

Kennedy recorrió un largo camino desde la época en que fue un consejero decisivo en el Comité Rackets del Senado. La amargura y el conflicto en Estados Unidos a lo largo de los años sesenta, el asesinato de su hermano, el efecto corrosivo de la guerra de Vietnam, sus giras intensas por áreas muy pobres de Brooklyn y de los Montes Apalaches, y su viaje a Sudáfrica durante el apartheid, habían forjado en el senador una nueva idea de la política estadounidense y de la lucha por la justicia.

Arthur Schlesinger, Jr., amigo y biógrafo de Robert F. Kennedy, señaló acerca de la probable relación entre Chávez y Kennedy: «A pesar de sus diferencias de origen, eran muy parecidos: ambos eran bajitos, tímidos, familiares, religiosos, opuestos a la violencia y con fuertes rasgos de melancolía y fatalismo».

Este período —a principios de 1968— solo puede ser recordado como un gran impacto al sistema de los Estados Unidos. Pocos meses después, los norvietnamitas y el Viet Cong —sus aliados guerrilleros en el sur de Vietnam— lanzaron la impresionante Ofensiva del Tet, una serie de ataques sorpresa contra los militares estadounidenses y sus aliados de Vietnam del Sur. En el mismo período, cuando el entonces presidente Lyndon Johnson se retiró de las primarias demócratas y Robert Kennedy anunció su candidatura a la presidencia, César Chávez inició su huelga de hambre, las protestas estudiantiles contra la guerra de Vietnam aumentaron en tamaño e intensidad y tanto Martin Luther King como Robert Kennedy fueron asesinados en medio de lo que más tarde sería un verano de revueltas, incendios y destrucción urbana de una magnitud impresionante.

Mientras aumentaban la estatura y el renombre de Chávez como el rostro público de la UFW, Huerta fue la organizadora y negociadora que les dio a los boicots un carácter nacional y logró acuerdos con los productores agrícolas. Dolores Huerta también era religiosa y veneraba el lugar de la iglesia en la cultura mexicano-estadounidense. Resultó que incluso la iglesia no estaba del todo lista para la visión expansiva que tenía Huerta sobre el papel de la mujer en el movimiento de los trabajadores agrícolas. «Un sacerdote con quien yo había trabajado muy de cerca cuando estábamos organizando la Asociación de Trabajadores Agrícolas me dijo: '¿Sabes qué? Solo tienes que quedarte en casa y cuidar de tus hijos'. Me sentí devastada. Se trataba de una persona con la que había trabajado muy de cerca. Yo tenía mucha fe; estaba en casa de mi madre en ese momento y tuvimos una reunión allá y después de que (el sacerdote) salió por la puerta, mi madre me dio un vaso de tequila porque me puse a llorar. Y me dijo: 'No le hagas caso'. Las dos nos tomamos un trago de tequila.

»Pero nunca me pasó nada semejante con los trabajadores agrícolas. Ellos sabían que lo que hacíamos era muy importante y que era la única forma de cambiar las cosas. Así que realmente me respetaban mucho».

El éxito de los boicots le dio fuerzas para hacer un último esfuerzo en aras del reconocimiento. Las luchas, el sacrificio y la violencia sufrida dieron pie a un sindicato que negoció con los productores. Poco después logramos una serie de contratos que hicieron historia y una ley estatal que hizo del suelo fértil de California un terreno en efecto regulado. Los productores tuvieron que negociar con el sindicato.

Huerta, Chávez y los trabajadores habían alcanzado una victoria. Y lo habían hecho sin tener que recurrir a las tácticas que habían utilizado otros para detenerlos. Una oración de César Chávez muestra que, para él, permanecer fiel a sí mismo era una victoria: «Es la forma en que utilizamos nuestras vidas lo que determina qué clase de personas somos. Estoy convencido de que el verdadero acto de valentía, el mayor acto de hombría, es sacrificarnos por los demás en una lucha totalmente no violenta por la justicia. Ser hombre es sufrir por los demás. Que Dios nos ayude a ser hombres».

NO TODAS LAS luchas latinas tuvieron la misma suerte. Los estadounidenses negros obtuvieron importantes victorias legales y constitucionales en los años cincuenta y 60 luego de recurrir a los tribunales y a la desobediencia civil no violenta. Mientras tanto, los latinos tuvieron que entablar muchas de esas batallas, aún cuando las nuevas leyes de derechos civiles los protegían. No importaba que se tratara de un viejo edificio en un barrio urbano hacinado en el noreste, o de una «escuela mexicana» de una sola planta al lado de una zona de juegos polvorienta en el suroeste: las escuelas latinas eran terribles.

No importaba si una casa destartalada estaba a la vista en la frontera entre México y Estados Unidos o de los rascacielos de Manhattan, lo cierto era que una gran cantidad de latinos vivían en lugares destartalados e insalubres. No había mucha diferencia si eran trabajadores del campo, de la ciudad o empleados del condado, o si estaban hacinados en grandes barrios urbanos, lo cierto era que los latinos no estaban representados ampliamente en los consejos municipales y de los condados, ni en las legislaturas estatales, ni en el Congreso de los Estados Unidos.

Esa época de importantes transformaciones no había cambiado mucho la vida en Crystal City, Texas, en el Valle del Río Grande. En 1968, José Ángel Gutiérrez, de veinticuatro años, era bilingüe y también inquieto. «Al final del día, los anglos se iban a su lado de la ciudad y los mexicanos al suyo, al otro lado de las vías del tren. Los gringos eran dueños de casi todo y controlaban a todo el mundo. Los anglos hacían trabajar a los mexicanos, pero ningún anglo *trabajaba para* un mexicano».

El padre de José Ángel murió cuando éste era un adolescente. Era médico y había luchado junto a Pancho Villa en la Revolución Mexicana. José Ángel Gutiérrez lo explicó de esta manera: «Mi mundo tenía tres esferas: un mundo de padres mexicanos, otro mundo escolar anglosajón y un mundo de amigos chicanos (mexicanos nacidos en los Estados Unidos). Todos los días tenía que tomar decisiones: ¿almuerzo en la cafetería de la escuela con los anglos, que son mayoría, o con los pocos mexicanos?

»Y si llevo almuerzo a la escuela para estar con mis amigos chicanos, ¿será un sándwich de pan blanco o tacos de tortilla? ¿Qué tipo de tortillas —de maíz o de harina blanca, que son las verdaderas mexicanas—, o más bien llevo tortillas chicanas?». La dualidad, o en el caso del joven Gutiérrez, la *triple* identidad estadounidense, mexicana y mexicano-estadounidense, es una que muchos latinos reconocen. Para este chico del Valle del Río Grande, las preguntas iban mucho más allá de los detalles mundanos de un almuerzo, y abordaban las nociones fundamentales de la identidad: «Mis sentimientos estaban completamente mezclados en cuanto a quiénes *podían* ser mis amigos, quiénes *debían* ser mis amigos y quiénes *eran* mis amigos. Mis amigos chicanos empezaron a llamarme 'chado'; es decir, que trataba de ser blanco».

Gutiérrez dio un paso decisivo al otro lado de la línea fronteriza entre aceptar las cosas como habían sido siempre y exigir que fueran diferentes, al pronunciar discursos en las manifestaciones de chicanos para registrarse como votantes. Un día fue subido a un auto por un hombre con un arma de fuego y llevado a una vivienda llena de policías locales, de Rangers de Texas, y de representantes de la estructura del poder anglo en la ciudad. «Había oído historias sobre cómo el sheriff y el capitán de los Rangers les habían disparado a mexicanos por la espalda. Ésta no era una leyenda urbana y las dos partes habían hecho frecuentes declaraciones a la prensa acerca de cuántos hombres habían matado, sin contar a los mexicanos. Yo estaba convencido de que iba a ser parte de esa lista, de la de los mexicanos que no contaban».

Los hombres trataron de obligar a Gutiérrez a renunciar a sus discursos públicos y lo interrogaron durante varias horas a punta de pistola. Pero él no cedió. «Comencé a darme cuenta hasta qué punto irían estos hombres para mantener las cosas como estaban en Crystal, para mantener a los mexicanos en su sitio. Fue un momento de transformación en mi vida. Pasé de ser un chicano ingenuo a un chicano militante. El miedo a los gringos que había en mí fue reemplazado por la rabia».

Gutiérrez convirtió su indignación en acción política. En 1967, él y algunos amigos fundaron MAYO, la Organización Mexicano Estadounidense de la Juventud en San Antonio. El grupo creció rápidamente, pues un par de años más tarde tenía ya más de cuarenta capítulos solo en Texas. El naciente partido político dedicó su atención a un ámbito en el que se necesitaba con urgencia: las escuelas. MAYO organizó huelgas masivas llamadas «explosiones» desde el este de Los Ángeles hasta las pequeñas ciudades de Texas, comenzando en Crystal City, su ciudad natal. Aunque el 60 por ciento de los estudiantes eran estadounidenses de origen mexicano, casi todos los profesores eran anglos. «Los únicos maestros chicanos eran un entrenador asistente de fútbol y el profesor de español», recordó Gutiérrez. «Los blancos dominaban el profesorado, el consejo y el currículo escolar. Nos enseñaron que Davy Crockett, Jim Bowie y los otros extranjeros ilegales del Álamo eran héroes, y que los mexicanos eran sanguinarios y brutales.

»Los estudiantes ni siquiera podían votar por sus propios representantes. Se prohibía terminantemente hablar español en la escuela. La cafetería solo ofrecía alimentos anglos. Todas las animadoras eran anglos, a excepción de una. Todo esto en una ciudad que era 85 por ciento chicana».

Gutiérrez y MAYO aprendieron sobre la marcha. Organizaron a los estudiantes desde abajo y hablaron con las autoridades para exponer sus quejas. «El superintendente nos dijo: 'Lleven las demandas a la Junta

Escolar'. La Junta Escolar nos dijo: 'Lleven las demandas al Superintendente'. Una líder estudiantil imprimió la lista de agravios y la repartió en la escuela. Fue suspendida por eso».

La huelga comenzó en el *high school* y se extendió a las *junior high* y a las primarias, en las que participaron unos 1.700 estudiantes. Tres líderes estudiantiles hicieron su primer viaje en avión a Washington D.C. para reunirse con tres senadores estadounidenses. Poco después, el Departamento de Justicia de los Estados Unidos presionó a la Junta Escolar de la Ciudad de Crystal para negociar. El 9 de enero de 1970, el consejo escolar aprobó la mayoría de las demandas de los estudiantes en huelga. A Gutiérrez le gustó el sabor de la victoria, la cual lo animó a luchar con mayor fuerza contra el suroeste renuente de los Estados Unidos mientras uno de los activistas comenzaba a atraer seguidores, imitadores, admiradores... y enemigos.

La lucha por la autodeterminación latina comenzó a adquirir muchas formas en diversos lugares. Los paladines tenían que decidir por sí mismos qué forma tomarían sus demandas, qué estaban dispuestos a asumir y si pelearían desde adentro o por fuera del orden establecido.

En Nuevo México, un expredicador llamado Reies López Tijerina insistió en que el suroeste le había sido arrebatado ilegalmente a México en el siglo XIX, y que debía ser devuelto a los mexicano-extadounidenses de la región. En 1967, López Tijerina dirigió un ataque armado contra un juzgado de Nuevo México. Fue capturado y enviado a prisión.

En 1969, Rodolfo «Corky» Gonzáles, otro predicador, organizó una conferencia de la juventud en Denver, de la cual salió un documento que es utilizado como munición por los nativistas y las fuerzas anti-inmigración: el Plan de Aztlán. De nombre azteca, designa «un lugar en el norte» y aboga por la creación de una nueva nación latina en las tierras mexicanas que se convirtieron en parte de Estados Unidos después del Tratado de Guadalupe Hidalgo en 1848. Lo que hoy es California, Arizona, Nuevo México, Colorado, Texas y Oklahoma era Aztlán, un país para los chicanos. El manifiesto decía en parte: «Somos una nación. Somos una unión de pueblos libres. Somos Aztlán. Por la Raza todo, fuera de la Raza, nada».

«Algo que ha sido robado nunca puede ser propiedad legal», dijo José Ángel Gutiérrez. «No quería asimilarme a los anglos pues más de cien años de asimilación no nos habían traído justicia ni nada de igualdad». Las palabras de Gutiérrez reflejan una nueva apología para ser simplemente quien eras. Otros grupos activistas estaban comenzando a tener a una idea similar.

«Incluso la idea de la asimilación era ofensiva. Oye, nosotros estábamos primero aquí. ¿Cómo es que los anglos no se asimilaron con nosotros? Queríamos nuestra propia patria de nuevo. Una patria independiente y chicana». Si se lee un presupuesto como éste en el siglo XXI, parecerá un poco exagerado, pero podría parecer diferente si se inserta en el contexto de Malcolm X y de Stokeley Carmichael exigiendo una patria negra, en el Movimiento del Indio Americano reviviendo las ideas de la soberanía nacional de la India, y en los activistas puertorriqueños exigiendo la retirada estadounidense y una nación independiente. Aztlán está enraizada en su época.

Gutiérrez se comprometió a trabajar en varios frentes. Intentó utilizar las urnas para conquistar el poder político en el sur de Texas, pero rechazó a los partidos republicano y demócrata. La Raza Unida registró votantes, dirigió campañas de peticiones y ganó en las elecciones una serie de oficinas en los condados fronterizos con México. En 1970, «La Raza Unida logró la mayoría en dos consejos escolares y en dos municipales, y eligió a dos nuevos alcaldes», dijo Gutiérrez, pero aún no había terminado: «El año que viene ganaremos más elecciones locales. Fui elegido como jefe de la Junta Escolar de la ciudad de Crystal».

La Raza Unida puso a Gutiérrez en conflicto no solo con los agentes del poder blanco en Texas y la clase política sino también con uno de los líderes políticos mexicano-estadounidenses de Estados Unidos que también tenía su base en el sur de Texas. Henry B. González era el lado opuesto de Gutiérrez en términos de generación, tácticas, filosofía y estilo. Cuando La Raza Unida logró sus primeras victorias, «Henry B.» tenía alrededor de cincuenta y cinco años, era un miembro veterano del Congreso de los Estados Unidos, un estratega legislativo y un guerrero político para los mexicanos y mexicano-estadounidenses de Texas. Su visión sobre el lugar que tenía su pueblo en América era totalmente contrario al de Gutiérrez.

Al igual que muchas otras familias en Texas, González podía rastrear su linaje a los colonos españoles que habían llegado a México en el siglo XVI. La familia de Henry B. llegó a Estados Unidos huyendo de la violencia de la Revolución Mexicana de 1910. Su padre fue editor de *La Prensa*, un importante y antiguo periódico en español.

González asistió a la universidad, luego a la escuela de leyes, y fue el

Congresista Henry B. González de Texas. CRÉDITO: GONZÁLEZ FAMILY

primer mexicano-estadounidense en la historia moderna en ser elegido para el Consejo Municipal de San Antonio. En 1956, se dirigió a Austin como miembro del Senado estatal. En su primer año completo como senador, trató de bloquear diez proyectos de ley que le permitirían a Texas segregar de nuevo sus escuelas, basándose en el fallo de la Corte Suprema de los Estados Unidos contra la educación separada, pero igual en el caso *Brown versus la Junta de Educación de Topeka, Kansas*.

El senador novato y elegantemente vestido tomó la palabra para contener la oleada de sentimientos contra la integración que había en el Sur. Desafió a sus compañeros texanos a que examinaran sus prejuicios en contra de los ciudadanos negros y morenos que habían formado parte de la historia del estado desde sus primeros días. «¿Por qué había una ciudad llamada González, si ese apellido no era honrado en Texas en aquella época? ¿Por qué habían honrado a Garza al lado de Burnet?». Luego excavó más profundo, invocando algunos de los eventos más venerados en la historia de Texas.

«Mis propios antepasados en México combatieron contra Santa

Anna», señaló, recordándole a su audiencia la batalla de Texas contra el presidente mexicano. «Hubo tres revoluciones contra Santa Anna, y Texas fue solo una de ellas. ¿Sabían ustedes que los negros ayudaron a colonizar Texas, y que un negro murió en el Álamo?».

González dijo que hablaba para «registrar el grito lastimero, los sentimientos heridos, el silencio de la protesta muda de lo inarticulado». Habló durante veintidós horas seguidas y su discurso obstruccionista fue el más largo en la historia de la legislatura de Texas. Sus colegas en el Senado de Texas argumentaron que las leyes que proponían eran necesarias, y él les respondió: «¡La necesidad es el credo de los esclavos y el argumento de los tiranos!».

En las primeras horas de la mañana, durante la segunda noche de su discurso, a los colegas de González les preguntaron si este cedería y dejaría de hablar si sus oponentes acordaban retirar cuatro de los diez proyectos de ley. González dejó de hablar. Finalmente, nueve de los diez proyectos de ley fueron retirados o declarados inconstitucionales.

En 1960, González se dirigió a Washington como miembro número 78 del Congreso. Llegó a Washington con el presidente Kennedy y su agenda legislativa estaba muy en sintonía con la Nueva Frontera. González luchaba por los derechos civiles y por viviendas asequibles, así como por una mejor educación y salarios. El congresista estaba luchando por un país que lo aceptara a él, y a su pueblo de Texas, como parte del conjunto estadounidense. Los jóvenes agitadores como Gutiérrez y López Tijerina habían renunciado a ese proyecto, ansiosos por volver a ser aceptados como estadounidenses plenos y no como «otro» grupo racial y étnico.

Mientras que los activistas de la generación más joven hablaban de Aztlán y de una nación chicana, González votó en contra de incluir a los mexicano-estadounidenses en el lenguaje legislativo de la Ley de Derecho al Voto. Se opuso a la formación de MALDEF, el Fondo Legal Mexicano-Estadounidense de Defensa y Educación, que encabezaba la lucha legal por los derechos civiles latinos. Incluso se negó a convertirse en un miembro del Caucus Hispano del Congreso, conformado por Edward Roybal, un joven congresista del sur de California.

González consideró que la creciente militancia en el Suroeste era un método improbable para avanzar en la lucha por la igualdad de derechos. En un discurso de 1968 ante el pleno de la Cámara, dijo: «Hoy vemos una cosa extraña en San Antonio. Tenemos a los que juegan a la revolución y a los que imitan la militancia de los demás. Tenemos a los que gritan 'Poder Moreno' solo porque han oído decir 'Poder Negro'. Y tenemos a los que les gritan 'oink' o 'cerdos' a la policía solo porque han oído que otros utilizan esos términos.

»Tenemos a aquellos que usan barbas y boinas solo porque han visto hacer eso en otros lugares. Pero ni el fervor ni la moda traerán justicia».

Después de todo, eran los estertores de los años sesenta. El fervor, como lo expresa Henry B., era la música de fondo de la cultura estadounidense. Casi todo lo que gritaba a través de las distintas divisiones en nuestra vida nacional parecía ser seguido por signos de exclamación.

José Ángel Gutiérrez encendió una llama que sigue perdurando más de cuarenta años después, cuando dijo en una conferencia de prensa en San Antonio: «MAYO no polemizará con los compañeros mexicanos, independientemente de lo infundadas y vengativas que puedan ser las acusaciones. Nos damos cuenta de que los efectos del genocidio cultural adquieren muchas formas: algunos mexicanos se volverán psicológicamente castrados, otros se convertirán en demagogos y en gringos. Y otros se unirán, resistirán y eliminarán al gringo. Nosotros seremos esto último».

Kemper Diehl, periodista del *San Antonio Express-News*, interrogó a Gutiérrez inmediatamente después de su declaración incendiaria. El *Express-News* publicó lo que Gutiérrez llamó «la versión Diehl» de la conversación que tuvieron: «¿Qué quieres decir con 'eliminar al gringo?'». Gutiérrez respondió: «Puedes eliminar a una persona de diferentes maneras. Por supuesto que puedes matarlo, pero esa no es nuestra intención en este momento.

»Se puede retirar la base de apoyo que lo soporta él, ya sea económica, política o social. Eso es lo que pretendemos hacer». Diehl relató: «Gutiérrez fue presionado de nuevo sobre las intenciones de matar gringos 'si las cosas se ponen feas'. Gutiérrez respondió: 'Si las cosas se ponen feas y hay que recurrir a ese medio, se trataría de defensa propia'».

El congresista González quería que los mexicano-estadounidenses tuvieran éxito como estadounidenses, como ciudadanos de Estados Unidos, en un país que a veces los miraba con condescendencia y desprecio. Gutiérrez y otros organizadores políticos no estaban dispuestos a suplicar la aceptación de los estadounidenses si creían que no los aceptarían, por más que hubieran —como lo hizo Gutiérrez— arriesgado sus vidas por el país al combatir en Vietnam.

Para la clase política en Washington y en Texas, Henry B. González era «el mexicano». Para Gutiérrez, para Willie Velásquez—fundador del

Programa de Registro de Votantes del Suroeste— y para Corky Gonzales, el *congresista era el sistema.*

Henry B. pagó con la misma moneda, llamando a la joven generación de líderes más combativos «mexicanos profesionales» y demagogos que estaban «tratando de despertar a la gente apelando a la emoción y a los prejuicios con el fin de convertirse en líderes para lograr objetivos egoístas. Ellos representan la política del odio, un nuevo racismo que exige una lealtad a la raza por encima de todo».

El conflicto convirtió en enemigos a unos estadounidenses que deberían haber sido aliados y que se esforzaban por conseguir una vida mejor para su gente en los Estados Unidos. El congresista decididamente independiente que había luchado para abolir el impuesto de votación, mejorar el acceso a los préstamos de pequeñas empresas y viviendas asequibles, fue catalogado como alguien con «tendencias gringas» por Gutiérrez, quien dijo: «El luchador por los desvalidos lucha ahora contra aquellos que luchan por los de abajo... Henry B. hizo que estar en contra de nosotros fuera seguro para los gringos racistas».

Cuatro décadas más tarde, es más fácil ver cómo los dos enfoques, trabajando desde el interior de las instituciones políticas establecidas y empujando desde afuera de ellas, fueron ingredientes necesarios de esta lucha. Irónicamente, una de las validaciones más fuertes del juego «interior» es el creciente alcance y poder del Caucus Hispano del Congreso al que Henry B. González no quería unirse. Con casi dos docenas de miembros, es un grupo importante dentro del Caucus, con el que se pueden formar coaliciones en la Casa de Representantes.

Los hijos organizacionales (y los nietos) de la generación de vanguardia de la lucha por los derechos civiles latinos se estaba organizando, demandando y registrando votantes en el marco de grupos como el Consejo Nacional de La Raza, la Defensa Legal Mexicano-Estadounidense, el Fondo de Educación y los proyectos regionales de registro electoral.

Lo que los jóvenes radicales en el Suroeste parecían subestimar era el conservadurismo enérgico y persistente de muchos mexicano-estadounidenses.

Antes y ahora, la participación es un desafío para los organizadores que exhortan a los latinos a ejercitar su músculo político. Aunque las comunidades latinas siempre han sido fuertes en términos numéricos, lograr que hagan sentir su peso político ha sido un reto desde las campañas de inscripción de votantes de la primera posguerra, lideradas por organizaciones como el American G.I. Forum. El registro fue el primer impulso considerable a medida que los movimientos por los derechos civiles de los latinos intentaban movilizar a las ciudades mexicano-estadounidenses de los estados fronterizos en los años sesenta y setenta. El siguiente paso consistió en convencer a los recién registrados para que comparecieran a las urnas el día de las elecciones. En muchas comunidades, lo que parecía una estructura anglo con un poder inexpugnable y la renuencia a creer que las cosas podían ser de otra manera, hizo que muchos latinos se asociaran en su propia ausencia de poder. Entonces, la idea de un movimiento político latino rugió fuera de Texas y hacia otros estados del suroeste, pero rara vez tuvo gran impacto más allá de los consejos escolares y de otras oficinas locales y de condados.

El forcejeo sobre los modelos de asimilación continuaría en las próximas décadas: ¿los chicanos quieren ser estadounidenses inalienables, asimilados y aceptados en la cultura dominante, o aferrarse a una forma de vida distinta y separada, pero muy estadounidense? Resulta que los mexicanos y los mexicano-estadounidenses no tenían que hacer esa elección tan difícil. Willie Velásquez les ofreció una tercera vía.

Velázquez era texano. Al principio de su carrera como activista, coordinó huelgas de trabajadores agrícolas en el Valle del Río Grande. Buscó el apoyo de su mentor Henry B. González mientras el UFW trataba de salir de su base en el sur de California. González actuó con cautela; mantuvo su distancia de los trabajadores agrícolas, diciendo que la huelga «estaba fuera de mi distrito».

Velásquez se asoció con José Ángel Gutiérrez para fundar MAYO y La Raza Unida. Si el cuidadoso cálculo de González y la distancia prudente de la UFW empujaban a Velásquez a la izquierda, las duras posturas políticas de Gutiérrez y su bomba retórica de «matar al gringo» lo lanzaron hacia la derecha. Velázquez terminó por zanjar la diferencia en términos políticos al concluir que los latinos serían conscientes de todo su poder e influencia en la sociedad cuando comenzaran a votar en mayor número.

Debido a su éxito en el registro de millones de votantes y en inspirar proyectos regionales de educación de votantes en otras partes del país, Willie Velásquez recibió en 1995 la Medalla Presidencial de la Libertad, el más alto honor civil de los Estados Unidos. La condecoración fue aceptada por su viuda Janie. Velásquez murió en 1988 de una enfermedad renal; tenía apenas 44 años.

· · ·

LOS DEBATES SOBRE la asimilación o la separación tuvieron lugar en medio de la multiplicidad de ambientes en los que vivían los latinos. Entre el final de la Segunda Guerra Mundial y 1960, se calcula que un millón de puertorriqueños se trasladaron a los Estados Unidos, principalmente al área metropolitana de Nueva York. El singular estado constitucional de los puertorriqueños no evitó que su lucha por la aceptación fuera menos intensa.

Juan González nació en Ponce, Puerto Rico, en 1947. Su padre había servido en la Segunda Guerra Mundial con el 650 Regimiento de Infantería «Los Borinqueneers». Su familia se mudó a Nueva York en los años cincuenta y Juan asistió a escuelas públicas de Nueva York en el *Spanish Harlem* y en el este de Nueva York. Terminó sus estudios en la Escuela secundaria Franklin K. Lane y se dirigió a la Universidad de Columbia. La asimilación era una meta. «En un momento dado, Estados Unidos parece extraño, y luego parece tu hogar. O por lo menos quieres que sea tu hogar».

González fue parte de una gran multitud de jóvenes puertorriqueños en el Nueva York de los años sesenta, nacidos en la isla o en esta ciudad, y de padres recién llegados, que se preguntaron si su nuevo «hogar» realmente los quería a ellos. González lo explica así: «Creo que en los años sesenta algunos puertorriqueños comprendimos de repente quiénes éramos. No éramos verdaderos norteamericanos sino refugiados económicos de la última colonia importante de los Estados Unidos. Éramos diferentes de los inmigrantes europeos que venían de países independientes como Italia e Irlanda».

El darse cuenta de eso y de que el camino de un típico inmigrante hacía que llegara a ser con el paso del tiempo «ciento por ciento estadounidense que pertenecía al crisol de razas», llevó a muchos miembros de la generación de González a rechazar este punto de vista. «Me salí de la escuela y pensé: 'Tenemos que hacer algo que cambie el mundo'».

Ese «algo» fueron los Young Lords.

Esta pandilla callejera de Chicago, comandada por José «Cha-Cha» Jiménez, se transformó en un movimiento social en 1968, impulsado por la brutalidad policial, la renovación urbana y las escuelas deplorables, con el objetivo de desafiar el gobierno del alcalde Richard J. Daley. Un capítulo de los Young Lords, liderado por González, Felipe Luciano,

Pablo Guzmán, Denis Oliver y otros, se estableció en Nueva York en 1970. Denise Oliver Velez, escritora y profesora universitaria que en aquel entonces era una alta dirigente del Partido de los Young Lords, dijo que había mucho trabajo por hacer: «Les puedo decir que haber vivido en El Barrio y en el sur del Bronx era como la axila de la humanidad en términos de saneamiento y de todas las causas que asumimos. El envenenamiento por plomo era generalizado. Las escuelas no tenían programas de desayuno en esa época. Había muchos niños que padecían hambre. Para los puertorriqueños en particular, como representantes de la nueva oleada de pobres urbanos, y debido a la posición actual de los afroamericanos, había una oportunidad perfecta para un movimiento por el cambio social; sobre todo porque también estaba la influencia del Movimiento por los Derechos Civiles».

También hubo una fuerte identificación y afinidad con el trabajo del Partido de las Panteras Negras en guetos urbanos de todo el país. «Nuestras oficinas se encontraban en el corazón de todas las comunidades en las que nos organizamos. Así que tuvimos acceso a la gente común y corriente de las comunidades». Oliver dijo que la gente apreciaba a los Young Lords pues sus hijos recibían desayunos y ropa nueva para la escuela gracias a las colectas de ropa, y eran apreciados también por los inquilinos cuyas quejas sobre el deficiente servicio de basuras habían sido ignoradas durante muchos años.

«Ocupamos una iglesia por espacio de once días», dijo Juan González, «mientras ofrecíamos desayunos gratis, ropa, servicios de salud, una guardería y una escuela de liberación, todo en el interior de la iglesia ocupada. Confiscamos equipos de hospital y los llevamos a donde fuera necesario. Nosotros hicimos lo que hicimos porque sentíamos que nuestro pueblo no debería tener que vivir así».

Una parte importante del programa político de los Young Lords era la liberación de Puerto Rico del yugo de los Estados Unidos. La independencia de la isla se afirmó siempre como un objetivo fundamental y también como un hecho que mejoraría la vida de los puertorriqueños que vivían en el continente. El fervor revolucionario, las boinas y uniformes, las botas de combate, las marchas y entrenamientos se fusionaron con la retórica cada vez más firme acerca de un Puerto Rico libre.

El liderazgo fue creciendo con el paso del tiempo. La población puertorriqueña se estaba trasladando desde la ciudad de Nueva York al resto del estado, así como a Nueva Jersey, Connecticut y Pennsylvania. Un ala del movimiento anticolonial pasó a la resistencia armada y a la acción de guerrillas contra el Gobierno de los Estados Unidos. El Partido de los Young Lords se desvaneció como organización; sin embargo, su legado es significativo. Juan González ha ganado los premios más prestigiosos del periodismo norteamericano por su trabajo como reportero, columnista y autor. Felipe Luciano y Pablo Guzmán también se han hecho un nombre por sí mismos en los medios de Nueva York.

Sonia Sotomayor, la hija mayor de Celina y contemporánea de los Young Lords, tomó un camino diferente. Nació en Nueva York en 1954, cuando sus padres se reunieron después de salir de Puerto Rico y se establecieron en el Bronx. Su padre Juan murió cuando ella tenía nueve años y su madre Celina tuvo que criar sola a sus dos hijos. Nacida en Lajas, en la costa suroeste de Puerto Rico, Celina había servido en el Cuerpo Femenino del Ejército en la Segunda Guerra Mundial, trabajó como operadora telefónica en Nueva York y obtuvo una licencia de enfermería en una escuela nocturna.

Celina sacó a sus hijos de las viviendas multifamiliares Bronxdale, donde abundaban las pandillas y las drogas. Al igual que muchas familias con ambiciones, los Sotomayor compraron un juego de enciclopedias. Celina les insistió a sus hijos que estudiaran mucho en la escuela y les dijo que la educación les allanaría el camino a una vida mejor.

Cuando Sonia Sotomayor estudiaba en la escuela Cardenal Spellman en el Bronx, de muy buen nivel académico, los Young Lords estaban operando a solo unas millas de distancia, bloqueando las calles del East Harlem con bolsas de basura mientras daban clases de historia puertorriqueña. Juan González se retiró de la Universidad de Columbia y, unos pocos años más tarde, Sonia Sotomayor recibió una beca completa para estudiar en la Universidad de Princeton. «En Princeton me sentí como una visitante que aterrizaba en un país extranjero. Me sentí tan intimidada que no hice una sola pregunta en mi primer año. Sentí que había un abismo entre mis compañeros de clase y yo. En realidad, yo solo conocía el Bronx y Puerto Rico, mientras que ellos hablaban de vacaciones en Europa y de ir a esquiar».

Los esfuerzos de su madre le habían dado a la joven universitaria unas opciones que no tuvo ninguno de sus antepasados y que solo unos pocos puertorriqueños de Nueva York podrían haber soñado. Sonia tomó decisiones que reflejaban su condición de nativa y de «forastera» a un mismo tiempo. Sonia Sotomayor era tan puertorriqueña como los Young

Lords que trabajaban en el Bronx. Lideró una organización de estudiantes puertorriqueños en Princeton, se opuso al pobre historial de la Universidad en contratación de minorías y escribió su tesis de grado sobre el primer gobierno electo de la isla y la lucha por el autogobierno. Sotomayor terminó sus estudios en Princeton recibiendo el mayor honor académico conferido a un estudiante de pregrado.

Sonia llamaría la atención por sus logros académicos y encontraría mentores influyentes, con poder, que le ayudaron a ascender en el ámbito legal. Con frecuencia, ella fue la primera y la única puertorriqueña en ocupar diversos cargos mientras ascendía en el mundo de las leyes. Siempre recordaba quién era y de dónde venía, y trató de utilizar su influencia cada vez mayor para mejorar la vida de los puertorriqueños en Nueva York.

En las décadas posteriores a la Segunda Guerra Mundial, los latinos descubrieron que podían ser estadounidenses de una manera que no había sido posible en el pasado. Las luchas por los derechos civiles, contra la segregación escolar y por la protección igual de la ley, se manifestaban de forma diferente en los Estados Unidos. Algunas personas se dedicaron a ayudar a los más pobres y oprimidos. Otras aprovecharon las nuevas oportunidades de escolarización y acceso político, las cuales harían que el poder y la influencia fueran posibles de una forma totalmente nueva.

Mientras que algunos activistas moderaron su idealismo y su rabia en las décadas de la posguerra, otros los canalizaron de un modo estratégico. González llegó a ser un líder en su profesión, y un mentor y guía para las próximas generaciones de periodistas latinos.

José Ángel Gutiérrez se convirtió en un juez del condado, en un juez de derecho administrativo del estado de Texas y en un profesor de derecho. Si el otro «lado» cambiaba, él hacía lo mismo. «Muchos gringos dejaron de ser racistas. Actualmente, la mayoría de las personas son al menos civilizadas y corteses. Ya no es políticamente correcto ser un fanático en público. Así que sigo siendo optimista. Creo que podemos mejorar».

Sonia Sotomayor es la primera persona de origen latinoamericano en formar parte de la Corte Supremo de Estados Unidos. Aunque lleva poco tiempo allí, su amplia experiencia en el turbulento mundo de las leyes de Nueva York le ha dado sus frutos. Hasta ahora se ha comportado como una mujer incisiva, perseverante y que hace preguntas muy creativas. Sonia Sotomayor hace mucho más que ocupar su sitio entre las mentes más firmes y brillantes de su profesión.

Henry B. González sirvió casi 40 años en la Cámara de Representantes de los Estados Unidos y fue sucedido por su hijo Carlos, quien se retiró después de siete términos. Padre e hijo sirvieron a la región de San Antonio en el Congreso por más de medio siglo.

César Chávez murió en 1993 después de padecer quebrantos de salud. Era joven todavía, pues tenía 66 años. Había visto la forma en que la industria alimentaria estadounidense experimentaba un proceso de consolidación, mecanización y fuerte presión a la baja de salarios durante varias décadas. Hacia el final de su vida se preocupó por el problema de los inmigrantes ilegales y por los esfuerzos de la UFW para garantizarles un salario justo a sus miembros. Predijo —acertadamente— la amenaza para la salud de los trabajadores agrícolas americanos que suponía el creciente uso de herbicidas y pesticidas en los cultivos.

Con más de ochenta años, Dolores Huerta sigue luchando todavía. Viaja por todo el país para dar conferencias, participar en concentraciones y organizar a los trabajadores. En 2012, el presidente Obama le concedió la Medalla Presidencial de la Libertad, el más alto honor civil del país. Después de todo lo que ha visto en su larga vida, ella declaró que está segura de que a los trabajadores estadounidenses les esperan mejores tiempos: «Es algo que está en el aire. Es casi como en los años sesenta, y todos estos jóvenes están ahí. La gente sabe cómo hacer el trabajo y lo pueden hacer aún más rápidamente con el Internet, con proyectos como *Move On*».

Trabajadores mexicanos en los campos de California. CRÉDITO: © BETTMANN/CORBIS

A finales de los años setenta, la guerra de Vietnam había terminado. Los Young Lords estaban en declive. Richard Nixon y J. Edgar Hoover habían muerto o estaban fuera del poder. La proliferación de organizaciones laborales y de peticiones por la igualdad y la libertad había tenido éxito en muchos lugares y esferas. Un nuevo sentido de los latinos como un pueblo surgiría gracias a estas luchas. Una escuela de calidad inferior no era tan diferente en Los Ángeles que en Chicago. Las pésimas viviendas en Brooklyn o en el Valle del Río Grande fueron motivos para forjar nuevas alianzas, en lugar de enfrascarse en un antiguo debate acerca de si los mexicanos y los puertorriqueños harían, o podían hacer, una causa común.

6

¿ADÓNDE VAMOS?

LEO MANZANO nació en México en 1984. Vino con sus padres a los Estados Unidos cuando tenía cuatro años y creció en Granite Shoals, una pequeña población en el centro de Texas. Manzano se distingue de muchos otros inmigrantes por algo muy simple: corre muy rápido. Manzano ganó la medalla de plata en los 1.500 metros en los Juegos Olímpicos de Londres 2012, vistiendo el uniforme de su país adoptivo.

Manzano se cubrió sus delgados hombros con las barras y estrellas de la bandera de Estados Unidos y sonrió mientras la enorme multitud lo aclamaba. Acto seguido, le entregaron la bandera roja, blanca y verde de México, y también la sostuvo en el aire. La bandera mexicana tuvo sin duda un papel secundario, pues la mantuvo con la mano derecha mientras extendía la de Estados Unidos sobre sus hombros.

Muchos de sus compatriotas estadounidenses no estaban contentos. El columnista Ruben Navarrette dijo que el gesto fue «equivocado y maleducado», y concluyó que Manzano había puesto su ego por encima de su equipo estadounidense: «Manzano no estaba allí para competir por sí mismo sino para representar a su país. Lo único que tenía que hacer era decidir de qué país era. Y optó por no decidir».

El destacado deportista parecía perfectamente en paz con su decisión y seguro de su comportamiento: «Estar en el podio ha sido un sueño para mí y lo comparto con orgullo con mi familia, amigos, entrenadores y todos mis seguidores de Austin, Marble Falls, y Granite Shoals, Texas, así como de Dolores Hidalgo, en México».

Manzano era indocumentado y vivió ilegalmente en el país cuando era joven. Hoy es ciudadano estadounidense y también mexicano. Tiene doble nacionalidad. Por espacio de unas pocas semanas después de los juegos de verano, Manzano fue una sensación en Internet, donde despertó críticas mordaces y alabanzas tibias. En un momento de graves dificultades económicas y de creciente ansiedad sobre el lugar que ocupaba Estados Unidos en el mundo, lo que hizo Manzano con las banderas fue evaluado de un modo muy diferente a las exuberantes demostraciones de orgullo irlandés durante las celebraciones del Día de San Patricio en todo el país, o las orgullosas declaraciones de identidad polaca que hacen las grandes organizaciones cívicas en Chicago. La diferencia es fácil de entender: nadie se preocupa porque el polaco suplante al inglés como lengua comercial, o de tener que enviar maestros que hablen galés a las escuelas públicas locales.

Los estadounidenses olvidan la historia con frecuencia. Eso hace que todo lo que sucede hoy sea lo mejor, lo más grande y lo peor, y también lo primero. Por lo tanto, la gente en todos los espectros de la discusión se comportó como si Leonel Manzano fuera el primer estadounidense en llevar otra bandera al estadio. Tan solo veinte años antes, Oscar de la Hoya, nacido en el este de Los Ángeles y de padres mexicanos, se estaba preparando para obtener la gloria olímpica al disputar la medalla de oro con Marco Rudolph de Alemania. De la Hoya estaba a punto de saltar al ring de boxeo con una pequeña bandera estadounidense en la mano cuando «mi tía me entregó una bandera mexicana. 'Sostén esto en recuerdo de tu madre', me dijo. Por supuesto que lo haría. Sin embargo, un funcionario de los Estados Unidos me bloqueó el camino. Me dijo: 'Si subes con esa bandera, te descalificaremos'. Sin embargo, de todos modos lo hice».

Las dos reacciones fueron muy diferentes. Manzano ocupa la atención en las salas de chat mientras que la falta de interés por el incidente de Oscar de la Hoya puede deberse en parte a la evolución tecnológica, que le permite a la gente unirse a una batalla verbal en todo el mundo y en un solo instante. También puede ser un producto del estado de ánimo de los Estados Unidos en la segunda década del siglo XXI. El optimismo que terminó con los ataques terroristas del 11 de septiembre ha continuado en las discusiones sobre la cultura estadounidense, la nacionalidad, la economía y nuestro futuro compartido.

Ricardo Jiménez, por su parte, nunca ha aceptado la idea de ser estadounidense. Fue traído de Puerto Rico cuando era un bebé, y creció en Chicago, cerca de Humboldt Park. Mientras tomaba un curso de estudios puertorriqueños en la escuela en ruinas y completamente hacinada de su barrio, Jiménez empezó a hacerse preguntas más espinosas acerca de la situación de Puerto Rico y de las circunstancias en que la bandera ondeaba en la isla. Empezó a indagar más profundo y la experiencia lo radicalizó:

«Me di cuenta de que esto es lo que significa ser puertorriqueño, que ésta es la historia rica y gloriosa que habíamos tenido y que yo desconocía. Me enteré de que nuestro país tenía un padre y de que tenemos escritores, pintores, poetas; es decir, que tenemos todas estas cosas que yo no sabía que existían. Me pregunté por qué está pasando esto. Busqué información, me involucré en el movimiento por la independencia de Puerto Rico y me di cuenta de quién era yo como puertorriqueño. Me di cuenta de las circunstancias que estaban ocurriendo aquí y entendí por qué la gente se iba de Puerto Rico. Luego descubrí las razones y toda la condición colonial, y eso se convirtió en mi pasión».

Jiménez señaló que el aislamiento y la segregación de los puertorriqueños en Chicago hicieron que la experiencia fuera muy diferente a la de Nueva York. La población puertorriqueña de Chicago era —y es— mucho más pequeña que la de Nueva York. Sin embargo, Chicago tuvo un papel muy importante en la política puertorriqueña en el continente. Fue el lugar donde nacieron los Young Lords antes de que tuvieran una mayor prominencia en Nueva York. Fue el hogar de muchos hombres y mujeres que serían arrestados y enviados a prisiones federales por conspiración violenta contra el Gobierno de los Estados Unidos en su búsqueda para que este país renunciara a Puerto Rico.

Los miembros de las FALN (Fuerzas Armadas de Liberación Nacional) en Chicago eran altamente educados. Muchos habían nacido en el continente pero se criaron en la cultura puertorriqueña. Estaban en la veintena y treintena de sus vidas cuando fueron arrestados en Evanston, Illinois, en 1980. Cuando se le preguntó si entendía perfectamente en lo que se estaba metiendo al unirse a la resistencia contra el dominio de los Estados Unidos, Jiménez dijo: «la realidad es que cualquiera que luche por la independencia de Puerto Rico puede garantizar que enfrentará la represión. Estás seguro de que el FBI te va a molestar y a vigilar en cualquier momento.

»Así que cuando decides que vas a defender a nuestro país es porque ya has descubierto esa realidad, la historia de Puerto Rico. Sabes por qué es como es y si decides que vas a dedicar tu vida al movimiento independentista de Puerto Rico, es indudable que vas a enfrentar la represión, que podrías enfrentar la cárcel o la muerte. Eso es una realidad en el movimiento independentista de Puerto Rico porque Estados Unidos lo ha dejado muy, muy claro».

Los fiscales federales vincularon a Jiménez y a otros 11 individuos a unos cien atentados o intentos de atentados desde 1974, ninguno de los cuales estaba relacionado con la pérdida de vidas. Jiménez fue acusado de conspiración sediciosa, de interferencia con el comercio interestatal por medio de la violencia, de transporte interestatal de armas de fuego con intención de cometer un delito y de otros delitos graves. La fiscalía nunca vinculó directamente a Jiménez y a los demás con la colocación y detonación real de las bombas, un caso mucho más difícil de probar en los tribunales. Jiménez fue condenado a noventa años de prisión. Él no considera que la decisión de confrontar a los Estados Unidos haya sido fatídica: «Nosotros no decidimos enfrentarnos a Estados Unidos: fue este país el que decidió enfrentarse a nosotros. Fueron ellos los que invadieron nuestro país. Nosotros no invadimos los Estados Unidos. Así que la confrontación y la persecución inicial proviene de los Estados Unidos y no del pueblo puertorriqueño».

El presidente Bill Clinton ofreció clemencia a los miembros del FALN que no estaban relacionados directamente con actos violentos ni con la pérdida de vidas. El Presidente fue acusado de hacer la oferta a los nacionalistas de Puerto Rico para impulsar las posibilidades electorales de su esposa Hillary como candidata al Senado de los Estados Unidos en Nueva York. La reacción a la decisión del presidente fue tan fuerte que un par de semanas después de que la oferta de clemencia fuera anunciada por el presidente, su esposa, candidata al Senado, la criticó.

En 1999, Jiménez fue liberado tras cumplir diecinueve años y medio en una prisión federal; denunció públicamente el uso de la violencia y respaldó la utilización del proceso democrático para poner fin a lo que llama el estatus colonial de Puerto Rico. Cuando se le preguntó acerca de las decisiones que había tomado y las consecuencias que esto había tenido, Jiménez se negó a expresar remordimientos. Una excepción es la tristeza expresada por la muerte de su madre durante sus largos años en prisión: «Nunca pude ver a mi madre de nuevo. Nunca pude hacer un duelo. Nunca pude decirle adiós. Nunca pude darle un último beso. Nunca pude consolarla ni ayudarla por todo el sacrificio que hizo.

»Sí, se sacrifican muchas cosas. Pero es una decisión que tomé y que me pareció la decisión correcta, no solo para mi familia, sino para la nación de Puerto Rico y para todos los puertorriqueños.

»No puede haber ningún remordimiento por algo que es una causa justa y noble por la libertad de nuestro país. Ya sabes que cuando la gente entienda qué es la libertad, cuando la gente entienda por lo que ha tenido que pasar la nación de Puerto Rico, entenderá por qué hemos sacrificado nuestra vida con el fin de ver libre a la isla».

Ida Luz Rodríguez fue capturada en esa misma redada y también pasó 19 años y medio en prisión. En sus pocas entrevistas desde que se le conmutó la pena, ella deja traslucir un mayor sentimiento de pesar y una mirada más escéptica a sus pasiones juveniles. Cuando se le preguntó poco después de su liberación cómo veía su pasado, ella declaró: «Yo diría que hubo una evolución de mi parte. Vi que en los países que obtuvieron la independencia política hay muchas otras cosas por hacer además de obtener la libertad. Hubo una gran cantidad de dolor y de heridas en ambos lados de la lucha y, cuando piensas en eso, te digo que siento lo que ha pasado. Sí, tengo remordimientos. Creo que cada ser humano ha hecho cosas en sus vidas que lamenta, pero si seguimos cargando con el pasado, se vuelve demasiado pesado y no podemos seguir adelante».

Sonia Sotomayor, integrante de la Corte Suprema de Justicia, pertenece a la misma generación de Ricardo Jiménez y de Ida Luz Rodríguez. El periodista Juan González es un poco mayor. Otro contemporáneo de ellos es el veterano congresista Luis Gutiérrez, nacido en Chicago, quien creció cerca de la casa de Jiménez y participó activamente en el movimiento por la independencia de Puerto Rico en la universidad. Todos comprendieron la situación de Puerto Rico y fueron moldeados por ella, así como por las dificultades económicas de la isla y del continente. Todos tomaron decisiones diferentes sobre cómo ser un puertorriqueño que vive en los Estados Unidos en la segunda mitad del siglo XX.

El poeta Tato Laviera trató de definir la ambigüedad de los puertorriqueños en su poema "commonwealth" (estado libre), en donde escribe que tanto él como su isla son lo mismo, estados libres en las etapas de sus vidas. El estado de limbo que describe Laviera les dio a los puertorriqueños lo que otros latinos verían como un don: la capacidad de trasladarse a los Estados Unidos cuando quisieran. Este «don» tenía un aspecto diferente desde el interior de la diáspora puertorriqueña. Ellos vinieron de un país sin soberanía para vivir en el país que los reclamaba, pero que no parecía quererlos.

El periodista e historiador Juan González, nacido en Puerto Rico y criado en Nueva York, considera que la ambigüedad es fácil de entender, pero quizás más difícil de explicar: «Los puertorriqueños pueden ir y venir, y gracias a esto, la identidad es mucho más fluida, así como el sentido del lugar. Puedes ir y venir porque tienes la ciudadanía, estés donde estés. Para los inmigrantes procedentes de México, Guatemala o El Salvador, cuando regresan a visitar a sus familias, realmente llegan a una nación diferente.

»Los puertorriqueños no sienten que llegan a una nación diferente, pero lo hacen. Y tienen que lidiar con algo mucho más complejo en términos psicológicos, sociales y políticos». A través de las sentencias del Tribunal Supremo, que llegaron a ser conocidas como las decisiones insulares, aseveró González, la ley estadounidense afirmó una y otra vez que Puerto Rico pertenece —pero no forma parte— de los Estados Unidos: «Así que nadie que haya nacido en Puerto Rico, incluyéndome a mí, podría ser Presidente de los Estados Unidos».

«Los puertorriqueños nacidos en Puerto Rico, como ciudadanos de los Estados Unidos, tienen unas relaciones y unos derechos diferentes a los de otros ciudadanos estadounidenses. El Tribunal Supremo también ha fallado en otras decisiones, estipulando que no todas las protecciones de la Constitución son asequibles para Puerto Rico del mismo modo en que lo son para otras partes del país. La isla no es parte de los Estados Unidos pero pertenece a los Estados Unidos».

De vuelta a la isla, los dos grandes partidos políticos que representan la pro estadidad y la pro mancomunidad tienen un sólido respaldo del 40 por ciento. El partido pro independentista tiene una aprobación inferior al 10 por ciento en las encuestas y en los plebiscitos que se han realizado sobre el futuro estatus. A pesar de esta falta de éxito en las urnas, no es exagerado decir que los líderes de la tendencia más nacionalista siguen siendo ampliamente admirados como defensores de la identidad y la cultura puertorriqueña, y también como personas valientes que se han enfrentado al gigante de los Estados Unidos: un ejemplo reciente de esto fue la exitosa lucha por conseguir que las fuerzas armadas de Estados Unidos dejaran de utilizar a Vieques, una pequeña isla que forma parte del territorio de Puerto Rico como sitio de prácticas de tiro.

Mientras tanto, los factores ambivalentes de la identidad y la nacionalidad eran completamente diferentes para los cubanos. Al mismo tiempo que Jiménez y sus jóvenes y radicales amigos compartían en Chicago su indignación por el aumento de la participación de Estados Unidos en la isla, los cubanos se encontraban en medio de la transformación de una capital regional en auge. Miami se convirtió en una ciudad bilingüe a medida que la influencia cultural y el poder económico de los cubanos aumentó, y también porque esta ciudad se transformó en una filial de Centro y Suramérica. La inestabilidad en el resto del hemisferio hizo que Miami fuera atractiva para la clase alta de Latinoamérica. Miami era fácilmente accesible por avión, tenía una comunidad de negocios de habla hispana y muchos banqueros no dudaron en depositar allí el dinero que retiraban de sus países de origen, agobiados por la turbulencia y la inflación galopantes.

Los refugiados cubanos y sus descendientes nacidos en Estados Unidos fueron considerados por otros habitantes del sur de la Florida como mayoritariamente blancos y de clase media en sus valores y perspectivas. Mientras que otros floridanos no compartían el interés apasionado por las políticas del exilio cubanos ni por la situación de la isla, de todos modos compartían el interés de sus vecinos de origen cubano por el valor de las viviendas, los nuevos centros comerciales y la inversión extranjera.

En 1978, Emmy Shafer, que vivía en Miami Beach, iba de una oficina a otra, tratando infructuosamente de encontrar un empleado público que hablara lo que ella creía que fuera un inglés lo bastante bueno como para ayudarle con el problema que tenía. Casi dos décadas después de que los cubanos que huían de la revolución comunista llegaran a Miami, era posible entenderse bastante bien hablando solamente español en esa ciudad. Lo que le molestó a Shafer fue lo difícil que se estaban volviendo las cosas para alguien que solo hablaba inglés. Ella, que había pasado parte de la Segunda Guerra Mundial en un campo de concentración alemán, llegó a Miami cuando era adolescente y aprendió inglés. Ahora, pensó, era el turno de los cubanos.

«¿Cómo es que los cubanos lo tienen todo?», se preguntó Shafer. «Este grupo recibe el ciento por ciento de las cosas y mucho más porque nuestros políticos locales están a la venta. Es una vergüenza cuando vendes tu herencia y tu idioma por un dólar. Se olvidan de que las personas inglesas son las que votan» Ésta es una declaración sorprendente, y muy estadounidense. Una sobreviviente del Holocausto nacida en Rusia se traslada a Miami Beach, se convierte en estadounidense y se alía con «los ingleses» en una solidaridad inconforme por la negativa de los nuevos habitantes a aprender este idioma.

Shafer encabezó una exitosa campaña de petición que reunió más de

26 mil firmas, pero la iniciativa para implantar de nuevo el bilingüismo legal languideció hasta 1980. Pero entonces Shafer recibió una ayuda inesperada de un lugar sorprendente y de un político inesperado: La Habana y Fidel Castro.

La intención de «El Jefe» era clara. Castro aprovechó la oportunidad para meterle un dedo en el ojo a Washington mientras que al mismo tiempo se deshacía de los cubanos indeseables. Mirta Ojito tenía dieciséis años cuando tocaron la puerta del apartamento de su familia en La Habana. «Nos pidieron nuestros nombres y luego nos preguntaron algo extraño. Nos dijeron que si estábamos dispuestos a 'abandonar' el país. Sí, estábamos dispuestos a irnos. Mi padre nunca creyó en la promesa de Fidel acerca de una sociedad mejor. Queríamos la libertad. Queríamos irnos, al igual que muchas personas».

Todo comenzó cuando un autobús que transportaba a media docena de personas se apresuró a través de las puertas de la embajada de Perú, seguido por gente que corría por las calles hacia la sede diplomática y pedía asilo allí. Esta situación se extendió a la embajada de Venezuela, donde los autos entraron tras derribar las puertas. Miles de personas se hacinaron en los predios de la embajada, en algo que fue una humillación para el régimen de Castro. Las fotos, que mostraban a una gran multitud apretujada en la sede diplomática, fueron transmitidas en todo el mundo. Fidel tuvo una idea que podía cambiar esa situación, poner fin al conflicto diplomático y, al mismo tiempo, librarse del sustento de muchas personas.

Castro anunció que los cubanos que querían salir de la isla eran libres de hacerlo, y ése fue todo el estímulo que muchas personas buscaban: cientos de barcos zarparon rumbo a la Florida con el fin de recoger a todos los pasajeros que pudieran llevar. Ojito sería una de ellas: «Mi tío era un exiliado en Miami y siempre se comprometió a ayudar a mi padre a salir de Cuba. Así que dejó a su familia y su trabajo y, sin saber nadar ni tener conocimiento alguno en materia de navegación, fletó un barco y fue a sacarnos de Cuba».

Unos 125 mil cubanos llegaron al sur de la Florida entre abril y octubre de 1980. Estos refugiados fueron conocido como «los marielitos» porque casi todos salieron del puerto de Mariel. Los grupos comunitarios cubanos comenzaron a recibir a los recién llegados pero se vieron abrumados a pesar de su considerable poder organizativo. Los marielitos terminaron alojados en armerías y en centros de recreación, en iglesias e incluso en el Orange Bowl. Algunos fueron trasladados a instalaciones militares en Arkansas, Pennsylvania y Wisconsin.

Para Fidel Castro, dijo Ojito, la oportunidad de causar daño era demasiado atractiva como para dejarla pasar: «Imagínese que usted es el líder de un país y 125 mil personas quieren irse. Fidel quería castigar a los Estados Unidos, así que modificó su plan inicial. Le ordenó a la policía cubana que sacara pacientes de los hospitales y presos de las cárceles, y luego los obligaron a subir a los barcos».

Solo una pequeña fracción de los cubanos que llegaron a raudales a la Florida —el cuatro por ciento— eran enfermos mentales. Pero 25 mil tenían antecedentes criminales. Después de 20 años como la «minoría modelo» de Latinoamérica, los cubanos sufrieron un cambio indeseable en su imagen. En *Scarface*, la película de 1983, Tony Montana, un marielito que traficaba cocaína, les dio un nuevo rostro a los cubanos del sur de la Florida, por más dudoso que fuera su acento español. Y a partir de 1984, la exitosa serie de televisión *Miami Vice* les dio trabajo a los actores latinos, quienes interpretaron una multitud de papeles como prostitutas, proxenetas, traficantes de drogas y lavadores de dinero.

El día de las elecciones de 1980 fue unos días después del final del éxodo cubano. La propuesta de Shafer prohibía el uso de fondos del condado para envío de mensajes en otro idioma diferente al inglés, y bloqueaba los recursos que promovieran «una cultura distinta de la de Estados Unidos». La declaración de Shafer para que Miami volviera «a la forma en que solía ser» encontró una audiencia receptiva entre los residentes de habla inglesa del condado de Dade, aunque los miamenses negros se preguntaron en voz alta cómo podía definirse la cultura estadounidense.

Los líderes latinos señalaron que Miami había cambiado de un modo que la había alterado para siempre, lo que significaba que nunca podría ser de nuevo «de la forma en que solía ser». Sylvia Unzueta, miembro la Federación de Empleados Hispanos del Condado Metropolitano de Dade, le dijo al periódico *New York Times*: «Somos conscientes de que a mucha gente le gustaría suprimir a los cubanos, haitianos, nicaragüenses y hondureños. Pero no nos iremos, con ordenanza o sin ella. Sería imposible regresar a los años cincuenta. El condado ha cambiado y, a mi juicio, para bien».

La propuesta de Shafer de «desbilingualizar» a Miami obtuvo casi el 60 por ciento de los votos. La mayoría de los habitantes de habla inglesa, quienes votaron a favor de la ordenanza, dijeron que verían con agrado que la aprobación de la propuesta formulada hiciera que Miami fuera menos atractiva para las personas que hablaban español. Pero no fue así. La comunidad latina del sur de la Florida continúa creciendo en número y en influencia política y comercial. En 1993, la Comisión de Dade, conformada en su mayoría por latinos, anuló la ordenanza de 1980 y aprobó que el condado suministrara servicios e información en español y en otros idiomas.

En su revelador libro *Los nueve países de Norteamérica* (1981), el periodista Joel Garreau dividió el continente en regiones que atravesaban las fronteras estatales y nacionales, y agrupó a las personas a partir de quiénes eran y cómo vivían, antes que por la jurisdicción que aparecía en sus licencias de conducir. Garreau argumentó que los agricultores del centro de Illinois tenían más cosas en común con sus compañeros de Missouri y Iowa (El Granero) que con los de Illinois en Chicago, quienes a su vez compartían una «nación» (La Fundición) con los residentes de Ohio, Michigan y el sur industrial de Ontario.

Mexamérica era una nación que unía ambos lados de la frontera entre México y Estados Unidos, que iba desde el sur de Texas hacia el oeste a través de Nuevo México, el sur de Colorado, Arizona y el sur de California. Su «capital» era Los Ángeles. Otra «nación» multinacional identificada por Garreau se llamaba simplemente «las Islas» y unía a Centroamérica, Cuba, Puerto Rico, Haití, República Dominicana, los países insulares de habla inglesa de las Antillas y el sur de la Florida. ¿Cuál era la capital de esa nación para Garreau? Miami. Esta ciudad puede estar firmemente situada en Norteamérica, pero es el lugar donde muere el continente en las aguas cálidas del Caribe y del Golfo de México.

Un estudio económico de Miami realizado en 1980 encontró que los cubanos eran propietarios de 18 mil empresas, incluyendo sesenta concesionarios de autos, quinientos supermercados y doscientas cincuenta droguerías. Luego del Mariel, estos cubanos palidecerían al lado del rifle M16 de Al Pacino, que decía, sosteniendo el arma: «¡Saluda a mi pequeño amigo!».

Una reacción estaba en marcha. Y también, una revolución demográfica.

. . .

EL CENSO DE 2010 contabilizó a casi 40 millones de residentes de los Estados Unidos que habían nacido en otro país, más de 21 millones de ellos en Latinoamérica y el Caribe. 40 millones de personas representan casi una triplicación de la cantidad que había nacido en el extranjero desde 1970, y el doble desde 1980. Eso significa que uno de cada ocho estadounidenses comenzó su vida en otro lugar del planeta. Es una parte del conjunto nacional que no habíamos visto en un siglo, y que generó un debate con consecuencias de gran alcance que exige respuestas a preguntas hasta ahora sin respuesta:

¿Hay un límite en el número de personas que los Estados Unidos puede admitir?

¿Un alto nivel de inmigración dificulta la tarea de crear un pueblo con una cultura común? ¿Y acaso esta meta es deseable?

¿Recibir a millones de personas nuevas es algo que tiene costos y consecuencias?

Y por último, ¿qué clase de paz han logrado esos millones de nuevos residentes al asumir la identidad estadounidense, al aceptar la aculturación y el ingreso a la corriente principal que han tenido otros grupos de inmigrantes durante varios siglos?

A dondequiera que miremos, hay respuestas diferentes; ejemplos distintos de cómo responden y responderán los latinos a estas preguntas. Quizá ahora más que nunca, otros estadounidenses que están por fuera de la comunidad latina y que la observan desde adentro, también tienen una amplia gama de respuestas. Hay dos enormes grupos de personas que se hacen la otra cara de la misma pregunta: ¿Somos *ellos*? ¿Están ellos con *nosotros*?

Linda Chavez es descendiente de una antigua familia de Nuevo México. Los antepasados de su padre eran colonos españoles del siglo XVII. Su madre era una estadounidense de habla inglesa sin ascendencia latina. Gracias a su labor con la Federación Estadounidense de Maestros y con su veterano líder Albert Shanker, Chávez fue nombrada editora de *American Educator*, una publicación trimestral de la AFT especializada en asuntos educativos. «Estaba claro que bajo mi dirección, *American Educator* se había convertido en una revista de ideas conservadoras. William Bennett, Jeane Kirkpatrick y Robert Bork escribían para nosotros. No solo promovimos las opiniones fuertemente anticomunistas de Shanker con sus artículos críticos de China, Cuba y la Unión Soviética, sino que también abordamos la acción afirmativa, los estudios étnicos y el feminismo radical».

Chavez llamó la atención del presidente Ronald Reagan por su labor en la revista. Fue nombrada directora de la Comisión de Derechos Civiles de Estados Unidos, y posteriormente, Directora de Enlace de la Casa Blanca. Fue la mujer de más alto rango en la Casa Blanca de Reagan. Posteriormente llegó a la presidencia de US English, una organización que se oponía al bilingüismo, al multiculturalismo y a cualquier esfuerzo para adaptar a un gran número de residentes que no hablaban inglés. Los inmigrantes, en opinión de US English, debían aprender inglés lo más rápido posible, en lugar de buscar que Estados Unidos utilizara traducciones suministradas por el gobierno para la solicitud de trámites, exámenes de licencia de conducir y materiales de registro electoral. Esta organización respaldaba campañas estatales en todo el país para declarar el inglés como idioma oficial de los Estados Unidos.

La imagen nacional de US English era S.I. Hayakawa, un japonés-estadounidense nacido en Canadá y especialista en lingüística, que había servido en el Senado de los Estados Unidos. Detrás de él estaba el doctor John Tanton — menos conocido —, co-fundador de la organización. La organización atrajo una cobertura de prensa positiva y el apoyo de conocidos intelectuales e inmigrantes como Alistair Cooke, Arnold Schwarzenegger, Walter Cronkite y Saul Bellow. Linda Chavez respaldaba los objetivos generales de US English y le preocupaba mucho algo que veía como fracasos de la educación bilingüe en las escuelas de Estados Unidos: «Nuestra finalidad específica era convencer al país para que adoptara el inglés como idioma oficial. Esto significaba que las escuelas solo utilizarían este idioma en las aulas. Me preocupaban los efectos de la educación bilingüe en los jóvenes hispanos. En California y en otros lugares, los jóvenes aprendían a leer y a escribir en español —y no en inglés— cuando entraban al primer grado. Y una vez inscritos en programas bilingües, podrían permanecer varios años en ellos».

Había un fuerte atractivo en el llamado de US English al sentido común y a las ideas estadounidenses sobre la asimilación. Muchos estados hicieron referendos oficiales sobre el inglés en las urnas. La organización encontró un defensor en el senador Barry Goldwater, un conservador y presidente honorario de US English: «Si vives en este país, hablas inglés. Si vives en México, hablas español. Si vives en Francia, hablas francés».

La marielita Mirta Ojito contribuyó con su grano de arena. Después de varios meses de soñar con volver a Cuba, cruzó un umbral. «Fui al cine. Estaba viendo la película y por primera vez comprendí una frase completa en inglés: *It seems you are coming down with a cold* (Parece que estás pescando un resfriado). Esta frase permanece grabada en mi memoria y marcó el momento en que empecé a sentir la posibilidad de vivir en Estados Unidos. Sentí como si me hubieran entregado una llave con la que podía abrir la puerta de mi nuevo mundo».

El idioma era un tema candente. El aire estaba cargado de recuerdos de los antepasados inmigrantes que parecían haber aprendido inglés de manera rápida y competente 40, 50 y 60 años atrás. Los quioscos de las generaciones de Ellis Island estaban llenos de periódicos en lenguas extranjeras y de escenas de nietos que les traducían a sus abuelos las negociaciones con los comerciantes: las clases de alemán en el Medio Oeste y en los estados de las Planicies desaparecieron por el agujero de la memoria y fueron sustituidas con anécdotas de empleados de tiendas y de restaurantes que tenían problemas para tomar pedidos en inglés.

A finales de los años ochenta, la reacción se intensificó desde Miami a Los Ángeles y se presentaron disputas por los debates en torno a la lengua oficial que animaban a las empresas a pedirles a los empleados de habla hispana que no conversaran entre sí en otro idioma que no fuera inglés, con la amenaza adicional de suspensión y despido. En 1987, un hotel Ramada Inn en Tucson, Arizona, les prohibió a los empleados hablar en otro idioma que no fuera inglés, y ese mismo año, una planta embotelladora de Pepsi en Arizona despidió a Rafael Lugo, quien llevaba dieciséis años en la empresa, porque no hablaba suficiente inglés. A continuación, los intereses ulteriores del doctor Tanton se hicieron ampliamente conocidos. No solo era un defensor oficial del inglés sino también un firme partidario de poner fin a la inmigración —no solo ilegal sino legal— a los Estados Unidos con el objetivo de frenar el crecimiento de la población en el país. En un memorándum privado redactado en 1986, Tanton se preguntó si los latinos lograrían ser estadounidenses: «¿Los migrantes latinoamericanos traerán consigo la tradición de la *mordida* (soborno), la falta de participación en los asuntos públicos, etc. ¿Cuáles son las diferencias en la educabilidad entre los hispanos (con su tasa de deserción escolar del 50 por ciento) y los asiáticos (con sus excelentes registros escolares y una larga tradición como receptores de becas)?».

Tanton se preguntó quiénes podrían salir adelante en los Estados Unidos: si los grupos que limitaban su fertilidad o los que tenían más hijos. «¿Puede el *homo contraceptivus* competir con el *homo progenitiva* si las fronteras no están controladas? ¿O es aconsejable decirle simplemente a una familia que se vaya y deje que otra persona con mayores poderes reproductivos ocupe su espacio?».

Tanton veía un futuro sombrío para una «minoría-mayoría» en California, comparándola con la era del *apartheid* en Sudáfrica, siempre y cuando las tasas de natalidad de los latinos se mantuvieran altas: «¡Tal vez éste sea el primer caso en que las personas con sus pantalones arriba van a ser sorprendidas por aquellas con los pantalones abajo!».

La nota produjo una tormenta de publicidad negativa y de críticas cuando se hizo pública en 1988. Walter Cronkite renunció públicamente al US English, al igual que Linda Chavez. «Creo firmemente que el aprendizaje del inglés era la única manera de tener éxito en Estados Unidos, que era la clave para las oportunidades. Pero ¿cómo podía seguir representando a una organización cuyo fundador y copresidente tenía opiniones tan desagradables? También descubrí que Numbers USA, una organización paraguas controlada por Tanton, había recibido donaciones de una fundación que contribuyó a investigaciones en eugenesia y defendía las esterilizaciones forzadas, algo que yo consideraba inaceptable».

Chavez se vio atrapada por una verdad perdurable de más de un siglo y medio de debates sobre la inmigración y la aculturación en los Estados Unidos. Mientras que muchos sectores formulaban preguntas sinceras y difíciles acerca de la capacidad de una sociedad para acoger, recibir y apoyar a un gran número de recién llegados, otros criticaban la histórica puerta abierta de Estados Unidos desde la xenofobia y la supremacía blanca. Las dos críticas a la política de inmigración estadounidense constituyen una cadena constante en la política del país, que se remonta al pánico por el gran número de inmigrantes que llegaron de Europa central y de Irlanda a mediados del siglo XIX.

US English fue solo el más conocido de los grupos que surgieron en esta época, y que cuestionaron y se opusieron a la aceptación creciente de idiomas extranjeros en la vida estadounidense. Se presentaron muchas quejas y —más importante aún— campañas contra servicios gubernamentales como pruebas de conducción, materiales electorales y la instrucción escolar pública en lenguas extranjeras. Pero debido a los patrones de inmigración vigentes, un solo idioma —el español— recibió más atención que cualquier otro.

En 1988, los votantes que se dirigían a las urnas en Arizona, Colorado y Florida, estados que una vez fueron parte del imperio español, y donde este idioma se hablaba todavía ampliamente, votaron por leyes de «solamente inglés». Con el tiempo, otros 14 estados hicieron lo mismo. En contexto, esta demostración de ansiedad no debería haber sido una sorpresa. La década que le dio forma a la idea de Estados Unidos como una nación de inmigrantes (1900-1910) vio a más de ocho millones de inmigrantes legales llegar al país. Esta cifra disminuyó en las décadas posteriores (pero obviamente el impacto fue proporcionalmente mayor en un país que tenía poco más de 92 millones de habitantes en 1910).

Esas cifras enormes de nuevos inmigrantes no se vieron de nuevo hasta los años ochenta, cuando poco más de seis millones de inmigrantes (cifra similar a la de la década de 1910-1920) llegaron a los Estados Unidos, aunque más de nueve millones llegaron en los años noventa, y también en la década del 2000-2010. Incluso con una población mucho más grande, que ascendía a más de 250 millones de personas, el número de nuevos inmigrantes era impresionante. A esto se le deben añadir los varios millones de inmigrantes ilegales y más de 30 millones de personas que vinieron para quedarse en el país en un lapso de 30 años.

Desde la década de 1830, los latinos en los Estados Unidos podían decirle a este país, con cierta justificación: «Estamos *aquí* porque ustedes estuvieron *allá*». Estados Unidos estuvo profundamente involucrado en el rápido aumento de residentes que tenían raíces en el imperio español a través de las compras, la guerra y la conquista. Los mexicanos, puertorriqueños, dominicanos y cubanos podrían señalar épocas de la historia en las que el tío Sam se inmiscuyó en sus países de origen y dio lugar a encuentros que terminaron con un gran número de personas de todos esos lugares viviendo en los Estados Unidos.

En esta nueva época, habría similitudes y diferencias. Muchos abandonaron las regiones económicamente moribundas del hemisferio con la esperanza de encontrar más oportunidades en los Estados Unidos. Otros vivían en países cuya historia reciente había estado profundamente marcada por la ocupación, la influencia y la injerencia directa en sus asuntos internos, ya fuera en lo económico o en lo político. Y con frecuencia, la injerencia se presentó en ambas esferas. La confrontación entre los Estados Unidos y la Unión Soviética, superpotencias, tendría un impacto duradero en Centroamérica y una huella conmovedora en la migración: cientos de miles de personas huyeron de Centroamérica hacia un país que algunos consideraban que estaba profundamente involucrado en los problemas de su país.

Carlos Vaquerano era un adolescente en los años setenta, mientras la creciente oleada de violencia política en El Salvador enfrentaba a fuerzas conservadoras, pro occidentales y aliadas con la Iglesia Católica, contra grupos anticapitalistas y antisistema que fueron armados por la Unión

Carlos Vaquerano, de nuevo en El Salvador. Cuando aumentaron las tensiones en este pequeño país, Vaquerano decidió que tenía que huir de su pueblo natal, Apastepeque. Después de un vuelo a México y un viaje en autobús a la frontera, cruzó a los Estados Unidos escondido bajo el capó de una camioneta. CRÉDITO: CARLOS VAQUERANO

Soviética y sus aliados. Carlos, uno de once hijos, se unió a una organización antigubernamental con algunos de sus hermanos en 1979. Apastepeque, su pequeño pueblo natal, a más de 30 millas de la capital, San Salvador, fue escenario de asesinatos en 1980.

«Me gradué de la escuela secundaria en 1979 y me involucré con organizaciones antigubernamentales. Algunos de mis hermanos hicieron lo mismo. El 12 de julio de 1980, un escuadrón de la muerte llegó a Apastepeque. Recuerdo bien ese día. Yo estaba en la casa de mi hermano cuando vimos a un grupo de hombres vestidos con trajes paramilitares. Todos estaban fuertemente armados y llevaban máscaras, como si fueran espíritus malignos».

Solo una hora más tarde, Carlos Marcial recibió la noticia de que se habían llevado a su hermano y a su primo Luis, y entonces huyó a la capital. «Cuando llegamos, nuestro vecino de Apastepeque nos dijo que el cuerpo de Marcial había sido encontrado con los de otras seis personas. El escuadrón de la muerte les había arrancado las uñas y los había golpeado brutalmente. Habían sido quemados con ácido y luego recibieron un disparo en la cabeza. A continuación, seis de ellos fueron alineados y exhibidos en público. Dejaron el cuerpo de mi primo Luis colgando de un puente».

Los escuadrones de la muerte estaban conformados con frecuencia por oficiales militares retirados y en servicio que no llevaban uniforme y que habían sido entrenados en el uso de armas. Sería una exageración decir que Estados Unidos apoyaba los asesinatos extrajudiciales, pero no es ninguna exageración decir que Washington apoyó a los gobiernos y a los partidos políticos en los cuales surgieron estos escuadrones.

En El Salvador, ARENA —la Alianza Republicana Nacionalista— surgió para oponerse al FMLN —el Frente Farabundo Martí para la Liberación Nacional—, una alianza de izquierda y de inspiración comunista apoyada por Cuba que intentaba derrocar a la junta salvadoreña. Los escuadrones de la muerte de ARENA asesinaron sacerdotes y monjas católicas, sindicalistas y simpatizantes de izquierda. En El Salvador, un país más pequeño que el estado de Nueva Jersey, más de 80 mil personas murieron en la guerra civil que se prolongó a lo largo de los años, y casi 10 mil desaparecieron.

En esta época, varias guerras similares tuvieron lugar en Nicaragua, Guatemala y Honduras, y casi un millón de personas abandonaron Centroamérica. Su primer destino fue Estados Unidos; Vaquerano era uno de ellos. «Me enfrenté a un dilema. ¿Debía permanecer en un país que había asesinado a dos de mis hermanos, a mi primo y a mis amigos? No podía volver a la casa de mi madre sin correr el riesgo de ser rastreado. Mi hermana Lupita había ido a Los Ángeles y tenía un trabajo allí. Ella se ofreció a ayudarme para que me radicara allá».

En el caso de las personas que querían irse de Dublín en 1840, de Polonia en la década de 1890, o de Sicilia en la década de 1910, lo que determinaba con frecuencia si se dirigían a Australia, Argentina, Sudáfrica o a los Estados Unidos era si un familiar ya estaba establecido en un lugar o en otro. Una avanzadilla de salvadoreños ya había echado raíces en la ciudad que atraería a más de la mitad de los salvadoreños que se dirigían al norte: Los Ángeles.

Los Estados Unidos apoyaron el Gobierno de El Salvador al mando de José Napoleón Duarte y le ayudaron a combatir el FMLN. Así que Vaquerano no podía entrar a los Estados Unidos como refugiado político, a pesar de que creía que los escuadrones de la muerte que deambulaban por Apastepeque constituían lo que exigía la ley de los Estados Unidos: «Un temor bien fundado de persecución». Vaquerano concluyó que si no podía llegar al Norte por la puerta principal, tendría que hacerlo por la puerta de atrás.

«Tenía poco dinero pero pude viajar a Ciudad de México y tomar un autobús a Tijuana. A partir de ahí supe que tendría que entrar ilegalmente a los Estados Unidos. Dos «coyotes» nos llevaron a mí y a otro salvadoreño hacia la frontera a eso de la medianoche en una camioneta GMC». Los coyotes son traficantes de personas. Escondieron a Vaquerano bajo el capó, encima del motor del camión, protegido solo por una toalla delgada.

«El calor era increíble; me quemaba. Estábamos desesperados. Casi empiezo a gritar. Finalmente escuché la señal: un golpe en el capó. Gracias a Dios logramos pasar. Cuando salí del motor, valoré cada bocanada de aire fresco que pude respirar».

Los contrabandistas celebraron su exitosa travesía llevando a Vaquerano a comer a un lugar cuyo letrero rojo y arcos dorados simbolizan a los Estados Unidos hasta en los confines más lejanos de la tierra: McDonald's. En ese momento, el nuevo inmigrante ilegal tuvo que enfrentarse a las ambigüedades de la vida de los refugiados. «Para mí, McDonald's era un símbolo de la dominación cultural y económica del mundo por parte de los Estados Unidos, un país que apoyaba a un gobierno que había matado a mis hermanos y a otras personas inocentes. Así que yo estaba muy enojado con este país. Pero también tenía mucha hambre. Y entonces me comí una Big Mac. También sabía lo que tenía que hacer, e inmediatamente empecé a tomar clases de inglés».

Cuando Ronald Reagan firmó la Ley de Reforma y Control de Inmigración en noviembre de 1986, ésta tenía varios objetivos. Ante todo, descargar todo el peso de la ley en la contratación de trabajadores que no estuvieran autorizados para vivir y trabajar en los Estados Unidos; es decir, directamente en los empleadores. En segundo lugar, pero mucho más visible para el público en general, le abriría el camino a la residencia legal a millones de personas que habían llegado ilegalmente y comenzado de nuevo sus vidas en este país. La idea era simple: Estados Unidos le darían la oportunidad de ser legales a quienes habían hecho trampas en el antiguo sistema inmigratorio, y luego cerraría la puerta. Cientos de miles de trabajadores clandestinos que estaban por fuera de «los libros» ahora pagarían impuestos, tendrían un número de Seguro Social y sus equivalentes, y el nuevo sistema trabajaría para garantizar que varios millones de personas no vinieran a trabajar ilegalmente.

El presidente Ronald Reagan firmando la Reforma de Inmigración y Control de 1986. La ley exigió a los empleadores verificar que sus empleados estuvieran legalmente en los Estados Unidos, y otorgó una amnistía a quienes habían entrado al país ilegalmente antes del 1 de enero de 1982. Desde que se firmó el acta, millones de personas indocumentadas han entrado al país para trabajar. CRÉDITO: RONALD REAGAN LIBRARY

La primera parte de esa idea funcionó. Más de dos millones y medio de personas que estaban viviendo y trabajando ilegalmente en los Estados Unidos se convirtieron en residentes legales. La nueva ley presionó a los empleadores, quienes serían multados por contratar a trabajadores indocumentados, y las sanciones se duplicarían con cada nueva infracción.

Los años siguientes ofrecieron una interesante mezcla de apetito estadounidense por mano de obra barata, de quejas constantes sobre persecuciones del IRS a los empleadores y de un excedente de mano de obra latinoamericana hacia el norte en busca de oportunidades. ¿Cuál fue el resultado? Después de varios años de crecimiento económico sostenido se calcadaba que, en la década del 2000, había doce millones de personas en los Estados Unidos que no habían entrado legalmente. Aunque la falta de aplicación de la ley terminó por darle a la «amnistía» mala fama en el debate político de los Estados Unidos, la Ley de Reforma y Control de la Inmigración puso fin a la ocultación y a la mentira a la que estaban sujetas millones de personas.

Carlos Vaquerano se hizo residente legal de los Estados Unidos en 1988. En 1992, cuando los principales combatientes de la guerra civil en El Salvador firmaron un acuerdo de paz y se comprometieron a luchar en las urnas, Vaquerano no regresó a su país. «Al igual que muchos salvadoreños, empecé a darme cuenta de que mi lugar en este país había empezado a cambiar. Ya no éramos solicitantes de asilo a corto plazo sino una comunidad creciente y permanente en los Estados Unidos».

Al final de las guerras civiles de Centroamérica y de la Guerra Fría, había comunidades grandes y crecientes de guatemaltecos, salvadoreños, nicaragüenses y hondureños en Nueva York, Washington D.C., Miami, Houston, Los Ángeles y otros lugares. En los años ochenta, la población latina de los Estados Unidos aumentó en un impresionante 53 por ciento, a más de veintidós millones de habitantes.

Las ciudades y condados alejados de los estados fronterizos y del Oeste, de Florida y Nueva York, comenzaron a ver cosas que no habían visto antes: *barrios* y *bodegas*, demanda de profesores de inglés como segundo idioma, sacerdotes católicos que pudieran oficiar misas en español, trabajadores sociales y policías que pudieran entenderse con los nuevos inmigrantes. Los nuevos residentes latinos revivieron sectores comerciales en decadencia, asistieron a escuelas primarias posteriores al *baby boom* y ayudaron a que los equipos de *soccer* de la escuela secundaria se convirtieran de repente en rivales respetados.

Omar Vásquez pasó a formar parte de la nueva oleada de inmigrantes que se trasladaron a lugares que no estaban acostumbrados a la inmigración. Durante la mayor parte de la historia estadounidense, los estados de la antigua Confederación fueron los más nativos de todos. Con la excepción de Luisiana y de la Florida, el sur del país no había sido hogar de grandes comunidades étnicas ni estaba acostumbrado a oír lenguas extranjeras en las calles o en la radio. Vásquez salió de Los Ángeles, un lugar en el que cada vez tenía más dificultades para trabajar y encontrar un ambiente seguro, y se dirigió a Dalton, Georgia. Gracias a la Ley de Reforma y Control de Inmigración, Vásquez tenía una «tarjeta verde» en su bolsillo y las fábricas de alfombras estaban contratando personal.

«Las fábricas funcionaban día y noche. Podías trabajar muchas horas extras. Al año siguiente comenzó a venir mucha gente de Los Angeles, Chicago, Texas y México». Además de trabajo, dijo Vásquez, también encontró seguridad. «Era extraño, pero cuando llegamos aquí, me di cuenta de que era diferente a California. Dalton era seguro, no como Los Ángeles. No había pandillas. Era ideal para las familias. La gente no te roba aquí».

En el censo de 2000, Vásquez ya tenía una gran cantidad de compañía. Dalton era 40 por ciento latino. La población hispana equivalía a un

Como ya no están limitados a las labores agrícolas, los trabajadores latinos se han extendido a todos los rincones del país y a diferentes sectores de la economía. Los latinos tienen una presencia fuerte en la industria de las alfombras en el sur del país, como por ejemplo en esta fábrica en Dalton, Georgia. CRÉDITO: AP PHOTO/JOHN BAZEMORE

tercio del Condado de Whitfield, del que Dalton era la capital. Una tercera parte de los inmigrantes mexicanos ya no se dirigían a las grandes áreas metropolitanas que habían sido los destinos desde la Revolución Mexicana. Ahora iban a Georgia, Alabama, Nebraska, Carolina del Norte, Iowa y Nueva York.

Rubén Hernández, profesor del Centro de la UCLA (Universidad de California, Los Ángeles) para Estudios Mexicanos, dijo que el hecho de tener en cuenta múltiples factores hace que sea más fácil de entender por qué los mexicanos en particular se han radicado en lugares distintos a los tradicionales. La Ley de Reforma y Control de Inmigración, y la continua inmigración ilegal, hicieron que el número de trabajadores latinos que buscaban trabajo en el suroeste alcanzara un punto de saturación.

«Básicamente había demasiados inmigrantes, demasiados connacionales que competían por los mismos empleos en los mercados laborales y en las mismas industrias. Al mismo tiempo, la calidad de vida se deterioró realmente para muchas familias y esas condiciones llevaron a muchos de estos inmigrantes a buscar destinos alternativos en lugares como Dalton y otras ciudades y estados del Sureste. Más recientemente, por supuesto, la recesión ha tenido un fuerte impacto en todo el país, pero aún más en lugares como Dalton que son, esencialmente, ciudades con una sola actividad industrial».

¿Esta dispersión ha sido benéfica para los nuevos inmigrantes? Enrique Pumar, presidente del Departamento de Sociología de la Universidad Católica de América en Washington D.C., ha encontrado en su investigación sobre los nuevos suburbios latinos que sí ha sido benéfica en términos generales: «Es algo bueno para ellos. No son tan visibles y no están tan expuestos a las políticas contra los inmigrantes. Les va muy bien en estas nuevas comunidades.

«Durante un siglo, la escuela de sociología urbana de la Universidad de Chicago se basó en la suposición de que los inmigrantes recién llegados se establecían en la ciudad. Actualmente ese modelo se ha invertido; ya no es viable. El centro de las ciudades es cada vez más atractivo. Así que el precio de la vivienda ha aumentado y los inmigrantes ya no se sienten tan bienvenidos».

Sin embargo, ese antiguo modelo inmigrante existió por otras razones diferentes al precio de la vivienda. Un inmigrante que llegara, por ejemplo, a Ellis Island en 1905, se habría dirigido a un lugar donde fuera bienvenido por otros que ya se encontraban establecidos; por ejemplo, a un

A pesar de que pioneros latinos incursionen en profesiones en las que antes no tenían casi presencia, o del las que estaban excluidos, aún cuentan con una sobrerepesentación en trabajos de «cuello azul». CRÉDITO: AP PHOTO/ CHATTANOOGA TIMES FREE PRESS, DAN HENRY

lugar donde pudieran comprar un periódico o el pan para las bendiciones del Sabbath en yiddish, oír misa en italiano y vivir al lado de personas que habían venido no solo de su mismo país sino de su ciudad natal.

Los inmigrantes que se establecen en los suburbios pagan un precio, según Pumar: «Hay una pérdida de la solidaridad social debido a que los *barrios* se están desintegrando y la gente está aprovechando las oportunidades por fuera de los *barrios*. El antiguo sector de inmigrantes era un lugar donde estos tenían una tienda de comestibles y un banco local que los conocía.

«Hay efectos en la salud mental. Una solidaridad social baja significa más problemas sociales. Tenemos que ser compasivos. Se trata de personas que dejaron atrás a sus familias y ahora se encuentran sin vecinos en Estados Unidos, sin nadie que pueda mostrarles el lugar. Tienen que familiarizarse con un nuevo entorno, lo cual puede ser muy difícil».

En la primera década del nuevo siglo, muchos estadounidenses no se sentían particularmente compasivos ni veían ninguna ventaja en lo que algunos llaman ahora una «invasión». ¿Quiénes eran esas personas? ¿De dónde venían? Los latinos, legales e ilegales por igual, no eran trabajadores apreciados ni clientes muy necesarios; eran una carga para las finanzas públicas. Ellos iban a las salas de emergencia de hospitales con grandes necesidades y sin un seguro de salud. Daban a luz en las salas de maternidad de los hospitales del condado y los ciudadanos tenían que pagar la cuenta. Sus hijos llegaban al jardín infantil sin saber inglés, y no solo ocupaban un asiento en el aula y le costaban dinero al distrito escolar, sino que también necesitaban una costosa ayuda suplementaria mientras sacaban bajas calificaciones en los exámenes y espantaban a otras familias. Todo esto, se decía, mientras no retribuían en «nada» a la comunidad y no pagaban nada para sufragar los costos adicionales causados por su llegada.

Pete Wilson, quien era gobernador de California, creyó captar el sentimiento de muchos ciudadanos y vio una oportunidad en ello. «En nombre de los californianos que trabajan duro, que pagan impuestos y obedecen las leyes, estoy demandando para obligar al gobierno federal a que controle la frontera. Y estoy trabajando también para negarles servicios estatales a los inmigrantes ilegales. ¡Ya basta!». El gobernador Wilson dijo que los problemas de liquidez de California no le permitirían darse el lujo de pagar la educación y asistencia médica de más de un millón de personas que vivían ilegalmente en su estado. La iniciativa electoral estatal conocida como Proposición 187 pidió a los californianos darle al Gobierno estatal la facultad de retirarles los servicios públicos a las personas que vivían ilegalmente en el estado.

La medida fue aprobada con una mayoría de 17 puntos en las elecciones de 1994. El proyecto de ley obtuvo el apoyo de todo el estado, con excepción de un grupo de condados alrededor del bastión liberal de San Francisco. Los simpatizantes de la Proposición 187 llamaron esta iniciativa «Salvar Nuestro Estado». Sus opositores dijeron que era una medida racista e inconstitucional, y se dirigieron a la corte federal.

Apenas unas semanas después de que la mayoría de los votantes dijera que la Proposición 187 debería convertirse en ley de California, Mariana Pfaelzer, jueza de la corte federal de apelaciones, señaló que no lo haría y emitió una orden judicial permanente contra la Proposición 187. Una parte del razonamiento jurídico de Pfaelzer era que California

Henry Cisneros se convirtió en alcalde de San Antonio, Texas, en 1981, y pasó a formar parte de la Administración Clinton como Secretario de Vivienda y Desarrollo Urbano en 1993.
CRÉDITO: AP PHOTO/SUSAN RAGAN

María Echaveste, abogada y funcionaria pública, creció para convertirse en Jefe Adjuta del Estado Mayor del presidente Bill Clinton. CRÉDITO: MARIA ECHAVESTE

no podía regular la inmigración a través de la legislación estatal, responsabilidad que estaba reservada al gobierno federal. Recuerden este argumento, pues vendrá de nuevo a colación.

Marta Tienda, socióloga de la Universidad de Princeton, ha dicho que la retórica política, horrorizada por una «invasión» inmigrante, era obsoleta de todos modos. Tienda señaló que esta retórica se debía al crecimiento natural de la población, que estaba aumentando el número de latinos. «La inmigración no era el problema. No era más que una cortina de humo. En los años noventa, la mayor parte del crecimiento de la población latina realmente se debió a las tasas de natalidad. Si miramos las cifras del censo, vemos que se produjo un cambio dramático en la población. Pero la mayor parte del crecimiento se presentó en el número de niños nacidos de padres legales, de origen mexicano, y oriundos de los Estados Unidos».

El presidente George H. W. Bush había negociado y presionado para la ratificación del NAFTA, el Tratado de Libre Comercio que creaba una zona libre de aranceles entre Canadá, Estados Unidos y México, y un mercado común de bienes desde el Círculo Polar Ártico hasta la frontera con Guatemala.

Además de los cambios en el etiquetado de mercancías manufacturadas, las presiones para trasladar la fabricación y el personal de ventas de compañías internacionales al sur, los estadounidenses no anticiparon grandes cambios en el futuro inmediato. Para México, el NAFTA supuso una transformación dolorosa, especialmente en el sector agrícola. Con el acuerdo para poner fin al sistema «ejido» de las tierras comunales, cuyas raíces se remontaban antes de la llegada de los españoles, los pequeños agricultores mexicanos sentirían la competencia implacable de las grandes explotaciones mecanizadas de Estados Unidos y Canadá.

El maíz se abriría a la creciente competencia de otros mercados norteamericanos. Hay que señalar que este cereal es fundamental para la identidad y la dieta de los mexicanos, y miles de agricultores comprendieron que ya no podían ganarse la vida decentemente con este cultivo. Eduardo Paz, un mexicano e indio mixteca, fue uno de ellos. Dos años después de la aprobación del NAFTA, decidió emigrar al norte.

«Mucha gente de mi pueblo se estaba yendo. Todos estábamos trabajando de forma tradicional, cultivando maíz en nuestras pequeñas parcelas de tierra, regadas solo por la lluvia. Ya no podía mantener a mi familia con nuestro pedazo de tierra». Con el paso del tiempo, un millón de agricultores se dieron por vencidos. Cuando se mira una economía desde muy arriba, a través de los bonos del Tesoro, los ministerios de agricultura y las conversaciones sobre comercio internacional, se supone que son compromisos necesarios para modernizar la economía, pero eso no le hizo la vida más fácil a Eduardo Paz: «La necesidad fue lo que me impulsó a ir al norte. Ya no podía ganarme la vida. Tenía que alimentar a mi familia. Así que vine *al norte*. Vine a este país a trabajar honestamente y a ganar un poco de dinero para mis hijos. Fue con este propósito que vine aquí. Todos somos iguales. Queremos ayudar a nuestras familias».

La razón original para firmar el NAFTA, escuchada con frecuencia en los debates sobre el tratado en Washington, decía que el pacto comercial reduciría la inmigración ilegal al hacer que los empleos fueran más abundantes y rentables en México, dándole a la gente una razón para permanecer en su país. Pero lo único que hizo fue cambiar el lugar desde el cual salían los mexicanos hacia el norte en busca de oportunidades. El NAFTA trajo una nueva prosperidad a las áreas metropolitanas al tiempo que les hizo más difícil ganarse la vida a quienes trabajaban la tierra.

Paz se dirigió finalmente a Dalton, Georgia, donde Omar Vázquez se había reubicado. «Tenemos tres hijos: una hija y dos niños gemelos. Ellos nacieron en los Estados Unidos, por lo que son ciudadanos. Hemos vivido en Michigan, Carolina del Norte, Kentucky y ahora Georgia. Yo trabajo en una de las fábricas donde no comprueban si tienes papeles. Anteriormente había tanto trabajo que contrataban trabajadores sin pedirte papeles.

«Pero las cosas han cambiado desde que la economía se ha desacelerado; ya hay menos trabajo. Georgia aprobó recientemente una ley que hace ilegal que yo esté aquí. Si me sorprenden conduciendo sin licencia, probablemente me deportarán. Mi cuñado, y mis amigos que tienen licencias de conducir, se turnan para llevarme al trabajo».

Al igual que millones de personas, Paz vive en una familia con un estatus mixto. Él y su esposa están ilegalmente en los Estados Unidos pero sus hijos son ciudadanos. De ser capturado por las autoridades de inmigración en una redada en su sitio de trabajo, o incluso tras una parada rutinaria de tráfico, él y su esposa se enfrentarían a la deportación.

Los hijos menores autorizados para permanecer legalmente en el país no pueden evitar que sus padres sean enviados a sus países de origen. Así que las familias se enfrentan a decisiones difíciles: dejar a los niños al cuidado de familiares o amigos, sin una opción clara de reunirse con sus padres, o simplemente llevarlos de nuevo «a casa», a un lugar en el que nunca han estado.

Los activistas que trabajan a favor de estas familias esperan que una reforma migratoria integral sea una solución duradera para la familia Paz y para millones de otras. Pero hay otros sectores que buscan presionar al Congreso para que aplace por muchos años cualquier proyecto de ley de inmigración.

El descenso repentino y devastador en el sector de la construcción, derivado de la crisis de la vivienda en 2008, cayó como un baldazo de agua fría en el empleo para los latinos nacidos en Estados Unidos, residentes legales e inmigrantes ilegales por igual. Los latinos habían pasado en gran medida a trabajar en la industria de la construcción en los últimos veinte años y se encontraron con un gran desempleo que se extendía a los centros de manufacturas, y a lugares como Dalton. Después de todo, si las personas no están construyendo nuevas casas, y están perdiendo las que ya poseen, se venderá y se fabricará un menor número de alfombras.

Para el profesor Hernández, el sufrimiento resultante aumenta la necesidad de una solución al tema de la inmigración: amnistía, legalización, regularización, un camino a la ciudadanía, o como se le quiera

Nacidos en el estado mexicano de Zacatecas, los padres de Eliseo Medina eran trabajadores agrícolas y la familia se dirigió hacia el norte en busca de trabajo en California. Trabajó como recolector de uvas y naranjas y eventualmente se volvió organizador de la United Farm Workers. Medina fue un líder en la difusión de los boicots y un organizador en el campo.
CRÉDITO: ELISEO MEDINA

Eliseo Medina terminó por dejar la UFW para convertirse en el latino de más alto rango en la historia de la Unión Internacional de Empleados de Servicio. Es el secretario-tesorero internacional del sindicato, altamente latino, de trabajadores de servicios.
CRÉDITO: ELISEO MEDINA

llamar: «Cualquiera de esos nombres, cualquiera de esas etiquetas, aborda fundamentalmente la necesidad crucial de darle un estatus legal a millones de inmigrantes que básicamente han pasado su vida —o una buena parte de ella— en este país. Que han comprado casas, han pagado impuestos, han contribuido a la seguridad social y a la jubilación, al crecimiento económico y a la vitalidad de sus comunidades a través de su trabajo.

«Estos inmigrantes no son solo trabajadores; son padres, abuelos, hijos y hermanos de otras personas que están en una situación similar, por lo que este asunto de la regularización de la inmigración es claramente la única forma de tratar con humanidad y pragmatismo la situación actual».

El profesor sostiene también que dicha reforma no solo es esencial para los latinos sino para todos los estadounidenses: «Para ningún país es bueno tener una gran población que viva esencialmente en las sombras de la sociedad. Se trata de personas que tienen miedo de interactuar con las instituciones en general y que tal vez no están dispuestas a denunciar un delito ante las autoridades por temor. Se trata de personas que no pueden hacer planes a largo plazo, invertir como lo haría cualquier otra persona a lo largo de su vida y que no pueden contribuir plenamente al bienestar ni al desarrollo de la próxima generación. Por lo tanto, es muy importante que esta población reciba algún tipo de acción legal para que pueda seguir adelante y vivir sus vidas como cualquier ser humano que no solo reside en un lugar sino que realmente tiene derechos legales y, en última instancia, pertenece al lugar donde vive».

Dan Stein no cree en ese argumento. Como presidente de la Federación para la Reforma Migratoria Estadounidense, es uno de los voceros de más alto perfil de la idea de que Estados Unidos ya tiene demasiados inmigrantes y debe tener mucho cuidado en recibir más. En 2011, Stein le dijo a NewsHour, el programa de PBS: «Sé que algunas personas piensan que somos demasiado duros de corazón. Estamos realmente preocupados por la ruptura en la capacidad que tiene este país para controlar sus fronteras y determinar quién tiene derecho a permanecer aquí y quién no. Eso es lo que está en juego acá, y va mucho más allá del tema de las 300 mil personas que están actualmente en la fila de deportación...

»El pueblo estadounidense tiene derecho a que su integridad fiscal sea asegurada a través de los controles fronterizos y periféricos, ya sea con buenas escuelas, servicios de salud, hospitales o con nuestro mercado laboral. Tenemos el derecho a competir en un mercado laboral justo donde los inmigrantes ilegales no puedan trabajar».

Antes de la recesión severa y actual, y de los problemas persistentes en el mercado laboral, las líneas de batalla ya estaban más que preparadas. Entre 1990 y 2002, la población latina dio un salto enorme, aumentando en 10 millones. La Patrulla Fronteriza de los Estados Unidos y otras agencias policiales capturaban a 10 mil personas indocumentadas cada semana mientras trataban de cruzar la frontera, o en redadas.

Las tensiones crecieron y en todo Estados Unidos se comenzaron a reportar espeluznantes crímenes contra los latinos en lugares muy diversos:

—Emilio Jiménez Bejinez, de doce años de edad, murió de un disparo en la cabeza mientras cruzaba la frontera con miembros de su familia, cerca de San Ysidro, California. Dos hombres que estaban en un apartamento cerca de la frontera sacaron un rifle y apuntaron, después de que uno sugiriera: «Vamos a dispararle a algunos extranjeros».

—Cerca de San Francisco, un joven blanco apaleó a una madre mexicana y a su hija en la calle, causándoles la muerte mientras los amigos de éste observaban desde un auto estacionado.

—Un pirómano quema un apartamento en Columbus, Ohio, matando a diez inmigrantes mexicanos.

Luego, en el 2002, llegaron «los Minutemen». En todo el país, la gente se ofreció a vigilar la frontera de los Estados Unidos y a realizar labores diarias de patrullaje en comunidades alejadas de la frontera con México. Sus opositores los llamaron «vigilantes». Los Minutemen insistieron en que simplemente estaban cumpliendo con su deber como ciudadanos, ayudando a la policía en todos los niveles.

Jim Gilchrist, cofundador de Minutemen, dijo que los Estados Unidos estaban bajo una amenaza y que no podían darse el lujo de esperar a que el gobierno federal actuara. «La frontera entre Estados Unidos y México no es una frontera. ¡Es una invitación muy abierta a los extranjeros ilegales, a los traficantes de drogas, a los traficantes sexuales de niños y a los terroristas! Es una vergüenza nacional y un peligro enorme para nuestro país. Finalmente me di cuenta de que estábamos teniendo una crisis ilegal de invasión extranjera».

Jim Sensenbrenner, el veterano legislador republicano de Wisconsin, captó el espíritu de los tiempos. Introdujo el proyecto de ley H.R. 4437 de Protección Fronteriza, Antiterrorismo y Control de Inmigración Ilegal de 2005. El proyecto reclamaba construir un muro de 700 millas en los puntos más populares de cruce en la frontera entre México y Estados Unidos. También ordenaba multas para los inmigrantes ilegales, haciendo que el alojar a uno constituyera un delito mayor, y proponía que estar ilegalmente en el país —lo que era una infracción civil— fuera considerado un crimen federal.

El proyecto de ley HR 4437 fue aprobado por la Cámara con una am-

El representante James Sensenbrenner (R-Wisconsin). Este congresista veterano patrocinó la electrizante ley que habría hecho que estar en los Estados Unidos sin un estatus legal dejara de ser un delito grave. En 2006, el proyecto de ley Sensenbrenner alimentó protestas nacionales que apoyaban a los trabajadores ilegales, protestas que a su vez provocaron una reacción fuerte. CRÉDITO: GETTY IMAGES

plia mayoría. El congresista de Wisconsin encendió la llama y los inmigrantes de todo tipo, naturalizados e ilegales, antiguos y recientes, no tardaron en protestar. Muchas de las voces más enérgicas de las marchas, se manifestaron en programas de entrevistas radiales en español. En Chicago, Rafael Pulido, apodado «El pistolín», exhortó a sus oyentes a salir a las calles, y estos lo hicieron. En las siguientes semanas y meses de 2006, grandes multitudes se reunieron en manifestaciones a favor de los inmigrantes.

Las marchas llamaron la atención de todo el país. Los negocios del centro de las ciudades fueron cerrados pues no había trabajadores que prepararan sándwiches, que programaran los recorridos de autobuses, llevaran mercancías a los muelles de carga o atendieran en las tiendas al por menor. Los críticos de las primeras manifestaciones se enfurecieron por las banderas mexicanas que ondeaban en las calles de Estados Unidos cuestionando abiertamente la confianza exhibida por los manifestantes que le hacían exigencias a los Estados Unidos.

En Phoenix, 200 mil personas marcharon. En Los Ángeles fueron cerca de un millón en solo una de las marchas del Primero de Mayo, que atascó el tráfico en las grandes áreas metropolitanas de costa a costa. Ese día, las calles se llenaron de banderas de los Estados Unidos, acompañadas de las banderas nacionales que habían indignado a muchas personas. Las banderas exhibidas junto a las estadounidenses no eran solo mexicanas. Eran un recordatorio de la gran cantidad de personas que habían venido de muchos lugares y por diversas circunstancias. En Nueva York, los inmigrantes de las Antillas y de África Occidental demostraron la diversidad de los extranjeros. En Chicago, las banderas polacas e irlandesas fueron levantadas con orgullo junto a la bandera mexicana. En varias ciudades, las banderas de Puerto Rico, llevadas por personas que no tenían problemas de inmigración, fueron un testimonio de la solidaridad de muchas personas, por más que no estuvieran en peligro.

«¿Cómo puede un país de inmigrantes estar en contra de los inmigrantes?», preguntó Juan José Gutiérrez, de origen mexicano, y uno de los organizadores nacionales de las marchas en una entrevista con PBS: «Lo cierto del asunto es que son millones de personas, de hombres y mujeres que trabajan duro y que hacen los trabajos más difíciles en los Estados Unidos, que pagan impuestos, obedecen las reglas, que tienen hijos y deben trabajar duro para llevar comida a la mesa... Decidieron ponerse de pie, hacer lo americano, ya sabes: tomar una página de la historia que este gran país ha tenido que pasar para corregir sus males. Dijeron: '¡Basta!'».

Las marchas del 2006 no solo llamaron la atención de los estadounidenses. También les mostraron a los inmigrantes y a sus aliados todo el poder organizativo y económico que realmente tenían. En los años anteriores al 2006, los políticos republicanos habían sentido un poco de alivio al ver en las encuestas de opinión que los latinos parecían ser una comunidad dividida que no apoyaba necesariamente un camino fácil hacia el estatus legal o la ciudadanía. Varias encuestas anteriores a esta década han mostrado que muchos residentes antiguos no favorecían más las aspiraciones de los inmigrantes ilegales que sus contrapartes no latinas.

La vehemencia de los ataques de 2005 y 2006, y la dura retórica que rodeó el debate sobre la H.R. 4437, convencieron a muchos espectadores latinos de que, desde hacía mucho tiempo, el debate había dejado de ser exclusivamente sobre los inmigrantes ilegales. En el tono de los ataques, los latinos escucharon un fuerte disgusto por su comunidad.

María Elena Salinas, la presentadora de Noticias Univisión nacida en los Estados Unidos y criada en México, dice que los latinos se vieron a sí mismos en los inmigrantes que estaban defendiendo: «La mayoría de los latinos en este país son ciudadanos o residentes estadounidenses, y muchos sienten que los ataques contra los inmigrantes son ataques contra sus propios padres, hermanos, primos, vecinos o amigos. Entre los cientos de miles de personas que participaron en las marchas de inmigrantes en la primavera, había residentes legales y ciudadanos estadounidenses. Muchos llevaban carteles que decían: 'Hoy marchamos, mañana votamos'».

El proyecto de ley Sensenbrenner podría haber generado una explosión en el activismo inmigrante, pero fue archivado después de la votación en la Cámara, al no poderse reconciliar con un proyecto de ley del Senado que era mucho menos estricto. No habría una reforma migratoria integral en el 2006 o en el 2007 ni en los años que siguieron. Había intereses marcados, tanto en el partido demócrata como en el republicano, para resolver los problemas planteados por un sistema de inmigración que no estaba haciendo feliz a nadie.

En la década del 2010, era difícil recordar que apenas unos años atrás había proyectos bipartidistas destinados a atender las quejas generalizadas sobre la seguridad fronteriza, el deficiente sistema de inmigración legal, la unidad familiar y los retos que suponían los 12 millones de inmigrantes ilegales que vivían en los Estados Unidos. El representante demócrata Luis Gutiérrez (de Illinois), el republicano Floyd Flake (de Arizona), el senador demócrata Edward Kennedy (de Massachusetts) y el senador republicano John McCain (de Arizona) redactaron proyectos de ley que pretendían darles a todos los grupos contendientes en el debate una parte considerable de lo que aspiraban, para luego retirarse de la mesa de negociación pensando que habían hecho un buen negocio.

A medida que la guerra entre los partidos políticos se intensificaba en el Capitolio, la idea de un gran acuerdo bipartidista, que contaba incluso con el apoyo del presidente George W. Bush, se desvaneció. En la temporada de primarias del 2008, John McCain criticó la misma versión de la reforma migratoria que había ayudado a redactar y que había copatrocinado dos años atrás.

Un participante influyente en el debate sobre la inmigración fue el politólogo e historiador Samuel Huntington. Su libro *¿Quiénes somos? Los desafíos a la identidad nacional estadounidense*, fue ampliamente citado por los que veían los niveles constantemente elevados de inmigración como una amenaza para cualquier idea establecida de lo que era el país y de lo que significaba ser estadounidense. Huntington señaló sin rodeos: «En esta nueva era, el desafío más inmediato y más serio a la identidad tradicional de Estados Unidos proviene de la inmigración inmensa y continua de Latinoamérica, especialmente de México, y de las tasas de fertilidad de estos inmigrantes en comparación con los estadounidenses nativos negros y blancos».

Aunque solo citaba pruebas de un modo ligero, Huntington llegó a la conclusión de que los «éxitos» en la asimilación de los pasados flujos de inmigrantes tenían poca probabilidad de repetirse con esta última generación de expatriados latinos. Huntington llegó a algunas conclusiones alarmantes, escribiendo por ejemplo que si Estados Unidos descuidaba esta amenaza, existía la posibilidad real de que la población se dividiera en dos pueblos distintos con dos culturas separadas —la anglo y la hispana— y dos idiomas diferentes. Las señales «nefastas» abundan: un noticiero local en español ocupa el primer lugar en sintonía en una ciudad, «José» sustituye a «Michael» como el nombre masculino más popular... Estados Unidos es comparado con países que tienen historias totalmente diferentes pero que los han llevado a un conflicto permanente relativo al lenguaje y la cultura: Bélgica y Canadá.

Huntington admitió que los anteriores grupos de inmigrantes dejaron a un lado su lengua materna y adoptaron el inglés. Al observar la magnitud y perseverancia de la inmigración latina en los Estados Unidos, el fallecido historiador concluyó que las condiciones culturales —las estaciones de radio y televisión, los canales por cable y los grandes vecindarios de habla hispana— implicaban que los latinos no tendrían que aprender inglés. La posibilidad de que los latinos pudieran mantener cierto grado de fluidez en español en las generaciones posteriores mientras aprendían inglés fue rechazada, alegando la limitada extensión del francés en las provincias occidentales de Canadá.

Hay pocas afirmaciones más provocadoras en todo el libro que ésta: «No hay un sueño *americano*. Solo existe el sueño americano creado por una sociedad angloprotestante. Los mexicano-estadounidenses compartirán el sueño de esa sociedad solo si sueñan en inglés».

Huntington murió en el 2008. Si hubiera vivido más, tal vez habría tenido la oportunidad de considerar algunas de las predicciones que hizo en *¿Quiénes somos?* La Gran Recesión terminó con el rápido aumento del número de inmigrantes mexicanos en los Estados Unidos. En el 2012, se calculó que el flujo de población había llegado a un «cero neto», con aproximadamente el mismo número de mexicanos que regresaban de los Estados Unidos a su país como de los que llegaban. Huntington habría tenido la oportunidad de examinar el suministro constante de nuevos datos de organizaciones como el Centro Hispano Pew, que muestran que la adquisición del inglés ocurrirá casi a la misma velocidad que la de otros grupos de inmigrantes.

La académica Marta Tienda miró el mismo país que vio Huntington y llegó a una conclusión muy diferente: «Estamos lidiando con el miedo. El miedo a una gran presencia hispana en este país. La gente dice que los hispanos no se asimilan como otros inmigrantes y que no aprenden inglés. Pero miramos las estadísticas de asimilación, veremos que son iguales a las de otros inmigrantes. La mayoría de los latinos de tercera generación se han asimilado y hablan inglés».

Por último, Huntington podría haber tenido la oportunidad de echar un vistazo a las campañas de Julián Castro, alcalde de San Antonio; de Susana Martínez, la gobernadora de Nuevo México; y del congresista Henry Cuellar, del Valle del Río Grande, y ver contiendas reñidas y animadas, que fueron disputadas entre votantes que no estaban agobiados por una especie de «recuerdo histórico» de dictadores y juntas militares en Latinoamérica. Al lado de esos ejemplos destacados, hay miles de miembros de juntas escolares de condados, ejecutivos y representantes estatales cuyas vidas refutan la idea de que la democracia y las tradiciones de estilo norteamericano son algo que los latinos no tienen ningún interés en dominar.

Los argumentos reales y apasionados acerca de lo que significa realmente tener tantos latinos en los Estados Unidos continuaron con la recopilación de datos y tabulaciones del censo de los Estados Unidos de 2010. Todas las personas interesadas en la demografía, la política, la cultura y el comercio estadounidense esperaban las nuevas cifras y, en particular, las nuevas estadísticas sobre la población latina.

Las cifras latinas fueron divulgadas en tres estados en un período de algunas semanas. «Y nos dimos cuenta de algo interesante», dijo Mark Hugo López, del Centro Hispano Pew. «En cada nuevo conjunto de datos, las cifras del Estado eran más altas que las proyecciones para el 2010». López señaló que hicieron una encuesta en la oficina y solo una persona calculó una cifra superior a 50 millones. «Y por supuesto, ésa fue la que ganó».

La cifra final, divulgada a principios de 2011, era impresionante: 50,5 millones de personas —es decir, una de cada seis personas en los Estados Unidos— declaró tener raíces familiares en los países de habla hispana del continente, o en España. Ocultas en esa cifra enorme había personas con una gran cantidad de diferencias. Algunas tenían la piel lechosa y pálida, y ojos azules, mientras que otras eran tan oscuras como sus antepasados africanos, quienes fueron raptados por esclavistas españoles y portugueses algunos siglos atrás.

Muchos hablaban español como primera lengua y solo habían empezado a aprender inglés, mientras que muchos otros no hablaban casi nada de español. Una parte de los más de 50 millones descendía de los soldados y colonos españoles que se dirigieron al norte cuatro siglos atrás y muchos otros habían llegado hacía muy poco. Sus raíces estaban en las tierras mexicanas que se convirtieron en parte de los Estados Unidos, en el Caribe y Centroamérica, y hasta la punta de Argentina y Chile, no lejos del círculo polar antártico.

La crisis en marcha en la creación de empleos en la economía estadounidense alimentó la ansiedad que estimulaba el continuo debate sobre la inmigración. Mientras tanto, las familias latinas sufrían muchísimo tras perder dos tercios de su patrimonio total acumulado después de la caída del mercado inmobiliario. La última década había comenzado con un gran optimismo, animando a muchas familias a comprar su primera casa, pero terminó con ejecuciones hipotecarias, deudas y con un subempleo extenso y a largo plazo.

La Gran Recesión devastó la economía de las familias latinas, pero también la de millones de otros estadounidenses. El aumento en la ansiedad económica hizo que fuera un momento oportuno para reabrir un argumento que en realidad no desaparece nunca: si no estás legalmente en los Estados Unidos, y no tienes permiso para trabajar, ¿por qué estás aquí y por qué tienes un trabajo? Los gobiernos estatales, que estaban más cerca de la opinión pública, recogieron la indignación por la inmigración ilegal.

Más de una docena de estados redactaron nuevas leyes que les asignaban más responsabilidades a los gobiernos estatales y a las agencias de policía para hacer cumplir las leyes nacionales de inmigración. Tal vez la más conocida de estas iniciativas fue la SB1070 de Arizona, que se convirtió en ley en el 2010. Esta legislación les dio a los oficiales locales y estatales de Arizona, no solo la opción sino la obligación de comprobar el derecho legal de una persona para vivir en los Estados Unidos si se encontraba con la policía por cualquier razón. Cualquier asunto propio de la policía, desde una pelea doméstica hasta una parada de tráfico, o la investigación de un asesinato, podía generar preguntas sobre la situación jurídica de todas las partes implicadas.

Los partidarios de la ley sostuvieron que el estado tenía que asumir la responsabilidad porque el gobierno federal no estaba haciendo cumplir las leyes de inmigración, y Arizona estaba llena de personas que cruzaban la frontera. Los opositores dijeron que la SB1070 allanaría el camino legal para que los oficiales de policía de todo el estado hicieran un perfil racial de los sospechosos, interceptando personas inocentes con el fin de indagar sobre su estatus migratorio. Alegaron que la policía equipararía el hecho de ser mexicano con un estatus ilegal, en un estado cuya comunidad latina oscilaba entre el 25 y el 30 por ciento de la población estatal.

La administración Obama, que luchaba para proteger su derecho a ser el único ejecutor de las leyes nacionales de inmigración, acudió a los tribunales para impedir que la SB1070 entrara en vigor. El Gobierno de los Estados Unidos ganó el argumento en varias cortes federales de apelación, mientras que Arizona, bajo el liderazgo de la gobernadora Jan Brewer, siguió luchando por el derecho del estado para hacer cumplir las leyes federales.

En el 2012, la Corte Suprema de Estados Unidos emitió una decisión dividida, prohibiendo que Arizona aplicara varias partes de la ley, al tiempo que aceptaba una disposición capacitando a las autoridades locales para investigar el estado migratorio de cualquier persona.

La SB1070 fue el modelo de leyes similares en una docena de otros estados. En cartas a los directores de periódicos, entrevistas de televisión, alcaldías y salas de chat, la actitud de muchos estadounidenses podría resumirse con una pregunta retórica: «¿Cuál es la parte de 'ilegal' que no entiendes?». Las iniciativas para articular resoluciones legislativas que les cobraran impuestos y multas a los trabajadores ilegales fueron descartadas porque no eran lo suficientemente duras con quienes habían infringido las leyes del país al quedarse aquí y que luego siguieron infringiéndolas todos los días al ir a trabajar.

En el teatro moral de los debates de inmigración, un grupo más simpático de personas fue llamado «los Soñadores», por la ley conocida popularmente como Dream Act, que intentaba buscar un camino para que algunos inmigrantes permanecieran en los Estados Unidos. Se trataba de personas que habían sido traídas a este país cuando eran niños, y a veces incluso bebés. A diferencia de muchos de sus hermanos y hermanas que nacieron en los Estados Unidos y que por lo tanto son ciudadanos, estos jóvenes muchas veces no tenían ningún recuerdo de haber vivido en otro sitio, pero estaban sujetos a la deportación si eran detectados por las autoridades de inmigración.

Los soñadores eran llamados a veces la «fruta madura» del debate sobre la inmigración, una idea fácil de vender para los defensores de una amnistía más amplia, pero difícil de desdeñar para los de línea dura en materia de inmigración, ya que no habían tomado parte activa en su migración ilegal a este país. Estas personas habían enfrentado una serie de opciones especialmente difíciles mientras llegaban a la edad adulta, pues no podían competir por becas para la educación superior y se les prohibió ingresar a los colegios y universidades públicas.

En el 2012, el presidente Obama ordenó a sus agencias de inmigración no deportar a los jóvenes que habían clasificado para la residencia legal bajo la propuesta del Dream Act, que no logró ser aprobada en el Congreso a finales de 2010. La nueva política requería que los indocumentados dieran toda su información personal ante una autoridad. A cambio se les aseguraría una forma de residencia legal por dos años.

Luis Gutiérrez, representante de un distrito de mayoría mexicana y mexicano-estadounidense en Chicago, insiste en que los estadounidenses se han sentido conmovidos por las historias personales y la valentía de los jóvenes soñadores, y que deportarlos desencadenaría «una reacción política» que no sería favorable para ningún partido político. Otros no estaban tan seguros de esto y cuestionaron la sabiduría popular al decir que el Gobierno tenía el poder de enviar a cualquier persona fuera del país, sin importar dónde se encontrara, trabajara o estudiara. «Nadie tiene una respuesta para lo que puede significar esto después de los dos años», señaló el politólogo latino Angelo Falcón. «¿Estos jóvenes están disfrutando de una victoria o entregando a sus familias al gobierno federal?».

CUANDO EL CUBANO Aroldis Chapman bateó una bola tan rápido como una bala, a una velocidad de más de cien millas por hora desde el montículo de los Rojos de Cincinnati; cuando Alex Rodríguez, pelotero de los Yanquis, nacido en Nueva York y criado en República Dominicana, envió otra bola a las gradas, puliendo sus credenciales como uno de los más grandes beisbolistas de la historia; cuando el puertorriqueño Iván Rodríguez, quien jugó con los Rangers de Texas y los Marlins de Florida, interpretó a la perfección las señas de un corredor de base y lo ponchó con un lanzamiento preciso a un *infielder* que estaba esperando, estabas viendo los frutos de una de las grandes transformaciones en el béisbol moderno: el desfile constante de jugadores de Latinoamérica y de jugadores estadounidenses de ascendencia latino-americana que ocupaban un lugar de privilegio en el béisbol. Las Grandes Ligas de Béisbol conformaron un equipo «All-American» en el 2011, y la alineación muestra a un equipo temible: Iván y Alex Rodríguez, la superestrella dominicana Albert Pujols, Roberto Alomar de Puerto Rico, el campocorto venezolano Luis Aparicio (una de las primeras estrellas latinas), el jardinero puertorriqueño Roberto Clemente, el lanzador Fernando Valenzuela nacido en México y el lanzador dominicano Juan Marichal, entre otros. Este equipo ideal de habla hispana sería dirigido por el dominicano Felipe Alou, que tuvo una destacada carrera en las Grandes Ligas junto con los hermanos Mateo y Jesús antes de ganar más de mil juegos como entrenador.

La línea de tiempo que culmina con los jugadores latinos que han ocupado más de una cuarta parte de todos los lugares en el *roster* de los principales equipos de béisbol de las grandes ligas (y que constituyen casi la mitad de las plantillas de los equipos de ligas menores de los Estados Unidos) comienza en la segunda mitad del siglo XIX.

Los cubanos que vinieron a estudiar a la parte continental de los Estados Unidos regresaron a la isla con bates y pelotas. La misma polinización que vio a la cultura y a los movimientos políticos caribeños echar raíces en los Estados Unidos llevó el béisbol a Cuba. Los hermanos Guillo —Nemesio y Ernesto— estudiaron en el Springhill College de Alabama y, a su regreso a La Habana, fundaron el Havana Baseball Club en 1868. En 1878, el club de los hermanos Guillo jugó el primer «partido fuera de casa» en la historia de Cuba, en Matanzas, según cuenta la historia, contra la tripulación de una goleta estadounidense que había atracado en el puerto cubano para su reparación. Más tarde, en 1874, de nuevo en Matanzas, el club Havana jugó el primer partido de béisbol profesional en Cuba.

Los hermanos Almendares —Teodoro y Carlos— regresaron del Fordham College de Nueva York y fundaron el Club de Béisbol Almendares, el eterno rival de la escuadra de La Habana. Almendares jugó su primer partido con un club americano en La Habana en 1878, contra los Hops Bitter de Massachusetts. En 1900, los clubes de Estados Unidos jugaron en exhibiciones de invierno en La Habana. Ese año, Los Brooklyn Dodgers jugaron contra los Gigantes de Nueva York y contra un equipo de estrellas cubanas.

En toda la historia de la intervención de los Estados Unidos en el Caribe y en Latinoamérica, no fueron los estadounidenses quienes llevaron el juego a algunos de sus más queridos hogares de la actualidad. La crisis de Cuba en el siglo XIX hizo que muchas personas huyeran a Venezuela, Puerto Rico y México. De todos los sitios a los que los cubanos llevaron el béisbol, en ninguno ha tenido unas raíces tan profundas como en República Dominicana.

Por la misma época en que Almendares y el Habana estaban gestando su rivalidad como si fueran los Yankees y los Medias Rojas del béisbol cubano anterior a la Revolución, los jóvenes que huyeron de la Guerra de los Diez Años en Cuba (la misma que envió a José Martí al exilio) sentaron las bases para las ligas dominicanas. Al igual que en Cuba, los jóvenes que regresaban de las escuelas secundarias y universidades de los Estados Unidos consolidaron aún más este deporte. Cuando las tropas estadounidenses comenzaron la ocupación de la República Dominicana en 1916, el béisbol ya estaba bien establecido allí.

Los primeros intercambios constantes de talento fueron los realizados entre Cuba y Estados Unidos. Los jugadores cubanos y cubano-estadounidenses de piel más clara llegaron a las Grandes Ligas de los Estados Unidos, y los afrocubanos se convirtieron en jugadores sobresalientes en las Ligas Negras. Cuando terminaba la serie de campeonato en el otoño, los beisbolistas negros y blancos solían pasar el invierno en Latinoamérica, jugando partidos de exhibición contra los talentos locales y como compañeros de equipo en plantillas integradas.

Adolfo Domingo de Guzmán Luque, apodado «Dolf», jugó para Almendares y su club, y se convirtió en una de las primeras estrellas latinas del béisbol estadounidense. A partir de 1914, Luque lanzó para los Bravos de Boston, los Rojos de Cincinnati, los Dodgers de Brooklyn y los Gigantes de Nueva York, y logró jugar con los mejores equipos a ambos lados del Estrecho de la Florida. Luque ostenta la curiosa distinción de liderar la liga cuando perdió en una temporada (23 veces en 1922) y cuando logró triunfos en la siguiente (obtuvo 27-8, con 28 juegos completos, en 1923).

Martín Dihigo habría sido un jugador tan destacado como Luque pero no pudo jugar en los mejores equipos del béisbol estadounidense por ser negro. En cambio tuvo una destacada carrera en las Ligas Negras, en la Liga Cubana (jugando para Almendares y su club, entre otros) y en la Liga Mexicana, que se extendió desde 1922 hasta 1950. Es el único beisbolista consagrado en los salones de la fama del béisbol de los Estados Unidos, Cuba y México. Su placa fue descubierta en Cooperstown en 1977, seis años después de su muerte en Cuba.

Para el final de la Segunda Guerra Mundial, cuando el servicio militar había agotado muchas alineaciones de las Grandes Ligas, 39 cubanos habían jugado en ellas. Muchos de los grandes peloteros cubanos de la historia permanecerían en equipos exclusivamente negros de los Estados Unidos, como Luis Tiant Sr. y Lázaro Salazar. Durante su existencia, varios equipos de la Liga Negra tuvieron la palabra «cubanos» en su nombre, como los Cubanos de Nueva York, los Gigantes Cubanos X y las Estrellas Cubanas, pues tenían en sus alineaciones a jugadores sobresalientes de la Liga Cubana.

En 1947, cuando Jackie Robinson, quien participó en el béisbol de invierno en Cuba, rompió la barrera de color en las Grandes Ligas, se abrieron las puertas para beisbolistas caribeños de todos los colores. Saturnino Orestes, también llamado «Minnie» Miñoso, y natural de La Habana, llegó a las Grandes Ligas con los Indios de Cleveland en 1949 y jugó para cuatro equipos en los próximos quince años. Declarado siete veces como «All-Star» en la Liga Americana, Miñoso fue líder de la liga en bases robadas, dobles y triples a lo largo de los años cincuenta, y fue muy querido fuera del campo por el humor y la accesibilidad que hicieron de él un eterno favorito entre los seguidores, sobre todo en Chicago, durante la mayor parte de su carrera y su retiro. Miñoso jugó algunos partidos mientras era entrenador de Cleveland en 1976, y dos con los Medias Blancas en 1980; es decir, jugó cinco décadas en las Grandes Ligas de Béisbol.

El ritmo de entrada de latinos a las Grandes Ligas estadounidenses aumentaría en los años cincuenta, mientras los scouts de los diversos equipos recorrían Cuba, República Dominicana, Puerto Rico, Venezuela y México.

Orlando Cepeda y Roberto Clemente llegaron a la Liga Nacional desde Puerto Rico. Luis Aparicio y Chico Carrasquel se unieron a equipos de la Liga Americana procedentes de Venezuela. A su vez, Ozzie Virgil y Juan Marichal lo hicieron desde República Dominicana, como parte de un goteo que se convirtió en una verdadera estampida durante los próximos 40 años, cuando las Grandes Ligas contaron con más de 400 jugadores dominicanos, un número mucho mayor al de cualquier otra nación latinoamericana.

En lugar de llenar la escasez de mano de obra como en la Segunda Guerra Mundial, o de proveer a equipos pequeños con una fuente de talento barato como en los años cincuenta, los jugadores latinos se convirtieron en superestrellas que deleitaron al público de todo el país con su estilo de juego. Una vez habían sido vistos como beisbolistas polivalentes en los últimos lugares de la plantilla, valorados por su labor con el guante, pero los latinos se convirtieron en poderosos lanzadores y bateadores que disputaban ya los más elevados registros y honores del juego.

Atrapar pelotas ha sido durante mucho tiempo un camino para ocupar la posición de mánagers y entrenadores cuando el papel de un jugador en la plantilla activa llega a su fin. Las labores de scout y de jugador han creado dos generaciones de destacados receptores, llevando a sus equipos a la Serie Mundial, y probablemente liderarán escuadras en Estados Unidos y Latinoamérica en los próximos años: el panameño Manny Sanguillén, el dominicano Tony Peña y una lista de destacados receptores puertorriqueños que figuran en la lista *¿Quién es quién?*, incluyendo a Iván Rodríguez, Jorge Posada de los Yankees, Javy López, Santiago Benito, Sandy Alomar Jr. (de los Bravos de Atlanta) y a los incomparables hermanos Molina —Bengie, Yadier y José—, que han sido destacados *backstops* a nivel de las Grandes Ligas. Los tres hermanos Molina tienen anillos de la Serie Mundial en sus colecciones de joyas.

Más de una docena de latinos han sido consagrados en el Salón de la Fama de las Grandes Ligas, siendo el primero el incomparable Clemente, el primer jugador hispano en llegar a la cima de 3000-golpes y en ganar un MVP, y el último, Roberto Alomar, instalado en el 2011. Muchos de los jugadores más recientes se encuentran entre las más grandes estrellas del juego. Alex Rodríguez fue el jugador más joven en llegar a la marca de 500 y 600 jonrones. Los heroicos cuadrangulares de Sammy con los Cachorros de Chicago y la competencia por estos con Mark McGwire en una sola temporada en 1998, hizo vibrar a los seguidores que se habían desencantado del béisbol después de la huelga de los peloteros que produjo la cancelación de la Serie Mundial. El dominicano Pedro Martínez tuvo un gran desempeño en la rivalidad clásica entre los Medias Rojas y los Yanquis. Miguel Cabrera, de los Tigres de Detroit, se convirtió en el 2012 en el primer jugador desde los años sesenta en liderar la liga en jonrones, carreras impulsadas y promedio de bateo, la codiciada Triple Corona; Cabrera rivaliza también con Albert Pujols como uno de los pocos y mejores bateadores del béisbol actual. Cuando fue nombrado MVP en el 2012, Cabrera fue el primer venezolano en recibir este honor.

A medida que el béisbol de los Estados Unidos se internacionaliza de manera constante, con nuevos jugadores provenientes de otros países (como Australia, Corea y Japón), Latinoamérica sigue estando muy por encima de otras regiones del mundo en la producción de beisbolistas para las Grandes Ligas. Ahora, junto con el alboroto de los hijos de los inmigrantes que han seguido este juego desde que los primeros equipos profesionales salieron al diamante en el siglo XIX, los latinos nacidos en los Estados Unidos también están dejando su huella en este deporte.

Varios beisbolistas que posteriormente jugarían en las Grandes Ligas aprendieron los rudimentos de este deporte en pequeños campos llenos de baches en el Alto Manhattan, con los equipos de las Ligas Infantiles en Florida y California, impulsados por unos padres que les transmitieron el amor por el juego desde sus países de habla hispana o cuyas familias llevan varias generaciones en este país. Entre ellos están Luis González, elegido como MVP en la Serie Mundial de 2001; Tino Martínez, primera base de los Yanquis; Lou Piniella, jugador destacado y exitoso mánager; Bobby Bonilla, toletero que ha sido llamado seis veces para el juego de las estrellas; y Eric Chávez, el *infielder* que ha obtenido el Guante de Oro en seis ocasiones.

Adrián González, que jugó con los Medias Rojas de Boston y actualmente es estrella con los Dodgers de Los Ángeles, es un caso interesante: nació en San Diego y se crio en ambos lados de la frontera entre Estados Unidos y México. Su padre fue integrante de la selección nacional mexicana. En el torneo internacional conocido como el Clásico Mundial de Béisbol, González jugó para México.

PESE A TODAS las dificultades, los latinos continuaron integrándose a la corriente principal de la vida norteamericana. En los deportes, en la literatura, en la política, la industria y en la ley, muchas personas cuyos padres y abuelos nunca podrían haber imaginado su éxito, seguían llegando cada vez más alto. Richard Carmona, desertor de la escuela secundaria y quien creció en Harlem, consiguió un diploma de equivalencia y se enlistó en el Ejército de los Estados Unidos. Después de distinguida en las Fuerzas Especiales en Vietnam, volvió a los Estados Unidos y comenzó a recuperar el tiempo perdido. Doctor en medicina a los 30 años, consolidó carreras paralelas en la medicina, la enseñanza, los servicios de emergencia y del cumplimiento de la ley. El doctor Carmona fue nombrado Cirujano General de los Estados Unidos en el 2002.

Sandra Cisneros, nacida en Chicago, se crió sola y, según cuenta ella, se sentía un poco fuera de lugar en una familia mexicana grande que vivía en una casa pequeña en un barrio predominantemente puertorriqueño. Ella cultivó su talento y se propuso ser escritora. Durante un seminario en el prestigioso Taller de Escritores de Iowa, Cisneros comprendió que su vida era muy diferente a la de sus compañeros de clase: «No es como si yo no supiera quién era. Yo sabía que era una mujer mexicana. Pero no creía que tuviera nada que ver con la forma en que sentía tanto desequilibrio en mi vida, aunque al mismo tiempo estaba relacionado con todo eso! ¡Mi raza, mi sexo y mi clase! Y no tuvo

Durante las décadas de 1980 y 1990 y los primeros años del siglo XXI los latinos han comenzado a entrar en unevas áreas de la vida estadounidense. En 1992 la estrella del pop latino Gloria Estefan protagonizó el espectáculo de medio tiempo del Super Bowl, el pináculo de la cultura de E.U.A.
CRÉDITO: AP PHOTO/NFL PHOTOS

sentido hasta ese momento, mientras estaba en ese seminario. Fue entonces cuando decidí que iba a escribir sobre algo que mis compañeros de clase no podían escribir».

La novela *La casa en Mango Street,* publicada en inglés en 1984, llevó a Cisneros a ocupar un lugar en la literatura americana con el que la mayoría de los escritores solo pueden fantasear. La historia de Esperanza y de la vida en su barrio de Chicago transporta a la juventud estadounidense a un lugar que la mayoría de ellos nunca podría conocer de otra manera. El libro se asigna a estudiantes de escuela media y secundaria en todo el país, por lo que Cisneros es una de las pocas latinas en tener un lugar en el canon de la literatura para jóvenes adultos en los Estados Unidos. Millones de jóvenes han leído *La casa en Mango Street* desde su publicación, hace ya un cuarto de siglo.

Un siglo y medio después de que Apolinaria Lorenzana fuera llevada a la misión en lo que más tarde sería San Diego, Ellen Ochoa estaba creciendo en las inmediaciones de La Mesa, y desde sus días de colegiala mostró un especial interés y aptitud para la ciencia. Después de una carrera académica estelar, coronada por un doctorado en ingeniería eléctrica de la Universidad de Stanford, Ochoa encabezó un equipo de científicos e ingenieros en el desarrollo de sistemas ópticos para automatizados vuelos espaciales es decir, no tripulados. Se enroló en el programa espacial en 1990 y tres años más tarde se convirtió en la primera latina en viajar al espacio, participando en tres misiones del transbordador y acumulando más de mil horas de vuelo espacial.

Creo que ustedes entienden: un pueblo considerado en ciertas ocasiones como una molestia y un fastidio por los estadounidenses de habla inglesa que se dirigían al Oeste, ahora estaba entrando con confianza a unos campos en los que habría sido considerado, al menos inesperado, o tal vez exótico y extraño.

¿Y AHORA QUÉ?

El censo de 2010 registró más de cincuenta millones de latinos en los Estados Unidos. De ellos, nueve millones votaron en la elección presidencial de 2008 y unos doce millones en los últimos comicios. Si esto no parece ser gran cosa, hay algunas razones sólidas para explicar por qué la participación aún es baja.

En este país, las personas mayores son más propensas a votar que las jóvenes. Las personas más adineradas son más propensas a votar que las más pobres. Las personas con más educación votan en mayor proporción que las que no tienen tanta educación. Los ciudadanos pueden sufragar y quienes no son ciudadanos no pueden hacerlo bajo ninguna circunstancia. En 2012, los latinos eran en promedio más jóvenes, más pobres y menos educados que el resto del país, y una gran proporción de la población mayor de dieciocho años, incluso entre los residentes legales, no se había naturalizado aún; no había pronunciado el juramento de ciudadanía.

La edad promedio de los latinos es de 27 años; es decir, la mitad de esta comunidad en todo el país es mayor y la otra mitad es más joven. Comparemos esto con la edad promedio de los residentes de los Estados Unidos, que es de 37 años aproximadamente. Esto significa que más latinos están en edad escolar, de tener su primer empleo, de casarse por primera vez, y así sucesivamente. También significa que un número mucho mayor de latinos que de estadounidenses no ha tenido hijos o está en la infancia. En el 2008 y 2009, más de uno de cada dos estadounidenses recién nacidos era latino, y la juventud de la población significa que el número debería aumentar aún más a medida que más adolescentes latinos llegan a la edad adulta. Dieciséis estados cuentan con más de medio millón de residentes latinos, y en 21 estados, los latinos son el grupo minoritario más grande.

Desde que Juan de Oñate condujo a su columna de colonos a través del actual El Paso para poblar Nuevo México; desde que un barco desembarcó en la costa de California llevando a Apolinaria Lorenzana y a otros niños sin padres; desde que Juan Seguín ayudó a Texas a separarse de México; desde que José Martí introdujo la pluma en el tintero y escribió sobre sus propios sueños americanos; y desde que Isabel González llevó su lucha por los derechos estadounidenses de los puertorriqueños hasta la Corte Suprema, la visión estadounidense de ser muchos, y uno —*e pluribus, unum*— se ha hecho realidad gracias a personas de todo el hemisferio que llegaron a los Estados Unidos. Ellos se consideran —y siguen siendo— personas que tienen una parte de su mente ocupada por un concepto ligeramente diferente en términos de raza, identidad y cultura. Son estadounidenses que ven fútbol, comen pizza, abren cuentas en Twitter y votan por el próximo «American Idol». También llevan consigo un poco de herencia y de percepción de sí mismos que proviene de alguna aldea agrícola en las montañas de México, de una tienda de comestibles en una aldea de Perú y de un lavadero comunal en zonas rurales de Guatemala.

Esa población joven tendrá que recibir educación y atención de salud, lo que supone unos costos significativos. En un país que envejece, explica Marta Tienda, eso no es algo malo: «La población hispana representa un dividendo significativo que no está disponible para otros países industrializados en los que se presenta un envejecimiento de la población.

»Dado el crecimiento proyectado de la población hispana en los próximos veinte años, y si las brechas de graduación de la escuela secundaria y universitaria entre los hispanos y otros grupos se eliminan o reducen, en el 2030 la mayor parte de la fuerza laboral del país podría ser la juventud latina de hoy en día, respaldando así a la generación de más edad. Si ponemos en peligro las perspectivas económicas futuras de los hispanos al invertir menos en su educación, probablemente también pondremos en peligro el futuro del país. *Si ignoramos el momento hispano, lo hacemos bajo nuestro propio riesgo*». (Las cursivas son mías).

Sylvia Puente ha pasado toda su vida adulta como activista comunitaria, educadora e investigadora que sirve a los latinos en Illinois. La gran mayoría de su tiempo y recursos en el Foro de Política Latina está dedi-

Acritz, empresaria, diseñadora, productora, cantante. Jennifer López es también una de las latinas mejor pagadas del mundo. CRÉDITO: AP PHOTO/MARK LENNIHAN

cado ahora a la educación, un factor decisivo para los latinos y para el país. «El destino de la nación está ligado al éxito de la comunidad latina. Nuestros futuros están entrelazados», señaló.

Puente muestra su preocupación tras analizar el mercado laboral estatal, donde dos de cada tres nuevos trabajadores son latinos, y una nación cuyo nivel educativo está disminuyendo con respecto a los de otras naciones industrializadas: «Económicamente, este estado no podrá funcionar sin una fuerza laboral latina calificada.

»La buena noticia es que cuando se observa a los latinos jóvenes, personas de 25 a 35 años, el número de quienes han completado cuatro años de estudios se ha incrementado considerablemente. Y recientemente, datos provenientes de Pew Hispanic mostraron que hay más latinos que nunca en los campus universitarios, superando en número a los afroamericanos».

Enrique Pumar llegó a los Estados Unidos en 1974, a tiempo para asistir a su último año de escuela secundaria. Su posterior trabajo como académico ha dado lugar a una gran cantidad de obras publicadas y a su actual cargo como director del Departamento de Sociología de la Universidad Católica. Pumar se complace por los signos de progreso que ve entre los latinos, pero también ve una clase vanguardista que se aparta del resto en lugares como Washington D.C. «Hay dos tipos diferentes de comunidades latinas: una clase trabajadora y otra profesional. Los profesionales son casi invisibles, pero no son pocos», dice. Ellos vienen, afirma Pumar, por las oportunidades que les ofrece Estados Unidos, así como lo hacen los agricultores y los trabajadores de las fábricas, «y también reproducen las desigualdades de Latinoamérica».

Agrega: «Si la economía continúa moviéndose en la dirección de una economía de innovación, digital y de conocimiento, la estratificación será muy visible. Hemos visto esta estratificación en Miami, por ejemplo.

»Hay dos Miamis. La ciudad se ve muy diferente si recorres Brickell Avenue o si conduces un vehículo en Hialeah. Brickell Avenue tiene instituciones financieras que prestan sus servicios a Latinoamérica; es una ciudad completamente diferente. Esta división es visible en muchas ciudades.

»Las personas que están viniendo acá son personas que, por una razón u otra, no tuvieron éxito en Centroamérica. Tienden a ser de clase trabajadora. Es probable que no hablen muy buen inglés, que no tengan un título profesional y que incluso, si lo tienen, no puedan validarlo en

Un día atareado en el Miami Dade College. Con más de 106 mil estudiantes, MDC es una de las instituciones educacionales más grandes del país. Dos de cada tres estudiantes son latinos. Dentro del listado de cursos que se ofrecen, hay un «Dual Language Honors Progam» lo cual pemite a los mejores alumnos estudiar en inglés y en español. CRÉDITO: MIAMI DADE COMMUNITY COLLEGE

los Estados Unidos. Y entonces terminen trabajando en el sector de los servicios, en empleos de gama baja».

En el siglo XX, cuando Estados Unidos fue la fábrica del mundo, los inmigrantes y sus descendientes podían conseguir empleos en el sector de las manufacturas, a menudo con salarios altos, y asegurar su ingreso a la clase media, la cual podían entregar a sus hijos. La mayor parte de la actual población latina ingresó a la fuerza laboral estadounidense en un momento en el que las manufacturas estaban en plena decadencia, y el sindicalismo, en retirada. El paso a la clase media —y la permanencia en ella— es un asunto mucho más complicado, como lo es también para cualquier estadounidense.

«La clase media latina es muy frágil», dice Sylvia Puente, señalando las dificultades económicas de los últimos años. «Perdimos la mayor parte de nuestra riqueza, pues gran parte de ella estaba relacionada con el hecho de tener vivienda propia, pero esto no es algo que haya sucedido únicamente en esta última crisis. Si miramos las últimas cinco o seis recesiones económicas, veremos que los latinos y los afroamericanos tardaron más en salir de la recesión que otros grupos.

»Por supuesto que está el asunto de la bifurcación. Hay un segmento de la población, pequeño pero significativo, que está bien, que está viviendo el sueño americano. Este porcentaje —y el número de familias— está aumentando. Pero para la mayoría de la población latina, es un futuro cuestionable».

Sin embargo, ella es optimista: «La cultura latina consiste más en una cultura del 'nosotros' mientras que la mayor parte de la sociedad estadounidense consiste en la cultura del 'yo'. Hay líderes en ascenso que han optado por trabajar en organizaciones sin ánimo de lucro; individuos que dan un paso adelante para dirigir organizaciones vecinales que prestan servicios a las familias necesitadas. Muchos de ellos salieron de la cultura corporativa, pero el éxito no fue suficiente para que se sintieran realizados. Creo que la cultura del 'nosotros' prevalecerá».

A entender por lo que dice Angelo Falcón, más vale que la cultura del «nosotros» prevalezca, porque los temas que constituyen un desafío para la mayor parte de la clase obrera son muy poco interesantes para la mayoría de los otros estadounidenses. Este politólogo y activista sostiene que las cosas han cambiado, y no para bien: «Los políticos, los usuarios de nuestra investigación y el enfoque de nuestro trabajo, ya no quieren hablar de los pobres. Es una batalla constante en contra de esta idea de una América post-racial.

»Y no se trata solo de la gente de derecha. Cuando hablas de temas latinos, lo único que recibes es una mirada en blanco. ¡A menos que

«Mi mamá está detenida». El afiche de un manifestante habla de un desafío que se hace cada vez más común dentro de la comunidad latina. Millones de familias de «estatus mixtos», con mayor frecuencia padres e hijos mayores que están en el país ilegalmente mientras que los niños más pequeños son ciudadanos estadounidenses por nacimiento. CRÉDITO: AP PHOTO/JOHN AMIS

estés tratando de obtener su voto! Pero es difícil hablar de los problemas, de la riqueza y la pobreza, como hace treinta años».

Falcón llegó a Nueva York desde San Juan en los años cincuenta, cuando era un niño. Uno de los cambios más importantes que él percibe desde su infancia y adolescencia es la visibilidad de los latinos, pero se pregunta si eso significa mucho: «Cuando yo era más joven y estaba creciendo, teníamos problemas para hacernos visibles. Era muy difícil llamar la atención de los medios sobre los temas latinos. Hoy en día es a la inversa. Es casi una sobreexposición, especialmente desde el censo del 2000. Nunca he visto tanta atención por parte de los partidos políticos.

»Pero toda esta exposición ha conducido a una increíble sensación de cinismo sobre el proceso político. Las personas se dan cuenta de que no son invitadas a la mesa cuando se toman las decisiones importantes».

Falcón ve una paradoja: una enorme atención a los latinos, una mayor conciencia cultural de su presencia, pero una ignorancia casi total de todo aquello que tenga más trascendencia. «Ésa es la ironía de todo esto. Hay un nativismo creciente en este país, una xenofobia creciente. Constantemente me preguntan: '¿Por qué hablan tanto de ser cubanos, puertorriqueños o mexicanos? ¡A los latinos les está yendo muy bien! ¿Cuál es el problema?'».

En los últimos años, un número creciente de latinos de todos los orígenes nacionales ha sido más proclive a identificarse como una raza separada y distinta de los estadounidenses blancos y negros. Un grupo de estudiosos latinos, tras buscar pruebas en la Encuesta Nacional de Latinos, concluyó que el aislamiento —el hecho de no ser acogidos en el conjunto estadounidense— es lo que está empujando a los latinos a definirse en términos raciales. Falcón está de acuerdo: «Yo les digo: 'Es su hostilidad, su tratamiento como 'otros', lo que crea ese nacionalismo'. No es algo que provenga de la comunidad sino de la reacción de Estados Unidos a esa comunidad. Si los hubieran recibido mejor, ustedes no habrían tenido esta reacción».

Sintiéndose más optimista, Falcón dice que le gustaría ver a más líderes nuevos y una agenda nacional que puedan utilizar estos para materializar la creencia de los latinos en un futuro americano, y la creencia del resto de los Estados Unidos en los latinos como parte del conjunto estadounidense. «Les tomó un tiempo a los irlandeses y a los italianos. Ellos fueron discriminados cuando llegaron aquí, pero todos ellos se convirtieron en parte de la realidad americana. Y a los latinos no se les

Padres inmigrantes, hijos nacidoes en Estados Unidos. Los ocho integrantes de la familia Salices enfrentaron el mismo dilema que enfrentan millones de familias de «estatus mixto». Después de haber sido detenidos por una infracción de transito, se descubrió que la madre de la familia estaba en el país ilegalmente y fue deportada. Luego de un largo proceso legal, los Salices están de nuevo juntos en Dalton, Georgia. CRÉDITO: JORGE SALICES

ha permitido ser parte de eso. Así que ves una racialización de la realidad que se ha vuelto más persistente. No está claro lo que eso signifique en el futuro».

La amplia Encuesta Nacional de Latinos, publicada en el año 2006, tuvo como fin descorrer el velo sobre la opinión pública latina. Los investigadores concluyeron que «un porcentaje considerable de latinos percibe la discriminación, y que una respuesta a esta percepción de ser señalados por su acento, color de piel, origen inmigrante u origen étnico es un fortalecimiento del apego étnico y un sentimiento de que los latinos son un grupo racial distinto. Por lo tanto, la paradoja es que aunque los latinos se americanicen, pueden verse cada vez más como parte de un grupo étnico o racial».

La Encuesta Nacional de Latinos supone una lectura fascinante, en parte porque muestra una distribución muy uniforme de la opinión pública latina a pesar de la diversidad de países de origen, regiones, e incluso en los niveles de ingresos y de educación. Debería ser reconfortante para el resto del país ver el gran convencimiento que tienen los latinos de la posibilidad de salir adelante en los Estados Unidos a través del trabajo duro, a pesar incluso de las enormes dificultades económicas. Los valores de los latinos les permitieron concluir a los investigadores de opinión de esta encuesta que sus opiniones sobre muchos temas pertenecen directamente al núcleo de la corriente principal estadounidense.

Los latinos les revelaron a los encuestadores que, mientras más tiempo llevan en este país, tienen una intención cada vez menor de regresar a sus naciones de origen. También señalaron que reciben un mayor porcentaje de información de los medios de comunicación en inglés. Una cosa que los datos *no* mostraron fue algún signo de que la antigua frase de Ronald Reagan siga siendo cierta: «Los hispanos son republicanos. Ellos simplemente no lo saben todavía».

Gary Segura, profesor de Ciencias Políticas en la Universidad de Stanford y uno de los principales investigadores que recopilaron los datos de la Encuesta Nacional de Latinos, les recuerda a los dirigentes de ambos partidos que, por ahora, los latinos son cualquier cosa menos partidarios latentes del Partido Republicano. «No hay evidencia de la afirmación de que los latinos son republicanos que están en el clóset. Hay dos cosas que los republicanos ven para sacar esa conclusión. Ven la tendencia emprendedora entre los latinos, que es muy alta, pues nunca he conocido a un inmigrante mexicano que no tenga una idea para abrir un negocio. Tal vez se deba al proceso de autoselección de quienes optan por emigrar o lo que quiera que sea, pero lo cierto es que los latinos están abriendo una gran cantidad de negocios.

»La segunda es que se trata de una subcultura que va mucho a la Iglesia, que está orientada a la familia y que parece identificarse con el segmento de valores familiares de la coalición republicana. Pero en realidad, ninguna de las dos instancias representa un compromiso ideológico central.

»Hay evidencia muy clara en lo referente al deseo de que el gobierno haga más, y no menos, o a la idea de que éste debería aumentar su tamaño para solucionar diversos problemas en lugar de reducirlo, o a la dependencia del gobierno versus el libre mercado... En cada una de esas preguntas de la encuesta, más del 70 por ciento de los hispanos tiene una posición a favor de un Gobierno más progresista, involucrado en resolver los problemas sociales y económicos.

»Así que yo diría que entre dos terceras partes y tres cuartas partes de los hispanos son liberales progresistas en términos sociales y políticos, y eso es un verdadero problema para los republicanos, pues no pueden dejar de serlo para atraer a este grupo. Quiero decir que es un partido conservador y que ése es su papel».

Cuando Segura observa más de cerca la intersección entre la religión y los temas sociales en la política, recuerda los resultados de una encuesta realizada por su propia empresa: «La gran mayoría de los hispanos van a la iglesia. La gran mayoría de ellos señala que la religión los guía en su vida diaria. Pero cuando les preguntamos: '¿Se les debería permitir a los ministros o sacerdotes que les digan a los feligreses o parroquianos por quién votar?', se opusieron decididamente a esta idea. Más del 70 por ciento de los hispanos se mostraron en contra de esto. Cuando les preguntamos: '¿El papel del Gobierno consiste en gestionar los asuntos económicos, los precios del gas, los impuestos y la creación de empleos? ¿O más bien debe velar por los valores familiares, el matrimonio entre el mismo sexo y el aborto? El 75 por ciento de los encuestados, incluyendo el 75 por ciento de los católicos, el 75 por ciento de los protestantes y el 75 por ciento de quienes que se identificaron como cristianos renacidos, mostró que no había variaciones entre los subgrupos. Tres cuartas partes de los hispanos cree que la política consiste en asuntos económicos y no morales.

»Así que finalmente les preguntamos: '¿Los políticos que tienen fuertes creencias religiosas deberían basarse en ellas para tomar decisiones?'. Más de dos tercios dijeron que no. Así que son una comunidad religiosa. Pero la religión es la religión y la política es la política, y no están mezclando lo uno con lo otro».

Por el momento, y ya que los latinos dependen tanto de las escuelas públicas, del transporte público y de otros servicios suministrados o subvencionados por el gobierno, parece poco probable que se esté gestando una migración masiva hacia un partido político que desprecia los servicios públicos y promete reducirlo. Otros grupos de inmigrantes de generaciones anteriores se identificaron con el Partido Republicano luego de llegar a la clase media de una forma duradera y segura. Será fascinante ver si los latinos hacen lo mismo y, si es el caso, cuándo. Aunque están menos alineados con la Iglesia Católica con cada década que pasa, los latinos siguen compartiendo el rechazo de esta iglesia por la anticoncepción, la homosexualidad y el divorcio.

Hay una «dualidad» fascinante; la misma que hemos visto antes, pero ahora con respecto a la conversación dentro y fuera de la comunidad latina acerca de lo que el presente nos dice sobre el futuro. Una proyección del Pew Hispanic sobre Estados Unidos en el 2050 ve una población nacional de 438 millones de habitantes y una población latina de más del doble de su tamaño actual, de más de 130 millones, que equivale casi a uno de cada tres estadounidenses.

Como hemos mencionado, el crecimiento de la población estadounidense a comienzos del siglo XXI fue impulsado por los jóvenes latinos y, después del censo de 2010, la mitad de todas las personas que se sumaron a la población de los Estados Unidos en un año determinado eran latinas. Este patrón demográfico fue establecido al mismo tiempo en que una gran cantidad de personas de la generación *baby boomer* tenía ya 60 o 70 años de edad. En los próximos 30 años, la población estadounidense contará con un segmento cada vez más creciente de jóvenes latinos y con una enorme población de personas blancas y de edad avanzada.

Lo que no está claro es cómo se verán estos jóvenes latinos a sí mismos. «Hay un nuevo nivel de multiculturalidad entre nuestros jóvenes», dice Sylvia Puente. «La generación de mi hija, el mundo en el que ella y sus amigas crecieron, es totalmente multicultural, por lo que no puede identificarse con las dificultades que oye de mí y de otras personas acerca de lo difíciles que fueron las cosas para los latinos en el pasado.

»Así que tal vez los jóvenes no tengan la misma afinidad por la cadena de identidad étnica en un país que no esté definido por la norma de la cultura estadounidense blanca».

No se puede olvidar que los latinos se están casando con personas de otras razas y grupos étnicos a una velocidad muy alta. Una cuarta parte de todos los matrimonios de los latinos son con personas de otra ascen-

Según algunos cálculos, para mediados del siglo XXI, un tercio de estadounidenses podrá rastrear su historia familiar hasta Latinoamérica y España. Eso querría decir que para el 2050, los 50 millones de latinos contados en el censo del 2010 se habrán más que triplicado, haciendo que la población estadounidense crezca en alrededor de 150 millones de personas. CRÉDITO: GETTY IMAGES

dencia. De los más de 275 mil matrimonios mixtos contabilizados en el 2010, más de la mitad fueron entre latinos y lo que la Oficina del Censo llama «blancos no hispanos». De continuar esta tendencia entre el gran número de latinos en el futuro, y en varios de los más de 130 millones de habitantes proyectados, muchos de ellos podrían ser personas cuya relación con una «comunidad» latina sea muy tenue. Si a esto se le suma el ritmo acelerado con el que muchas personas se alejan de los centros residenciales tradicionales para radicarse en los suburbios, y el abandono gradual del español como lengua nativa, ¿qué significaría eso para un país que será 30 por ciento latino a mediados de este siglo? Tal vez no mucho. O tal vez mucho.

Angelo Falcón ha notado una gran cantidad de atención por parte de personas que tratan de venderles cosas a los latinos, desde seguros automovilísticos hasta la crema dental, o vales escolares públicos y la prohibición del aborto, mientras que, al mismo tiempo, «los medios de comunicación y los políticos tratan de desracializar la política y las cuestiones de políticas públicas.

»Sí, es una paradoja, pero tiene sentido para mí. La idea es crear un grupo político, consumidor, pasivo y maleable. Puedes sacarles dinero y conseguir sus votos, sin realmente tener que invertir en ellos».

Cuando Arturo Madrid, profesor de la Universidad Trinity en San Antonio, mira a su familia y a su pueblo en términos retrospectivos, una historia de 400 años en lo que hoy es Estados Unidos recuerda la decisión de una abuela para unirse a «una iglesia norteamericana» y ser protestante. Un pastor le advirtió: «Si no te dejan entrar por la puerta de adelante, hazlo por la puerta de atrás. Y si no puedes entrar por la puerta de atrás, entra por la puerta lateral. Y si no puedes entrar por la puerta lateral, entra por la ventana».

Para Madrid, esto es emblemático «de la experiencia de la mayoría de los latinos que no han podido entrar a las instituciones de la sociedad estadounidense por las puertas delanteras, sino que han tenido que hacerlo por las puertas traseras y laterales, y algunos incluso a través de la ventana en horas de la noche».

Aunque Madrid es titular de una cátedra universitaria, ha publicado y viajado ampliamente y tiene una gran experiencia, no cree que todas las puertas estén abiertas en la academia, incluso en la actualidad: «Es un espacio que los angloamericanos sienten que es de ellos, particularmente el espacio intelectual, académico y cultural. Ellos son sus dueños y tenemos dificultades para penetrar en él. Tenemos que estar mucho más preparados, mucho más inteligentes, mucho más productivos y tener muchos más logros para ser aceptados».

Sin embargo, Madrid está seguro de que los nietos que lleven su nombre no serán «anómalos» sino «parte integrante del tejido de esta sociedad, donde 'el otro' no será estereotipado como un inmigrante pobre, analfabeta y reciente, sino que formará parte del tejido de la sociedad».

Cuando Gary Gerstle mira los antiguos requisitos para encajar que exigía Ellis Island, él ve «una forma de echar por la borda tu herencia étnica de inmigrante y la aceptación total de lo que las personas que ya están en los Estados Unidos decidieron que debía ser un estadounidense». Gerstle se pregunta ahora si existe un modelo diferente que no les exija a las personas que se deshagan de su pasado por completo: «Tal vez Estados Unidos será un lugar mejor y más interesante si hay más diversidad, si todos traen sus culturas étnicas, si las mantienen e inyectan partes de sus culturas a la corriente principal estadounidense. En este nuevo estilo de ser americano, no se espera que renuncies a todo».

Los latinos llevan 175 años aprendiendo a adaptarse. Luis Antonio Dámaso de Alonso, de Ciudad Juárez, México, se convirtió en Gilbert Roland —y en una estrella de Hollywood—.

Jordi Farragut Mesquida de Menorca se trasladó de España a los Estados Unidos a principios de la Revolución americana y se convirtió en George Farragut —y en un oficial de la joven marina—. Su hijo David Farragut ganó la crucial batalla de Mobile Bay durante la Guerra Civil y llegó a ser almirante.

Uno de los grandes poetas americanos del siglo XX, William Carlos Williams, era hijo de padre inglés caribeño y de madre puertorriqueña. Rara vez se refirió a su herencia étnica al hablar de su vida como poeta. Sin embargo, en una conferencia de escritores organizada por la Universidad de Puerto Rico en 1940, Williams dijo: «Nosotros en los Estados Unidos estamos —culminantemente, por la latitud y el clima— mucho más cerca de España que de Inglaterra, como también estamos mucho más cerca —en la volatilidad de nuestros espíritus, en la mezcla racial— de la España gótica y musulmana».

Es una vieja historia. Pero también es una historia que nunca termina. Cuando los contornos del país moderno estuvieron completos —en otras palabras, cuando Estados Unidos dejó de llegar a los latinos y estos empezaron a llegar a Estados Unidos—, una historia de amor llena de ambigüedad comenzó y continúa hasta nuestros días. Estados Unidos contiene la posibilidad de una vida mejor y el dolor de la exclusión. Este maravilloso país les ha dado a más personas de más lugares —y más que cualquier otro país del mundo— un sitio mejor y más libre, una vida con un conjunto aún mejor de posibilidades para sus hijos.

Las personas que se aferran a la parte superior de los vagones de ferrocarril para llegar a la frontera y que arriesgan sus vidas en medio de desiertos ardientes, o se esconden en camiones repletos de otros hombres desesperados; que reúnen pedazos de madera y hacen balsas para salir de Cuba; que durante más de un siglo lo han dejado todo para intentar suerte en el Norte, son ni más ni menos que los herederos de los soldados de las misiones, de los ganaderos, monjas, funcionarios coloniales, mineros, agricultores, herreros, marineros, parteras y gobernadores que comenzaron a escribir la historia de este país al lado de los peregrinos, de los colonos de Jamestown, de los holandeses en Nueva York, de los protestantes franceses refugiados, de los cautivos de África Occidental y de los judíos portugueses que huían de Brasil.

Estados Unidos nos pertenece a todos. Su historia está conformada por todos nosotros y algún día podría ser escrita a través del relato de todos nosotros. Estamos en medio de un camino que cambiará, con el tiempo, el aspecto de los estadounidenses, el sabor de sus comidas y la música que escucharán en sus autos y en sus casas.

Has marchado a través de los desiertos del suroeste. Has tomado la Loma de San Juan con Teddy Roosevelt, llegado a la isla de Ellis con Isabel González y abandonado la selva llevando prisioneros japoneses con Guy Gabaldon. Has repartido volantes para el nuevo G.I. Forum con el doctor Héctor García y te mantuviste firme en la línea de piquete con Dolores Huerta. Todos ellos son parte de tu herencia. Todos ellos han contribuido a tu actual ADN estadounidense. La historia de los latinos en los Estados Unidos es tu historia, sin importar de dónde vengas. Y no podrás entender los Estados Unidos que vendrán sin recordar la historia que acabas de leer.

Viva América.

AGRADECIMIENTOS

EN LA PORTADA del libro aparece un solo nombre. Sin embargo un libro, cualquier libro, es inevitablemente el resultado de la labor de muchas personas. Un agradecimiento especial a Michael Melia, mi asistente de investigación de confianza. Gracias a mis jefes indulgentes en este proyecto: Jeff Bieber, Adriana Bosch y Ray Garcia; mi editor Ian Jackman y mi agente, Rene Alegria.

Gracias a todas las personas que compartieron conmigo sus recuerdos y sus historias personales para este libro y para la serie de televisión que lo acompaña. Hacen que el trabajo de cualquier periodista sea mejor y más interesante. Gracias también a Salme Lopez de Bosch and Company, Gabriela Schulte de WETA y Kim Suarez de Penguin por su ayuda en traer este libro a buen término.

Doy gracias a mis inspiradores y aguzados primeros lectores y a los miembros de mi familia que han aprendido que durante los "años libro" a veces tienen que competir por mi atención. Quizás tengan que competir por mi tiempo, pero nunca por mi amor.